本书为中共山东省委党校（山东行政学院）
2022年度重大项目攻关创新科研支撑项目研究成果

先秦士人精神形塑研究

李素英 著

人民出版社

目　录

导　语……1

第一章　社会分化与先秦士人的阶层崛起……6

第一节　士的起源与发展……7

第二节　春秋晚期的社会分化与学术下移……22

第三节　春秋战国之际士人阶层的崛起……34

第二章　礼乐传统与先秦士人的文化自觉……52

第一节　礼乐的起源……54

第二节　周公制礼作乐与周代礼乐文化……62

第三节　先秦儒家与礼乐传统……72

第四节　先秦儒家与孝道思想……87

第三章　以道自任与先秦士人的价值追求……98

第一节　先秦士人所志之道……100

第二节　先秦士人所志之道的历史属性……117

第三节　先秦士人所志之道的人间属性……126

第四章　理想人格与先秦士人的身心修养……136
第一节　儒家士人的理想人格……137
第二节　君子人格的心理状态……143
第三节　君子人格的行为模式……167
第四节　君子人格的养成方法……185

第五章　流风余韵与先秦士人精神的影响……206
第一节　高度的文化自觉……206
第二节　浓厚的家国情怀……223
第三节　内在的道德追求……237

主要参考文献……251

导 语

历史是由人创造的，没有人就没有历史，所以人是历史发展的动力和中心。不过，在漫长的历史长河中，不同的人所起作用不尽相同。毋庸讳言，某些个人或者人群团体有时会在其中发挥关键性作用，成为历史发展的主导力量。而士人这一知识群体或者说知识阶层，在中华民族的发展史上扮演了至为重要的角色。他们“直接担任文化创造者，知识传递者，人民教育者，道义维持者，因而社会进步之推动者的责任；以及在世衰道微时代，担任人性保持者，良心鼓舞者，因而社会安定者的责任；乃至在乱亡时代，担任文化火种维持者，人道一线代表者的责任，交与后来复兴的人”①。

士人向来被视为传统社会的精英分子。他们具有高度的文化自觉，是从事文化思想的传承、创新、交流与传播的“智识主体”；他们拥有浓厚的家国情怀，是积极谋求现实政治改善、社会道德提升的“政治主体”和“社会主体”；他们还有着内在的道德追求，是以修身功夫作为为人处世、安身立命根基的“道德主体”。尽管他们在各个时代所接受的教育、应具备的涵养、时人的认识与判定以及组成的成分存有差异，但习文读书、出仕任官、引领风尚，大概算是各个时代的共同点。

独立自主的士人阶层崛起于春秋（公元前770年—公元前453年）战国

① 胡秋原：《古代中国文化及中国知识分子》，中华书局2010年版，第5页。

（公元前453年—公元前221年）之交。孔子称春秋为“无道”之世，孟子以战国诸侯为“五霸之罪人”，其后司马迁、刘向、班固等均以春秋为衰世，战国为乱世。可以说，春秋战国时期社会动乱的基本形态是战争。仅春秋三百一十八年间，大小战争就有千余次，平均每年达三四次之多。诚然，诸侯兼并，战争频仍，人民是不幸的。不过，正如太史公所言：“世异变，成功大。”① 与政治中心分裂过程相始终，有一个影响更为深远的制度变更、政权下移的过程。胡秋原也认为：“春秋战国之乱，与后世之乱不同者，不仅他是一个由合而分，又由分而合之过程，而且有一宏大的文化力量作用其间，终成秦汉之大。”② 而这股宏大的文化力量，正是由春秋战国时期崛起的士人阶层创发和凝聚而成的。因此，本书讨论的士人所处时代——先秦，所指的是春秋战国这一历史阶段。

士人阶层是在西周血缘等级制中的“低级之贵族”——“士”的基础上产生的。西周时期，“士”处于卿大夫与庶民之间，拥有一定的政治地位和经济基础，享有受教育的权利，知文习武，具有相当的军事、行政能力，在社会各部门中充任武士、职事官，或者担当卿大夫的邑宰、家臣。不过，由于在宗法上隶属于上一级贵族，“士”缺乏独立人格，行为不自由，所学知识也受职业限制。进入春秋中晚期以后，礼崩乐坏，宗法制松弛，随着农业和工商业市场经济的发展，促进了职业的分工；诸侯争霸需要智、能竞争而形成的争士、养士之风；王官失守带来的学术下移，造成剧烈的社会分化，阶层变动。上层贵族下降和下层庶民上升，使得“士”的等级逐渐瓦解。战国时期，抽离于固定的封建关系的“士”，获得流动自由、思想自由、人格独立，转变为位居“士农工商”四民社会首端的士人。士人阶层开始加入创造历史的行列。

当时士人人数众多，流动频繁，但世人和士人阶层自身对于其角色使命、人格修养并没有一个明确的认识。如哀公曾经问孔子：“善！敢问何如斯可谓

---

① （汉）司马迁：《史记》卷十五《六国年表》，中华书局1999年版。下文中所有引自《史记》的例句，除有特殊注明外，皆以该书为版本。

② 胡秋原：《古代中国文化及中国知识分子》，中华书局2010年版，第80页。

士矣？”[①]（《荀子·哀公》）学生子贡、子路也问：“何如斯可谓之士矣？”[②]（《论语·子路》）士人精神是士人阶层区别于其他阶层所应该具有的群体品格，是一种理想主义存在。在这种情况下，最先出现的儒、道、墨三家都为士人精神的形塑作出了重要贡献，但为先秦士人精神奠定理论基础的，主要是以孔子为代表的儒家学者。“孔子是中国第一个使学术民众化的，以教育为职业的‘教授老儒’；他开战国讲学游说之风；他创立，至少亦发扬光大，中国之非农非工非商非官僚之士之阶级。”[③]

孔子在对礼乐传统的继承和发展中，引导士人树立起强烈的文化自觉意识。三代的礼乐文化是在殷商盛行的巫祝文化中滋长而成熟起来，为宗周的礼乐文化制度奠定了厚实基础。宗周时期的“鼎食”之礼和“钟鸣”之乐，经西周统整改造后，赋予了宗法制和封建制，形成严密而繁复的礼乐文明。孔子生逢周文疲敝、礼崩乐坏之际，但他抉发礼乐的精神基础，深化拓展封建道德中的“仁”为个人生命内在的道德动源，试图将周公创建的礼乐制度由外在的规范力量转化为个体内在的道德自觉，重建礼乐新秩序。孟子、荀子在孔子的基础上继续向前推进，并皆有创获、各具特色。自此之后，“文化和思想的传承与创新自始至终都是士的中心任务”[④]。

孔子提出，士的真正意义与价值追求应当是“志于道”，自觉成为道义的担当者。所以，他要求士君子“谋道不谋食”、“忧道不忧贫”（《论语·卫灵公》），超越物质生活层面的口腹之欲，高远其志，致力于道的探索与实践，以行道、卫道为己任。孔子这一思想意义重大、影响深远。因为“中国知识阶层刚刚出现在历史舞台上的时候，孔子便已努力给它贯注一种理想主义的精神，

① 李波：《荀子注评》，上海古籍出版社 2016 年版。下文中所有引自《荀子》的例句，除有特殊注明外，皆以该书为版本。

② 杨伯峻：《论语译注》，中华书局 2009 年版。下文中所有引自《论语》的例句，除有特殊注明外，皆以该书为版本。

③ 冯友兰：《孔子在中国历史中之地位》，《三松堂全集》第 11 卷，河南人民出版社 2000 年版，第 143 页。

④ 余英时：《士与中国文化》“自序”，上海人民出版社 1987 年版，第 1 页。

要求它的每一个分子——士——都能超越他自己个体的和群体的利害得失，而发展对整个社会的深厚关怀。这是一种近乎宗教信仰的精神。后来的士是否都能做到这一点当然是另外的问题，但由于孔子恰处在士阶层兴起的历史关头，他对这一阶层的性格形成的影响，是不容忽视的”①。

孔子努力提高士人的行为与情操，为其树立了君子的理想人格。春秋战国时期，先哲们目睹天下分裂，耳闻“礼崩乐坏”，身经伟大的变革，心追美好的治世，开始“观乎天文，以察时变；观乎人文，以化成天下”（《周易·贲卦》），进而审视作为“天地之心”的“人”，并由此构思出初具轮廓的理想人格，用以安顿自己，激励自己，昭示他人，引导他人，初步奠定了士人的精神基础。墨家推崇兼相爱、交相利，爱无差等、不避亲疏的“博大完人”。道家则以形随俗而志清高、身处世而心逍遥的“至人”、“真人”、“神人”为理想人格。“君子”则是先秦儒家最为人所熟知且最有影响力的理想人格，“君子”与“小人”更是先秦诸子中理想人格与现实人格的代表。“君子”作为先秦儒家道德修养的具体形象，时至今日，已然成为中国理想人格的典范。

儒家特别专注于士人精神的启导与士人队伍的培养，而士人也成为中国文化和历史的脊梁。“真正的知识分子最后的精神向往与归宿，只能是儒家”②。因此，我们将以儒家为主要研究对象，着眼于文化传统的传承与创新，在士人阶层崛起这一事实的基础上，探讨先秦士人精神中最具特色的品格——传承创新的文化自觉、以道自任的价值追求和修身正心的精神修养，并寻求其形塑过程中时代因素与文化传统的交互影响。

士人精神的盛衰，标示着中国文化的盛衰；士人队伍的存亡继绝，标示着中国历史文化的存亡继绝。研究先秦士人精神的形塑过程，对于“讲清楚中华优秀传统文化的历史渊源、发展脉络、基本走向，讲清楚中华文化的独特

① 余英时：《士与中国文化》，上海人民出版社 1987 年版，第 35 页。

② 吴旼：《儒家与中国文化之基本性格》，《鹅湖月刊》2016 年第 496 期。

创造、价值理念、鲜明特色，增强文化自信和价值观自信”①颇有助益。而且，探讨春秋战国这一轴心时代中国士人阶层的崛起，解读士人阶层的文化自觉、价值追求与精神修养，可丰富中国士人思想的理论内涵，为当代社会重建、人文精神培育与知识分子历史担当开阔思路，提供理论思考和实践路径。

① 习近平：《把培育和弘扬社会主义核心价值观作为凝魂聚气强基固本的基础工程》，《人民日报》2014 年 2 月 26 日。

第一章　社会分化与先秦士人的阶层崛起

先秦士人阶层的兴起，是中国古代社会演进中的一件大事。但是，“士”却并非从一开始就可以被视为一个独立的社会阶层，中间应当经历过一系列重要而复杂的发展过程。

在先秦典籍中，“士”经常被用来指称具有某种性别、身份或担任某种职务的人。有时它专指青年男子而与“女”对称；有时又特指贵胄之人与平民对称；有时泛指一般的卿大夫；有时又特指狱官之职……汉代刘向以“辨然否，通古今之道”① 定义“士”；清代顾炎武认为“谓之士者”，“大抵皆有职之人”②；余英时提出“‘士’在古代主要泛指各部门掌事的中下层官吏”③。春秋战国时期，“士”的社会地位发生根本变化，士人作为独立而自觉的知识阶层出现。余英时、葛兆光认为，随着王官失守和学术下移，新兴士人代表孔子登上历史舞台，标志着士人阶层已经崛起。一些探讨这一时期社会转型和社会形态的著作，如许倬云《中国古代社会史论——春秋战国时期的社会流动》等，佐证了上述观点。

我们将在已有研究成果的基础上，重点探讨士的起源与发展、春秋晚期的社会阶层分化以及由此带来的士人阶层的崛起。

---

① 向宗鲁：《说苑校证》卷十九《修文》，中华书局 1987 年版，第 479 页。

② 陈垣：《日知录校注》卷七《士何事》，安徽大学出版社 2007 年版，第 424 页。

③ 余英时：《士与中国文化》，上海人民出版社 1987 年版，第 6 页。

第一节　士的起源与发展

在先秦文献中，作为一个内涵和外延都很广泛的概念，“士”拥有百余种以其为中心的称谓和专用名词。如《墨子》中，有“谋士”、“勇士”、“巧士”、“爪牙之士”、“别士”、“兼士”、“死士”、“义士”、“儒士”、“仁士”、“国士”、“徒步之士”、“吏士”、“贲士”、“武士”、“材士”、“竟士”等众多称谓。《庄子·徐无鬼》中有“知士”、“辩士”、“察士”、“招世之士”、“中民之士”、“筋力之士”、“勇敢之士”、“兵革之士”、“枯槁之士”、“法律之士”、“礼教之士”、“仁义之士”十二种，《庄子·刻意》中有“山谷之士”、“平世之士”、“朝廷之士”、“江海之士”、“道引之士”五种。《荀子》一书中涉及的士的称谓有20多种，《不苟》篇中推崇的第一等通士，能尊君，能爱民，反应迅速，事至立刻办理，具有高效执行力；第二等公士，不结党营私以蒙蔽上司，不苟合上意而妒害下属，有纷争不以私害公，虽然主动性不足，但尚且称得上洁身自好；第三等直士，上级看不到自己的长处不怨恨，不知道自己的短处不掩饰，才或不才，自然流露；第四等悫士，说话守信，行为谨慎，畏惧流俗议论，多遵章行事，不敢有自己的看法。

对于先秦文献中如此众多的称谓，刘泽华曾根据士的特点、社会地位等，进行了大致分类。其中，“武士”类既包括由于技能、职掌、兵种以及国别等不同而有各式各样称谓的国家武装力量，又包括典籍中称之为“侠”、“节侠士”、“游侠”的侠士和力大勇悍的力士；“文士”类因其奋斗目标不同，可进一步划分为追求修养的道德型、重在知识的智能型以及拒绝出仕的隐士型；“吏士”类为一般低级官吏的泛称，包括司法官属吏、基层临民官吏和其他各种属吏；“技艺之士”类是拥有一技之长和专门技能的手工业者；“商贾之士”类专指工商业的经营者；“方术之士”类是从事卜、巫、相面、看风水、求仙药等职业者；一些难以归类的称呼，如勇士、国士、秀士、烈士、豪士、车士、都士等，一并归入“其他”类①。

那么，这些众多的内涵与外延之间，究竟有着怎样的渊源与联系呢？可以说，理顺它们之间的关系，对于我们了解士人的发展演变过程非常有必要。

一、士的起源

何谓士？善于追根溯源的学者作过许多考证，或引《左传》中“人有十等”之说，证实士乃贵族的最低等级；或引甲骨文之卜辞，论证士乃卜巫之类；或引秦简汉牍，证明士乃商周武人之称谓；或基于古籍中对农工商贾均有称士之习惯，断言士乃古代男子之总称……其中，顾颉刚提出的“士”为西周等级制中“低级之贵族”②，被学界普遍接受，视为定论。那么，士的初形初义是什么呢？它又是如何发展出西周等级制中“低级之贵族”这一指称的呢？近人有从甲骨卜辞金铭彝文分疏者，有从远古氏族社会贵族阶层的结构及其后续分化论说者。

（一）文字学视角下的起源研究

从文字训诂的视角来研究士的起源问题，影响比较大的观点有两种，即“士”、“事”同源说与“士”、“王”同源说。

1.“士”、“事”同源说

“士”、“事”同源说，肇始于东汉学者许慎。他在《说文解字》中说：“士，事也。数始于一，终于十。孔子曰：‘推十合一为士’。凡士之属皆从士。”清代学者段玉裁认为“士”来源于“事”，注解说：“士事叠韵。引申之，凡能事其事者称士。《白虎通》曰：士者，事也。任事之称也。故《传》曰：通古今，

① 刘泽华：《先秦士人与社会》，天津人民出版社 2004 年版，第 2—14 页。

② 顾颉刚：《史林杂识初编》，中华书局 1963 年版，第 85 页。

辨然否，谓之士。”[①]徐灏在此基础上进一步提出：“士、事，古字通。”[②]他们都认定二者音同义近，渊源颇深。王力曾从同源字的角度，以后人对《尚书》、《诗经》、《礼记》、《荀子》、《白虎通义》中诸多有关“士”义的疏解，来对这一观点加以证明[③]。

不过，正像余英时所指出的那样，即便我们认定许慎以“事”训“士”在古义上有所依据，但如果“事”字泛指一切之事，那我们仍然无法了解“士”究竟是做什么的。而且，无论是“通古今，辨然否”，抑或是“推十合一”，这些对于中国古代知识分子性格的描写，仅仅适用于已经发展至定型阶段的士，并非是它的原始义[④]。

正因为许慎释义不明，已有典籍又难以考稽，所以近代以来，许多学者仍然习惯于从汉字构造特征入手，试图由文字形状上去推测出“士”的初始意涵。王国维认为甲骨卜辞中的“丄”是“士”字的早期形态，为“牡”字之所从，而“牡”为雄畜，所以“士”的初义当是“男子之称”[⑤]。屈万里说得更为清楚：“丄当是士字，亦即故书所习见者、作男阴解。士人之士初义殆为男性之人”[⑥]。

① （清）段玉裁：《说文解字注》卷一上，载鲁仁编：《中国古代工具书丛编》第一册，天津古籍出版社1999年版，第24页。

② （清）徐灏：《说文解字注笺》卷五下，《续修四库全书二二五·经部·小学类》，上海古籍出版社2002年版，第163页。

③ 王力：《王力文集》卷八，山东教育出版社1990年版，第122页。原文如下：“《说文》：‘士，事也。’段注：‘士事叠韵。’桂馥曰：‘士事声相近。’《广雅·释诂三》：‘士，事也。’《书·牧誓》：‘是以为大夫卿士。’传：‘士，事也。’《诗·大雅·假乐》：‘百辟卿士。’笺：‘卿士，卿之有事也。’《郑风·褰裳》：‘岂无他士。’传：‘士，事也。’《魏风·园有桃》：‘谓我士也骄。’笺：‘士，事也。’《豳风·东山》：‘勿士行枚。’传：‘士，事也。’《小雅·祈父》：‘予王之爪士。’传：‘士，事也。’《周颂·桓》：‘保有厥士。’传：‘士，事也。’《敬之》：‘陟降厥士。’传：‘士，事也。’《礼记·祭统》：‘作率庆士。’注：‘士之言事也。’《荀子·修身》：‘好法而行，士也。’注：‘士，事也，谓能治其事也。’《白虎通·爵》：‘士者，事也，任事之称也。’”

④ 余英时：《士与中国文化》，上海人民出版社1987年版，第4、5页。

⑤ 王国维：《王国维手定观堂集林》卷六，浙江教育出版社2014年版，第153页。

⑥ 转引自田倩君：《示、士的本义》，《教学与研究》1986年第8期。

吴承仕则将“男子”义的“士”与其所从事的工作联系起来，提出“士古以称男子，事谓耕作也”。他说：“士事菑古音并同”，而“菑”有“插”义，“盖耕作始于立苗，所谓插物地中也”，所以“男字从力田，依形得义，士则以声得义也。事今为职事事业之义者，人生莫大于食，事莫重于耕，故臿物地中之事引申为一切之事也”。杨树达认为吴承仕这样解说“士”字是“精确不可易”，并且在此基础上以甲骨文“丄”字作补充：“士字甲文作丄，一象地，丨象苗插入地中之形，检斋之说与古文字形亦相吻合也”,[①] 把甲骨文中的“丄”看作是将苗插入地中的象形。从两人的论述来看，当是认定士为从事农业耕作的男子，即农夫。

吴承仕、杨树达二人的观点，多为当今学者所采纳。杨向奎认为他们的解释合乎“士”之原义，并引用《礼记·少仪》“问士之子长幼，长则曰能耕矣，幼则曰能负薪未能负薪”和《周礼·天官·大宰》“掌建邦之六典”中第六典曰“事典”加以佐证，说明士是不脱离农业生产的。而且他还认为，士应为自由农民，在含义上与“国人”相同而不同于身份为农奴的“野人”[②]。徐复观则在继承吴承仕、杨树达观点的基础上，将“士”进一步限定为“国人中的精壮农民”[③]。

2.“士”、“王”同源说

郭沫若、徐仲舒、吴其昌三家尽管对士的解释判然不同，但都认定士、王形近或形同[④]。阎步克认为，“士”、“王”同源说这一观点值得重视。于是，他

① 杨树达：《积微居小学述林》卷三，中华书局 1983 年版，第 72 页。

② 杨向奎：《中国古代社会与古代思想研究》上册，上海人民出版社 1962 年版，第 68—69 页。

③ 徐复观：《周秦汉政治社会结构之研究》，新亚研究所 1972 年版，第 86—87 页。

④ 郭沫若《释祖妣》：“余谓士、且、王、土同系牡器之象形”，以阳物象征男性。他又指出士与王字同出一源，并以“皇”字早期从士不从王为证（《甲骨文研究》，科学出版社 1962 年版，第 47 页）；徐仲舒在 1934 年发表的《士王皇三字之探源》（《中央研究院历史语言研究所集刊》1934 年第四本第四分）中，提出士、王同字，均为人端拱而坐之象；二字如加羽冠之形，则为“皇”字。故王为帝王而士为官长；吴其昌考诸字形，以为士、工、王、壬数字形近，均为斧钺之形，又征诸文献，指出斧钺既为战士之武器，又为王权之象征，所以可以用以表示士、王（《金文名象疏证·兵器篇》，《国立武汉大学文哲季刊》1936 年第五卷第三期）。

详细分析了二者究竟是牡器之象、人端拱而坐之象还是斧钺之象，认为从学者们对甲骨文、金文等古文字材料的已有研究来看，士、王同为斧形之说，最有说服力①。因为在初民社会，斧既可用为兵器，也可用为农具，是当时猎、农、工、战中广泛使用的最基本工具，而氏族社会中成年男子同时承担着以上诸多事务，所以便可以用斧来指代成年男子。而且，当以指称成年男性之词用作直接称呼的时候，往往有尊人或自尊之意，那么，把它作为氏族首领之称，当是非常自然的事情。在早期墓葬之中，斧钺也已被证明为是男性与首领的标志之物。同时，他还以美洲印第安人、古代苏美尔城邦、古巴比伦、古波斯和中国古代某些部族中的现象为例，证明士、王相关或说指称男子之词与指称首领之词相关，并非古汉语中的特殊现象②。

以上学者们从古文字角度进行的考证，为我们了解“士”的原始意涵提供了崭新的视角，非常具有启发意义。不过，由于缺少文献上的有力佐证，这种文字训诂方法表现出很强的主观性，导致各家自说自话，令人无所适从。

（二）历史学视角下的起源研究

从历史学的视角来探讨士的起源问题，近代学者大多倾向于士最初为武士，后在激烈的社会变动中逐渐转化为文士。这一观点的典型代表是顾颉刚。他在所撰《武士与文士之蜕化》一文中，有过较为详尽的论述。他说：

吾国古代之士，皆武士也。士为低级之贵族，居于国中（即都城中），有统驭平民之权利，亦有执干戈以卫社稷之义务，故谓之“国士”以示其地位之高……谓之“君子”与“都君子”者，犹曰“国士”，所以表示其贵族之身份，为当时一般人所仰望者也。③

他认为，武士作为低级贵族，具有“统驭平民”的权利，也有“执干戈以卫社稷”的义务，经常被称之为“国士”来显示其崇高的地位。同时，“君子”

① 阎步克：《士大夫政治演生史稿》，北京大学出版社 1996 年版，第 30—31 页。

② 阎步克：《士大夫政治演生史稿》，北京大学出版社 1996 年版，第 31—35 页。

③ 顾颉刚：《史林杂识初编》，中华书局 1963 年版，第 85 页。

与“都君子”也与“国士”一样，经常被用来代指具有贵族身份的武士。武士在学校接受“六艺”教育，获得军事训练和治民之术。后来逐渐蜕变为文士。

顾颉刚勾勒出的士的历史轮廓，学者们认为大体可信。不过，武士为何能够发展成为低级之贵族，顾颉刚并没有给予说明。阎步克曾在“士”、“王”同源说的基础上，参考顾颉刚的观点，论述过这一发展过程。他认为，士之所以被用以作为贵族官员之通称，至少可以从如下两个实际是相互重叠的演进中得到理解：首先，“士”作为武士集团，在最初他们可能构成了首领之下的亲兵组织，并随着氏族间征服与联盟的扩大变成军官阶级，直至逐渐变成贵族阶级。阎步克这一推测的依据，主要来自于其他民族如罗马帝国。同时中国古典文献中的一些记载也提供了某种线索。如他认为，《礼记·乐记》中说武王克殷后，“将帅之士，使为诸侯”；孔颖达解释说：“以报劳赏其功也，即《牧誓》云‘千夫长’是也。”《玉海》卷六十五引《帝王纪》说：“汤令，未命之为士者，车不得朱轩及有飞軨，不得乘饰车骈马、衣文绣。命然后得，以顺有德。”①这些似乎都是“士”由“亲兵队”发展为贵族的历史痕迹。

与此同时，“士”之所以可以作为贵族官员的通称，似乎仍然与其最初和“王”同为氏族首领之称有关。因为在中国古代，氏族、部落或方国首领大约皆可称王，学者们已在甲骨文中找到数十个例证。当时氏族林立，其首领颇多以王为称者，商王不过是“众王之王”。“多王”对商王承担的责任、义务与侯伯大体相当，如朝觐、纳贡、在王廷供职以及受命率部众出征等。不过，随着国家之氏族、部落联盟性质淡化和最高王权强化，“士”与“王”经历了一个漫长的分化过程，并最终明确地区分开来，作为贵族官员构成了封建国家政务的主要承担者。而且，在周代封建贵族制度之下，不仅受命者本人，而且其宗族子弟也因其贵族身份而为“士”，或特称“士庶子”、“庶子”或“国子”。当大小不同的众多同姓、异姓氏族和部落组成封建国家之时，贵族首领们便不得不依权势高下与宗法原则而逐渐分化为日趋复杂的不同等级。这使得“士”这

① 阎步克：《士大夫政治演生史稿》，北京大学出版社 1996 年版，第 39 页。

一可以包容所有贵族成员的通称继续分化，并最终成为周代贵族与官员的最低等级之称①。而身为任事者的贵族和官员，士需要具备“通古今”的历史文化知识和“辨然否”的基本技艺修养，所以，也就自然而然地发展出拥有知识技能者的指称。

就阎步克的论述来看，其观点基本上没有超出顾颉刚的认识范围，仍然是按照武士——文、武兼包之士——文士这一发展路径进行论证的。余英时曾对这种观点提出过质疑，认为其中存在两重矛盾之处：一是既说武士蜕化为文士，又说文士、武士分途发展；二是既讲“古代之士皆武士”，又讲“古代文、武兼包之士”②。不过，我们认为顾颉刚的认识，有其逻辑上的自洽性，但在具体论证上，稍有修正。

我们知道，夏、商、周三代，学校完全由官府控制。章学诚说：“三代盛时，天下之学，无不以吏为师，《周官》三百六十，天人之学备矣”③，“有官斯有法，故法具于官；有法斯有书，故官守其书；有书斯有学，故师传其学；有学斯有业，故弟子习其业。官守学业，皆出于一，而天下以同文为治，故私门无著述文字”④，讲的就是“学在官府”的情形。这就决定了受教育者的范围极其有限，一般人无法获取文化知识，只有尚未出仕的贵族子弟才有进入学校学习的机会，“国之贵游子弟学焉”⑤。而武士在发展成为贵族之后，便具备了接受学校系统教育的条件。

就早期文献记载来看，西周时期的学校教育以礼、乐、射、御、书、数之“六艺”为主。《礼记·王制》云：“乐正崇四术，立四教，顺先王诗、书、礼、乐以造士：春秋教以礼、乐，冬夏教以诗、书。”⑥《王制》虽出自汉代儒者

① 阎步克：《士大夫政治演生史稿》，北京大学出版社1996年版，第39—43页。

② 余英时：《士与中国文化》，上海人民出版社1987年版，第21—22页。

③ （清）章学诚：《史释》，《文史通义》卷三，上海书店1988年版，第68页。

④ （清）章学诚：《原道》，《校雠通义》卷一，《章氏遗书》卷十，嘉业堂本。

⑤ 杨天宇：《周礼译注·地官司徒》，上海古籍出版社2004年版，第199页。

⑥ （清）孙希旦：《礼记集解》卷十三，中华书局1989年版。下文中所有引自《礼记》的例句，皆以该书为版本。

之手，但该条却有其先秦依据，所以大体可信。孔子说："周监于二代，郁郁乎文哉！吾从周。"（《论语・八佾》）孟子说："夏曰校，殷曰序，周曰庠；学则三代共之"（《孟子・滕文公上》）。所以，我们可以据此推断，夏、商两代的学校教育在内容设置上，应该不会与周代相差太大。"六艺"中的知识与技能，具有文武合一的性质，所以，贵族子弟应该是同时接受政治训练与军事教育。他们作战之时，固然是"赳赳武夫，公侯干城"，但在平时，也是"习礼乐，诵诗书"的彬彬君子。所谓"春夏读书，秋冬射猎"，就是当时贵族所受教育的两面。从时间看，官学在设立之初往往是军事学校性质，最重视的是军事知识、技能、能力的教育与培养，一旦政权相对稳定后，武功渐渐变为文治，学校教育的侧重点就会相应发生变化，虽然仍有射、御科目，但在射、御中强调的却是合乎礼的仪态姿势，合于乐的动作节奏，至于射、御的实战需要，已经失去训练意义。这就使得原本单纯的武士逐渐发展成为文、武兼包之士，成为政治上军事上的统治阶层。这对"士"的发展来说，应该是极为关键的一环。

从目前已有的研究来看，至迟到殷商时代，这种兼具政治才能与军事素养、知书识礼的士就已经出现了。陈梦家曾撰文《西周文中的殷人身分》，进行过详细探讨。学者们也常以《诗经・大雅・文王》中的"殷士肤敏，祼将于京。厥作祼将，常服黼冔。王之荩臣，无念尔祖"①，作为殷商时代士以礼乐知识作为生存手段的明证。春秋时期，许多典籍中也有这样的记载，如《左传・襄公九年》："其卿让于善，其大夫不失守，其士竞于教，其庶人力于农穑，商、工、皂、隶不知迁业"②，《国语・鲁语下》："士朝而受业，昼而讲贯，夕而习复，夜而计过，无憾，而后即安"③，这都充分说明士已经是文化知识的接受

① 程俊英：《诗经译注》，上海古籍出版社 2004 年版，第 408 页。

② 杨伯峻：《春秋左传注》，中华书局 1990 年版。下文中所有引自《左传》的例句，皆以该书为版本。

③（战国）左丘明：《国语》，上海古籍出版社 2015 年版。下文中所有引自《国语》的例句，皆以该书为版本。

者。后来社会逐渐进步，国家事务日趋复杂，如果以一人心力同时兼顾政治军事，难免会顾此失彼。于是，统治阶层本身也感到政治与军事有分工合作的必要，因此训练人才方针便有了变更。在这种情况下，文、武兼包的通材之“士”又经历了发展史上的重要变化，有了文士与武士的分途培养。这是我们在顾颉刚观点的基础上，提出的一些修正性认识。当然，这也仅仅是一己之见，还需要更多的文献支持和逻辑推演。

不过，诸多学者已经借助于语言学、民族学、历史学等多学科知识，在探讨“士”字初形初义和发展演变方面做了大量的工作。虽然受制于古代文献的缺失，这种研究结论是否真正符合历史事实尚且不得而知，但无论如何，其探索和论证都将有助于促进对士人起源与发展的了解，也必将为后来者进一步深化该问题研究提供思想方法上的借鉴和启发。

二、西周等级制中的士

周王朝创建伊始，以周公为代表的统治阶层审时度势，进行了广泛的政治变革，对于权力分配、政权组织、社会结构等提出了一系列新思想新方案，对中国历史产生了深远的影响。对于这一点，王国维在《殷周制度论》中有过极为精到的分析：

殷、周间之大变革，自其表言之，不过一姓一家之兴亡与都邑之移转；自其里言之，则旧制度废而新制度兴，旧文化废而新文化兴。又自其表言之，则古圣人之所以取天下及所以守之者，若无以异于后世之帝王；而自其里言之，则其制度、文物与其立制之本意，乃出于万世治安大计，其心术与规模，迥非后世帝王所能梦见也。

欲观周之所以定天下，必自其制度始矣。周人之制度之大异于商者，一曰立子立嫡之制，由是而生宗法及丧服之制，并由是而有封建子弟之制，君天子、臣诸侯之制。二曰庙数之制。三曰同姓不婚之制。此数者，皆周之所以纲纪天下，其旨则在纳上下于道德，而合天子、诸侯、卿、大夫、士、庶民以成一道德之团体。①

周王朝确实是一个“旧制度废而新制度兴，旧文化废而新文化兴”的时代。周初所实行的宗法制和分封制就是周代新制度和新文化的集中体现②。而周代王权的得以加强，也正是得力于这两项制度的实施。

（一）西周等级制度

周王朝精心设计出的分封制和宗法制，使得社会各阶层同时处于家族隶属与政治隶属双重关系之中，实现了宗法等级和行政等级的浑然一体，由此构建起整齐有序的社会结构。这在《左传·桓公二年》中有着明确记载：

吾闻国家之立也，本大而末小，是以能固。故天子建国，诸侯立家，卿置侧室，大夫有贰宗，士有隶子弟，庶人、工、商，各有分亲，皆有等衰。是以民服事其上，而下无觊觎。

依照宗法制度，天子的长子也就是太子，将继承王位为天子，次则分封为诸侯；诸侯的长子也就是世子，将继承为诸侯，次子则分封为卿大夫；卿大夫的长子也就是宗子，将继承为卿大夫，次子则分田以为士；士之长子也就是小宗子，继承为士，次子或别分田为士，或则为庶人。所以贵族之间的关系，全靠血统加以维系，与贵族有密切血统关系者即为贵族，也就在社会上享有特殊的地位。这种地位可以说是先天的，只要宗法制度存在，就非人力所能动摇。

不过，虽然世官制被列国普遍实行，在通常情况下，多形成世官世禄的状况，不过从早期文献来看，当公臣获罪于公时，其采邑也就是实质上的公臣俸禄就会被收回，子孙不能继续袭有。子孙只有在因功而重新受到国君任命成为公臣之位后，才有可能复得祖上的采邑。《左传·僖公三十三年》记载，晋襄公“命郤缺为卿，复与之冀……”当初郤缺的父亲郤芮属于惠公一党，二十四

① 王国维：《殷周制度论》，《王国维手定观堂集林》卷十，浙江教育出版社2014年版，第248页。

② 陈梦家、童书业、裘锡圭、张光直等人依据考古材料的研究成果表明，商代同样形成了父子相继的制度和嫡庶观念，存在着与周代相类似的宗法组织和宗法制度。不过，我们认为，夏、商、周三代文化即便一脉相承，也不能否认殷周之际的深刻变革及其重要意义。

年想要加害晋文公，结果被秦穆公诱杀，其采邑由晋文公收回，郤缺则被废为平民，以务农为生。一直到这时即襄公之时，作为郤芮之子的郤缺才又凭借个人能力获得战功取得卿位，并因此重新从晋襄公那里得到冀邑。当然，如果后人或本人没有能够重新得到公臣之位，那么，这个家族就将永远失去采邑，不能再以公臣名位立于世。

通过宗法制的实施而形成的多层次的等级隶属关系，对于周代的社会结构具有重要意义。孟子曾经谈到周王朝与诸侯、卿士的爵位等级，说是“天子一位，公一位，侯一位，伯一位，子、男同一位，凡五等”，并且说各诸侯国的情况是“君一位，卿一位，大夫一位，上士一位，中士一位，下士一位，凡六等”（《孟子·万章下》）。这种等级秩序，不仅存在于贵族之间，而且及于普通民众。《左传·昭公七年》中所谓的“天有十日，人有十等。下所以事上，上所以共神也。故王臣公，公臣大夫，大夫臣士，士臣皂，皂臣舆，舆臣隶，隶臣僚，僚臣仆，仆臣台。马有圉，牛有牧，以待百事”，正是这种将全社会用等级规范组合起来的情况的反映。

（二）士的社会角色

《诗经·大雅·文王》中说：“凡周之士，不显亦世。”① 意思是说，凡周朝继承爵禄的卿士，累世都光荣尊显。可见，士是可以世袭的贵族阶级。《诗经·周颂·清庙》记载：“济济多士，秉文之德。”孔颖达解释说：“济济之众士，谓朝廷之臣也。”②周初周公提出立政任人“其勿以憸人，其惟吉士”③。很显然，士为受命之臣，属于统治集团中的一员。所以，就文献记载来看，西周早期只要是受命于天子或诸侯而身居官位者，都可以称为“士”。而且，“士”既可以为受有爵命者的“臣之总号”，也可以指身份世袭的整个贵族阶级，包括他们

① 程俊英：《诗经译注》，上海古籍出版社 2004 年版，第 407 页。

② （清）王先谦：《诗三家义集疏》，中华书局 1987 年版，第 1001 页。

③ （清）孙星衍：《尚书今古文注疏》卷二十四《立政》，中华书局 1986 年版。下文中所有引自《尚书》的例句，皆以该书为版本。

尚未受命的子弟，关于这一点，阎步克有过详细的探讨①。

不过，随着时代发展，作为贵族统称的“士”，其内部有了严格的等级划分，称呼也日渐规范。《孟子·万章下》中说：

天子之卿受地视侯，大夫受地视伯，元士受地视子、男。大国地方百里，君十卿禄，卿禄四大夫，大夫倍上士，上士倍中士，中士倍下士，下士与庶人在官者同禄，禄足以代其耕也。

其他还有方七十里的次国和方五十里的小国，也都按照这种次序分田制禄。从这些叙述里我们可以看出，封建时代的士，其地位差别很大。天子的士称元士，禄最多；诸侯之国的士有上中下之分；诸侯的国既有大有小，那么每个国同级的士的受禄，也应随之有大有小。因此在周代典籍当中，士更多时候是用作贵族和官员中的最低等级之称。顾颉刚认为“士”是西周等级制中“低级之贵族”②，该观点目前已为学界普遍接受。

作为贵族和官员中的最低等级，士处于卿大夫与庶民之间，拥有一定的政治地位和经济基础。《国语·晋语》说：“公食贡，大夫食邑，士食田，庶人食力”，《左传·桓公二年》说：“士有隶子弟”，反映出士是占有小块田地，役使同辈或晚辈子弟为自己耕作土地为生的。同时，他们还享有受教育的权利，知文习武，具有相当的军事、行政能力，在社会各部门中充任武士、职事官，或者担当卿大夫的邑宰、家臣③。正是在这个意义上，余英时提出“‘士’在古代主要泛指各部门掌事的中下层官吏”④。不过，由于在宗法上隶属于上一级贵族，这一时期的士缺乏独立人格，行为不自由，所学知识也受职业限制。

1. 充任武士

西周时代，士是开创、捍卫周王朝的武力支柱。《诗经》中有不少歌颂作为“王之爪牙”的周士赫赫武功的篇章。如《诗经·大雅·文王》：“思皇多士，

① 阎步克：《士大夫政治演生史稿》，北京大学出版社 1996 年版，第 37—43 页。

② 顾颉刚：《史林杂识初编》，中华书局 1963 年版，第 85 页。

③ 参见刘泽华：《士人与社会》（先秦卷），天津人民出版社 1988 年版，第 9—13 页。

④ 余英时：《士与中国文化》，上海人民出版社 1987 年版，第 6 页。

生此王国。王国克生，维周之桢。济济多士，文王以宁。”①说的是周文王尊贤礼士，贤才济济，所以国家得以成长发展，周士是国之栋梁。西周春秋时代，作为国人的士由于平时在各类教育场所中接受知识与技能训练，拥有较高的军事素养和丰富的作战知识，所以在战争来临时，随时可能被武装起来，充当战争主力。

另外还有长期以从武为职业的武士，大多出身王族和公族，平时作为天子、诸侯的亲兵护卫，战时则是军队中的骨干精锐，其地位和待遇自然要比一般武士为高。《周礼·天官·宫伯》记载：“掌王官之士庶子”，郑玄注：“王官之士，谓王宫中诸吏之适子也；庶子，其支庶也。”又《周礼·夏官·诸子》说：“掌国子之倅”，郑玄注：“国子，谓诸侯、卿、大夫、士之子也。”阎步克认为这些“士庶子或国子供职于丧祭宴飨之时，并被约束以秩叙赏罚，平时担任宫廷宿卫，战事则诸子‘授之车甲，合其卒伍’，组成贵族军队”②。《周礼·夏官·司马四》载：“虎贲氏，下大夫二十人，中士十有二人，府二人，史八人，胥八十人，虎士八百人。旅贲氏，中士二人，下士十有六人，史二人，徒八人。”“虎贲”、“旅贲”部分由士中的中士、下士选拔而来。《孟子·尽心下》载：“武王之伐殷也，革车三百两，虎贲三千人。”正是这三千职业武士——虎贲军，见证了西周灭殷商的千古盛况。《诗经·周南·兔罝》中说：“肃肃兔罝，椓之丁丁。赳赳武夫，公侯干城。肃肃兔罝，施于中逵。赳赳武夫，公侯好仇。肃肃兔罝，施于中林。赳赳武夫，公侯腹心。”③先秦时代，狩猎本是习练行军布阵指挥作战的武事之一，这首《兔罝》就是对当时狩猎情况的记载和对勇武之士形象的歌颂。

2. 出任职事官

士借助于“六艺”之学，同时接受政治训练与军事教育，文、武兼备，所以除了可以充任武士行军作战，还有相当一部分得以在天子、诸侯的宫廷和基

① 程俊英：《诗经译注》，上海古籍出版社 2004 年版，第 407 页。

② 阎步克：《士大夫政治演生史稿》，北京大学出版社 1996 年版，第 42 页。

③ 程俊英：《诗经译注》，上海古籍出版社 2004 年版，第 11、12 页。

础行政机构中服务任职。《尚书·酒诰》记载周公告诫政府官员们时说："庶士有正，越庶伯君子，其尔典听朕教。"意思是说，希望庶士、有正和庶伯、君子这些大小官员们能经常听取王的教导。可见西周时代，士可以充任王官之职。《国语·周语上》、《左传·昭公二十六年》、《国语·鲁语下》中，也有士在诸侯国作一般职事官的相关记载①，而且人数众多。

职事官的种类也比较复杂。《周礼·天官冢宰》中列有几十种直接为王室服务的职事官，《论语·微子》中仅在王室负责宫廷音乐演奏的乐官就有七八种之多。在诸侯公室中服务的职事官大体比照王室，尽管数量和名称有异，但服务范围基本相同，大凡处理文书、典册、"献诗"、"传言"、主察狱讼、司礼、司乐以及各类与王室公室日常生活有关的事项，都要由士具体督办处理。因此，《诗经·小雅·北山》中说："偕偕士子，朝夕从事。"②这些士子朝夕不停地在各级行政机构中为国家做事。

《礼记·祭法》中说："适士二庙一坛，曰考庙，曰王考庙，享尝乃止……官师一庙，曰考庙……庶士、庶人无庙，死曰鬼。"郑玄注释说："适士，上士也。官师，中士、下士。庶士，府史之属。"这说明在宫廷或基层行政机构中出任一般职事官的士，严格按照等级享有一定的权利，并在礼制中得以相应的体现。另外《周礼》中有"士师"一职，其下有"乡士"、"遂士"等。《孟子·梁惠王下》记载说："士师不能治士，则如之何？"可见"士师"为高级司法官，"士"则为较低级的属官，孟子所说的"不能治士"中的士可能指的是"乡士"、"遂士"等。

3. 担任邑宰、家臣

在西周等级制中，士还可以担任贵族家族中的邑宰、家臣等职务，为其管

① 《国语·周语上》卷一："大夫、士日恪位箸以儆其官，庶人、工、商各守其业以共其上。"《左传·昭公二十六年》："士不滥，官不滔。"《国语·鲁语下》卷五："士朝受业，昼而讲贯，夕而习复。夜而计过无憾，而后即安。"

② 程俊英：《诗经译注》，上海古籍出版社 2004 年版，第 349 页。

理采邑和家族事务。《仪礼·丧服》郑玄注说："室老，家相也。士，邑宰也。"① 按照周人分封制的要求，卿大夫的支庶可以为士，通常被委以官职负责卿大夫采邑内的各种管理工作。其中，邑宰的主要职责是为卿大夫守邑、治邑，负责督促生产，征收赋税等，所以《礼记·曲礼上》中说："地广大，荒而不治，此亦士之辱也。"家臣则是《仪礼》中所说的室老、家相，一般管理卿大夫家族事务与家族成员，地位较高者甚至可以管理家主的诸小宗家室，是贵族治家的依靠力量。

不过，担任邑宰、家臣等职务的士，既可以来自于周人宗族内部卿大夫的支庶，也可以是没有血缘关系的外族人。周人克商之后，为了统治比自己多得多的异族人，在加强内部凝聚力的同时，也充分利用被征服者中的异族贵族力量来补充自己实力的不足。在这种情况下，朱凤瀚指出："异族家臣制被广泛地应用于诸周人贵族家族中。"②《书序》中说："成周既成，迁殷顽民，周公以王命诰，作《多士》。"孔颖达解释说："顽民为殷之大夫士从武庚叛者，以其无知，谓之顽民。民性安土重迁，或有怨恨。周公以成王之命诰此众士，言其须迁之意。"③由此可知，部分随武庚反叛周王朝的商朝大夫和士被迁至成周洛邑。这种迁居目的是为了减少殷故都王畿地区商遗民的数量，以便分而治之，同时也是防止他们再度反叛的带有战略性的决策。这些被周公称之为"多士"的先代遗民中的贵族，据朱凤瀚研究，部分被册封为卿大夫，直接服事于周王室，也有不少寄身于众多非王室的周人贵族家族内，成为周人贵族的家臣。他们"以家族形式依附于家主，父子相继，累世贡职于一个贵族家族，所掌具体职务亦多是固定的"④。非族人的家臣与他所服事的贵族家族本身虽然没有血缘联系，但贵族家主与这种家臣之间，无论在心理上还是亲密程度上都形成了一种以往只有在血统基础上才能发生的关系，朱凤瀚将其称之为"假血缘关系"，

---

① 李学勤主编：《仪礼注疏》卷二十九《丧服》，北京大学出版社1999年版，第561页。

② 朱凤瀚：《商周家族形态研究》，天津古籍出版社1990年版，第339页。

③ 李民、王健：《尚书译注》卷二十，上海古籍出版社2004年版，第306页。

④ 朱凤瀚：《商周家族形态研究》，天津古籍出版社1990年版，第337页。

即拟制的亲族关系。建立在这种关系之上的家臣以效忠家主为原则，将所服事的贵族家室奉为“公室”，家主奉为“君”。他们能够凭借封赐拥有采邑、土田、民人与奴仆，所以“其身份仍属贵族”①。

第二节　春秋晚期的社会分化与学术下移

春秋、战国之交，是中国历史上“古今一大变革之会”②。周王室权威全面失落，各种制度全面崩溃，与之相伴随的，是剧烈的社会阶层分化，学术下移与私学兴起。

一、春秋晚期的社会分化

在西周前期人们的心目中，周天子受命于天，王权神授，为天下的共主，是全国的中心。周天子实行世卿制和世袭制，按血缘关系为王族人员分配爵位和官职，让他们协助管理政务；同时又实行分封制，授民授土，分封诸侯，使他们“以藩屏周”。周天子对各诸侯国有绝对的控制权力，各诸侯国对周天子有绝对的服从义务。“礼乐征伐自天子出”，周天子具有无上的政治权威，全国只有一个政治中心。

当时的宗法制度规定了嫡、庶间的严格区别，保证在稳固贵族内部秩序的基础上使王权得到加强。关于这一点，战国时期的人有相当清楚的认识：

先王之法，立天子不使诸侯疑焉，立诸侯不使大夫疑焉，立适子不使庶孽疑焉。疑生争，争生乱。是故诸侯失位则天下乱，大夫无等则朝廷乱，妻妾不

① 朱凤瀚：《商周家族形态研究》，天津古籍出版社 1990 年版，第 337—339 页。

② （清）王夫之：《读通鉴论·叙论四》，中华书局 1975 年版，第 2549 页。

分则家室乱，适孽无别则宗族乱。(《吕氏春秋·审分览·慎势》) ①

所谓的“疑”，即拟，意为比拟、僭越。宗法制对于等级地位和土地财产的占有等权利，都依赖自然形成的血缘亲疏关系，在一定的历史时期内，这确实是防止贵族间争权夺利的有效办法。朱凤瀚结合西周文献与金文资料，按西周时代早、中、晚三期，对在王朝政治中处于显要地位的诸世族情况进行过详细的考察。最后，他得出结论说：“世族世官制对西周王朝政治统治的作用可以概括为两点：一，世族世官制是西周王朝政治统治机构建设的根本制度，从这个意义上亦可以认为，西周世族实是王朝统治的政治基础。二，诸世族在王朝政权中虽因先后占有主要执政大臣之地位，而在王朝政治中发挥重要的影响，但终没有能够形成足以抵消王权的稳定的世族统治集团。从总体上看，世族通过世官制对王政施加影响，只是君主专政制的补充。” ②

不过，分封制和宗法制本身的发展，从西周后期开始逐渐走上了其设计者愿望的反面。原来所设想的作为周王朝屏障的诸侯国日益强大，遂成尾大不掉之势；原来所设想的依靠宗法制形成的稳定而严密的社会等级关系逐渐失去了固有的平衡。《国语·郑语》中记载：

幽王八年而桓公为司徒，九年而王室始骚，十一年而毙。及平王之末，而秦、晋、齐、楚代兴，秦景、襄于是乎取周土，晋文侯于是乎定天子，齐庄、僖于是乎小伯，楚蚡冒于是乎始启濮。

这段文字可以说是两周之际王权下跌和诸侯势力兴起、社会政治结构发生深刻变化的一种典型反映。

进入春秋时期，王权、霸权与卿权的交替演变，形成了那个时代社会政治发展的主要线索。敏锐地觉察到了这些，并且作出深刻表述的是伟大思想家——孔子。他说：

天下有道，则礼乐征伐自天子出；天下无道，则礼乐征伐自诸侯出。自诸

① 张双棣等：《吕氏春秋译注》，北京大学出版社 2000 年版。下文中所有引自《吕氏春秋》的例句，皆以该书为版本。

② 朱凤瀚：《商周家族形态研究》，天津古籍出版社 1990 年版，第 405—413 页。

侯出，盖十世希不失矣；自大夫出，五世希不失矣；陪臣执国命，三世希不失矣。天下有道，则政不在大夫。天下无道，则庶人不议。(《论语·季氏》)

孔子的这个说法历来为人们所称道，其间的道理就在于它抓住了自西周至春秋政治形势发展的基本特征。概括来说，西周时代周天子高踞政治巅峰，那是"礼乐征伐自天子出"的时代；春秋时期，列国诸侯先后登上政治舞台，霸主们纷纷亮相，叱咤风云，不可一世，可以说是"礼乐征伐自诸侯出"的时代；而从春秋后期开始，卿大夫的地位越来越重要，逐渐到了改变整个政治格局的地步。

政治权威的失落，主要是由于社会结构的重组，同时也因为统治者本身道德的沦丧。如《左传·桓公五年》记载：郑庄公原是周王朝的卿士，与虢公共同夹辅国政，既有功劳，又有势力。但周桓王不喜欢他，夺其卿士之职。庄公气愤，因此不朝。桓王率诸侯之师伐郑，结果却是大败，肩上还中了一箭。其政治权威的损伤当然比箭伤更加严重。从那以后，风气日下，不仅诸侯敢于随意冒犯龙威，连一些大夫也敢与周王一争高低，大有墙倒众人推的味道。

周王朝政治权威的失落，导致并加速了国家政治中心的分裂。春秋初期，在原来不分上下的诸侯国中，开始形成了齐、晋、楚、秦等几个区域性的大国，互相争霸，号令小国，视周天子为掌中之物。这是单一政治中心损失、多元政治中心形成的征兆。到了春秋末年，周王室不断削弱、分裂、衰落，其地位终于完全坍塌，偌大的中国不再有一个单一的政治中心。与此相应，秦、齐、楚、魏、赵、韩、燕七个诸侯大国，兼并小国，称王称帝，互相争雄，各自为政，最后形成了一个较为稳定的七国争雄的局面、一个多元政治中心的格局。就这种剧烈的社会政治形态变动来讲，春秋、战国之交，确实称得上是王夫之所谓的"古今一大变革之会"①。

与政治中心分裂过程相始终，有一个影响更为深远的制度变更、政权下移的过程。"由于各诸侯国内先后孳生出新型的生产关系，一些卿大夫逐渐转化

① （清）王夫之：《读通鉴论·叙论四》，中华书局1975年版，第2549页。

为新兴地主阶级的代表，迅速发展了自己的势力，并策动和支持君主变法变制。于是，在各诸侯国的变法运动中，世卿制先后转变为宰相制，贵族世袭制先后转变为官僚制和功能授爵制，分封制先后转变为郡县制。”①这些政治制度变革的成功，标志着社会转型的完成。随着地方上政治经济的发展、土地的开发和人口的增加，下层贵族势力增大，春秋时涌现了齐、晋、秦、楚、吴、越六大国相继崛起称霸的形势。诸侯大国的称霸是建立在对国内政治改革、经济开发的基础之上的，这又为各诸侯国内的封君即卿或大夫控制地方大权、专权擅政创造了条件；有些大国的卿大夫把封邑交给士身份的家臣执掌，又为家臣控制封邑权力、专权擅政创造了条件。例如鲁国的三桓、晋国的六卿、齐国的田氏，都积极发展小农经济，招揽人才，争取群众，积聚力量，从而夺取政权。司马迁曾在《史记·太史公自序》中说：“《春秋》之中，弑君三十六，亡国五十二，诸侯奔走不得保其社稷者不可胜数”。这应是春秋时期诸侯挟持天子，大夫放逐诸侯，家臣反叛大夫的绝好写照。以与孔子同时代的阳虎为例，他作为卿大夫季孙氏家族中的一个家臣，于公元前505年领导了一场政变，囚禁了季氏掌门人季桓子，控制了季氏家族，夺取了鲁国大权。由于季氏连续几代都为鲁国最有权势的家族，阳虎抓到了对这个家族的控制权后，以陪臣执国命，在公元前505—公元前502年成了鲁国的实际掌权者。季氏掌控国政百年，不到两天之间就失去了一切，鲁国也成了春秋各国第一个陪臣执国命的诸侯国②。政治权力就这样逐渐下移。

社会秩序的种种变化，在短时期内也许感觉不到，但从长远来看，就可发现一些极为显著的变化。据《左传·昭公三年》记载：

齐侯使晏婴请继室于晋……既成昏，晏子受礼，叔向从之宴，相与语。叔向曰：“齐其何如？”晏子曰：“此季世也，吾弗知齐其为陈氏矣。公弃其民，而归于陈氏……”叔向曰：“然。虽吾公室，今亦季世也。戎马不驾，卿无军行，

① 周光庆：《中国读书人的理想人格》，湖北教育出版社1999年版，第12页。

② 见《左传》“昭公二十七年”和“定公五年、六年、八年”。

公乘无人，卒列无长。庶民罢敝，而宫室滋侈。道堇相望，而女富溢尤。民闻公命，如逃寇仇。栾、郤、胥、原、狐、续、庆、伯降在皂隶，政在家门，民无所依。君日不悛，以乐慆忧。公室之卑，其何日之有？《谗鼎之铭》曰：‘昧旦丕显，后世犹怠。’况日不悛，其能久乎？”晏子曰：“子将若何？”叔向曰：“晋之公族尽矣。肸闻之，公室将卑，其宗族枝叶先落，则公室从之。肸之宗十一族，唯羊舌氏在而已。肸又无子，公室无度，幸而得死，岂其获祀？”

昭公三年（公元前538年）齐国大夫晏婴出使晋国，在宴会上与晋国大夫叔向相互交谈时告诉他说，备受民众喜爱的陈氏家族正从臣民很不喜欢的君主手中接管齐国政府。叔向回答说，晋国也好不到哪里去。政府机关处于瘫痪状态，民众被苛捐杂税弄得疲惫不堪，致使道殣相望，而君主却浪费大量钱财广建宫室。他说，许多重要的大家族都变得穷困潦倒，而与此相反，几个更有权势的家族，却从公室手中接管了政权。应当说，这是对春秋末年贵族衰败的极为生动具体的描述。栾、郤等都是晋国的大贵族，他们的后代竟然也有贱为皂隶者，可见当时贵族之破落。在余英时看来，“降在皂隶”也许是一种夸张，并非是说这些人真的就已沦为奴隶，所以杜预注中以“贱官”注释“皂隶”。不过，在这些人当中，至少有一部分人是应当下降到士中来了[①]。由此可以看出，社会阶层分化早在当时已为时人所觉察。

公元前511年，史墨在回答赵国执政就鲁公流亡事件的提问时评论说：

社稷无常奉，君臣无常位，自古以然。故《诗》曰：“高岸为谷，深谷为陵。”三后之姓于今为庶，王所知也。(《左传·昭公三十二年》)

在史墨看来，自古以来君臣关系都并不是恒定不变的，季氏掌权长达四世之久，人们已然忘记还有公室了，所以《诗经》中说：“高岸为谷，深谷为陵。”史墨本人也许并不赞同这些变化，但他的言论揭示出变化不仅仅被认为是可能的，而且也是不可避免的。《国语·晋语九》中窦犨答赵简子“人不能化”之问中，

① 余英时：《士与中国文化》，上海人民出版社1987年版，第13页。

就有这类具体事例的记载："夫范、中行氏不恤庶难，欲擅晋国，今其子孙将耕于齐，宗庙之牺为畎亩之勤，人之化也，何日之有！"晋国在六家的权力斗争之后，清除了其中落败的两家。落败者的后代被迫沦落到他国自食其力，他们祭祀祖庙的公牛也被驱赶到田间从事农业耕作。

而进入战国时期之后，这种趋势进一步加剧。据《战国策》记载，触龙在规谏赵太后让其爱子长安君出质于齐时，说："今三世以前，至于赵之为赵，赵主之子侯者，其继有在者乎？""微独赵，诸侯有在者乎？"[①]古代父子相继为一代，现在第一代是赵孝成王，上推第二代是其父赵惠文王，第三代是其祖赵武灵王，"三世以前"当指其曾祖赵肃侯（公元前349年—公元前326年在位）。从现在的赵孝成王（公元前266年即位）上推三代，直到赵氏立国为止，即在公元前403—公元前326年受封为侯的赵王子孙，他们的后嗣已经没有继承爵位的了。而且不单单是赵国一国，同一时段内其他诸侯国子孙被封侯的，其后嗣也早就湮灭无闻了。这为我们揭示出了战国时期贵族阶层急剧衰败的历史事实。

与上层贵族的衰败相伴随的，则是作为低级贵族的士和一般平民的地位上升。著名的春秋霸主如齐桓公、晋文公、秦穆公、楚庄王等，都曾重用非同一宗族的优秀人才，如齐桓公重用出身低微的"鄙之贾人"——管仲为国相；晋文公重臣狐偃、赵衰原本为士；楚庄王任命"期思之鄙人"——孙叔敖为令尹。《左传·定公九年》记载说，公元前501年，齐景公发兵攻打晋国的夷仪，齐军一名叫敝无存的战士随军出征。临行前，他对父亲曰："此役也，不死，反，必娶于高、国。"高、国是齐国的两大世卿之家，敝无存不过一名战士，出身或为一介平民，或为低级贵族中的士，竟然想要凭借军功娶卿相高、国两家之女，足见当时原有的阶级关系已经逐渐被打破，下层士族或平民也有了升迁途径。这些都充分说明，史墨觉察到的人们中间的变化的确是无时无刻不在发生。

---

① 关树东编著：《战国策》卷二十一《赵策四》，吉林人民出版社1996年版，第363页。

余英时认为，虽说“贵族衰败‘自古以然’，朝代兴替之际常有贵族沦为皂隶，并不限于某一特殊时代，但是古代封建阶级制度的根本崩坏则显然发生在春秋晚期”。因为他所征引的几条有关材料竟全集中在公元前6世纪和公元前5世纪之交，这是十分值得注目的现象。在他看来，晋叔向对公室和贵族衰落的感慨，以至史墨、窦犨与赵简子的对答，先后都不出五六十年之内，这绝不是巧合[①]。

二、学术下移和私学兴起

春秋战国时期，大国争霸，诸侯混战，各国国君为了求得生存，不得不励精图治，礼贤下士。在孔子之世，夫差破越之时，尝以蛮夷自居的楚国，其大夫王孙圉对赵简子说，楚以贤人为宝：“楚之所宝者，曰观射父，能作训辞……又有左史倚相，能道训典”（《国语·楚语下》）。由此可见，人才、学问均为当时所重。但春秋之世，固然有许多有学问的开明贵族，如叔向、子产、向戌、臧文仲、叔孙豹等人，但在世卿世禄制度下，贵族之中不学无术者居多。如《左传·昭公十八年》就记载说：

秋，葬曹平公。往者见周原伯鲁焉，与之语，不说学。归以语闵子马。闵子马曰：“周其乱乎！夫必多有是说，而后及其大人。大人患失而惑，又曰：‘可以无学，无学不害。’不害而不学，则苟而可，于是乎下陵上替，能无乱乎？夫学，殖也。不学，将落，原氏其亡乎？”

这是发生在孔子青年时代的事情。鲁昭公十九年（公元前523年），曹平公去世，各路诸侯齐聚曹国参加葬礼，周大夫原伯鲁代表周王室参加了丧礼，鲁国国君也参加了曹平公的丧礼。丧礼结束后，曹国新任国君曹悼公留各路诸侯住宿，大家相聚交谈。周王朝的特使原伯鲁分管教育，但他只谈吃喝玩乐，对学习毫无兴趣，“与之语，不说学”。鲁国国君回国后与大臣闵子马谈到这

① 余英时：《士与中国文化》，上海人民出版社1987年版，第13页。

件事时，闵子马感慨万千地说："周朝将要发生动乱了，甚至可以说要灭亡了。那些当官的只考虑怎样保住官位，根本不考虑学习之事。周王室有些人甚至说：'可以无学，无学不害。不害而不学，则苟而可。'一个王朝到了'苟而可'的地步，它还能维持多久呢？学习，就同种植树木一样，不加栽培，树木的枝叶就会落尽，长久了整棵树也会枯死。周王朝怕是不行了吧！"这里所揭示的正是春秋晚期周王朝文化衰微的历史事实。

（一）王官失守，学术下移

西周时期，政教合一，"学在官府"。从已有的文献记载来看，西周学校教育由国学和乡学两大系统构成，并与行政区划相吻合。国学主要为上层贵族所设，由中央和诸侯国在都城或近郊举办，分小学和大学两个阶段，学习内容不出"六艺"范围。乡学则由乡、遂以下各级地方官府所办，就学学生主要是士以上低级贵族。乡学的教学内容，主要是明人伦、知纲纪的上下尊卑礼节和从军打仗必备的军事知识与技能，正如《汉书·食货志上》所说："序以明教，庠则行礼而视化然。"①

在这种官学里，国家的典章制度便是教材，官府的礼乐器具便是教具，掌握文化典籍的官吏则是教师。仅《礼记》中提到的这样的教师便有大乐正、小乐正、乐正、大胥、胥、籥师、籥师丞、大师、师氏、保氏、执礼者、典书者等名称。这些既是官名，又是师称。像国之三公——太师、太保、太傅，既是周王的辅宰近臣，也是周天子的老师。《大戴礼记·保傅》载："昔者成王年幼，在襁褓之中，召公为太保，周公为太傅，太公为太师。保，保其身体，傅，傅之德义，师，道之教训，此三公之职也。"②而一般在国学掌教的大司乐、大司徒、师氏、保氏等也都是有职守的王官，如大司乐，即在国学中教授礼乐，又在政府中掌邦国之礼典。在乡学掌教的，除了乡大夫、乡师、党正这些地方官

① （汉）班固：《汉书》卷二十四《食货志上》，中华书局 1962 年版。下文中所有引自《汉书》的例句，皆以该书为版本。

② （清）王聘珍：《大戴礼记解诂》卷三《保傅》，中华书局 1983 年版，第 49、50 页。

吏外，还有一些“七十而致仕，老于乡里”的退职官吏、耆老。可以说，这套官学教育体系服务于并强化着西周世卿世禄的贵族等级统治，并使它得以代代相传。

而春秋以降，剧烈的社会大动荡瓦解了西周宗法等级制的社会模式，原先按宗法制的“亲亲”原则组建起来的封国制度逐渐衰败，“学在官府”的社会基础不复存在，也就从根本上改变了贵族垄断文化事业的局面。所谓“乱世则学校不修焉”①，不论国学或乡学都难以维持，日趋衰废，学术下移自然成为一种必然。在社会动乱中，一大批旧贵族失去原有的社会地位，沦落民间。一些文化职官也被迫携带各种文献典籍和礼乐器具流落四方，造成学术文化的扩散。《史记·太史公自序》中，司马谈曾详细论其史官家世：“昔在颛顼，命南正重以司天，北正黎以司地。唐虞之际，绍重黎之后，使复典之，至于夏、商，故重黎氏世序天地。其在周，程伯休甫之后也。当周宣王时，失其守而为司马氏。司马氏世典周史。”不过，经历了周惠王和周襄王时的两次王位之争，身为职掌史籍典册的史官，司马氏被迫离开王都投奔晋国，后来又逐渐分散到卫、赵、秦等国②。各诸侯国的史官也往往下到民间。他们把鲁国的史书《春秋》、郑国的史书《志》、晋国的史书《乘》、楚国的史书《梼杌》等带出了宫廷。

其实，作为世代相袭掌守学业的王官，司马家族的变故并非孤立。《史记·历书》记：“幽、厉之后，周室微，陪臣执政，史不记时，君不告朔，故畴人子弟分散，或在诸夏，或在夷狄”。古代天文历算之学，有专人执掌，父子世代相传为业，称为“畴人”。这些学有专长的王官在官学废坠不修之时，失去了自己长期以来赖以为生的教育体制，被迫带着原来秘藏于宫廷的典籍、文化，颠沛流离，四处谋生。大量的文化官吏和百工人士，带着宫廷的典籍、文档、礼器、乐器等逃到了四面八方，他们在民间定居了下来，如果有人赏

---

① （清）王先谦：《诗三家义集疏》，中华书局 1987 年版，第 364 页。

② 《史记·太史公自序》：“惠、襄之间，司马氏去周适晋。晋中军随会奔秦，而司马氏入少梁。自司马氏去周适晋，分散，或在卫，或在赵，或在秦。”

识，就在那里传播文化，无人赏识就过起隐居生活。《论语·微子》中就记载了周王室乐师外流的情况①。乐宫中的头等乐官太师带头出逃，二等（亚饭）、三等（三饭）、四等（四饭）的乐官也就跟着出逃，下面击大鼓的（鼓方叔）、击小鼓的（播鼗武）、乐官的助手（少师阳）也一起出逃了。这样集体出逃、分流四方的现象，在春秋时期屡见不鲜。

文化官员的出走和典籍的扩散，形成了“天子失官，官学在四夷”的局面，使“学在官府”的学术垄断不复存在。《左传·昭公十七年》记载，东方小国郯国的学者郯子到鲁国朝拜，其博学程度和对历史、礼仪的精通，令以“礼仪之邦”闻名的鲁国为之折服。孔子听闻之后，前去拜见郯子请教学习，回来后告诉其他人说：“吾闻之，‘天子失官，官学在四夷’，犹信。”孔子的话充分表明，周代官学已经衰落了。

（二）私学的兴起

政治形势的剧烈变动造成了旧式官学的衰落，而新形势下各国对人才的需要又有增无减，并且提出了更高的要求。“夫争天下者，必先争人”②，“佐贤则君尊、国安、民治，无佐则君卑、国危、民乱”③，“六国之时，贤才之臣，入楚楚重，出齐齐轻，为赵赵完，畔魏魏伤”④，这些都道出了人才对于治国的重要性。春秋五霸无不以举贤任能而兴，甚至以任用外国人才而兴，而它们也无不以骄奢拒谏闭贤而败。因此，对君主来说，要治理好国家，最重要的莫过于发现人才，并把人才放到合适的位子上去发挥才干。在这种情况下，适应时代的需要，春秋私学脱颖而出。

所谓私学，即是相对于官学而言的私人所办之学。这种学校究竟最早由何

---

① 《论语·微子》：“大师挚适齐，亚饭干适楚，三饭缭适蔡，四饭缺适秦，鼓方叔入于河，播鼗武入于汉，少师阳，击鼓襄入于海。”

② （明）刘绩：《管子》卷九《霸言》，上海古籍出版社 2015 年版，第 166 页。

③ （明）刘绩：《管子》卷二十一《版法解》，上海古籍出版社 2015 年版，第 408 页。

④ （汉）王充：《论衡》卷十三《效力》，大东书局 1931 年版，第 6 页。

人于何时所办，已经无从考证。不过就早期文献中披露出的信息来看，孔子之前就应该已经有了私人讲学。据《吕氏春秋·下贤》所载："子产相郑，往见壶丘子林，与其弟子坐必以年，是倚其相于门也。"壶丘子林应该就是一位没有官职官位而以私人身份收徒讲学之人。但是，真正开创私学教育新局面的，无疑首推孔子。章太炎曾说："老聃仲尼而上，学皆在官，老聃仲尼而下，学皆在家人"①，这就点明了孔子的开创之功。

《史记·孔子世家》记载："孔子以诗书礼乐教，弟子盖三千焉，身通六艺者七十有二人。如颜浊邹之徒，颇受业者甚众。"孔子的学生来自诸侯各国，其中以鲁人居多。他们有的出身贵族，有的来自商贾之家，有的是身居陋巷的破落子弟，有的则是贱人之子或农业自由民。这些人通过孔子的亲自训练和推荐，能够从寒微的出身升迁至有影响的职位。但在许倬云看来，这不是孔子最重要的成就，"孔子最伟大的成就是，他为那些出身低微但有才干的年轻人开辟了一条新路，并且这条路可以一直走下去。这就是，让他们能通过自己的才干得到高位"②。孔子卒后，"七十子之徒散游诸侯，大者为师傅卿相，小者友教士大夫"（《汉书·儒林传》），入仕做官者、经商致富者、收徒讲授者，大有人在，在社会上产生了极为广泛的影响。

这样数百人的学术团体，不为孔子一人所独有。就文献记载来看，当时墨子的弟子也是遍天下：

> 杨朱、墨翟之言盈天下。天下之言，不归杨，则归墨。（《孟子·滕文公下》）
>
> 苦获、已齿、邓陵子之属，俱诵墨经。③（《庄子·天下》）
>
> 世之显学，儒、墨也。④（《韩非子·显学》）

---

① 章太炎：《原经》，《国故论衡》中卷，上海古籍出版社 2019 年版，第 69 页。

② 许倬云：《中国古代社会史论——春秋战国时期的社会流动》，广西师范大学出版社 2006 年版，第 122 页。

③ （清）郭庆藩：《庄子集释》，中华书局 1961 年版。下文中所有引自《庄子》的例句，皆以该书为版本。

④ （清）王先慎：《韩非子集解》，中华书局 1998 年版，第 456 页。

孔墨之后学，显荣于天下者众矣，不可胜数。（《吕氏春秋·当染》）

墨子服役百八十人，皆可使赴火蹈刃，死不还踵，化之所致也。①（《淮南子·泰族训》）

这众多弟子中，有来自齐国的，有来自鲁国的，有来自楚国的，也有来自宋国和秦国的，分布非常广泛。弟子们的年龄则是从十多岁到五十来岁，跨度很大。出身也相差甚大，有的来自农家，有的以渔猎为生，当然最多的是小手工业者家庭出身，他们是史籍中所说的“农与工肆之人”，所以除具备一定的文化素养外，一般都有相当的劳动技能，如学生“禽滑厘子事子墨子三年，手足胼胝，面目黧黑，役身给使，不敢问欲”②（《墨子·备梯》）。其品性也不同，有比较老实规矩的，也有原先有一定劣性的，如高石子、高何、县子硕等人原先是“暴者”，投身于墨子门下后，也被授之以学。

《吕氏春秋·孟夏纪·尊师》中说：

子张，鲁之鄙家也，颜涿聚，梁父之大盗也，学于孔子；段干木，晋国之大驵也，学于子夏；高何、县子石，齐国之暴者也，指于乡曲，学于子墨子；索卢参，东方之巨狡也，学于禽滑黎。此六人者，刑戮死辱之人也。今非徒免于刑戮死辱也，由此为天下名士显人，以终其寿，王公大人从而礼之。此得之于学也。

从这段话中所列举的人物事迹可以看出，春秋末期，私学的大门已经向全社会各类人等敞开，每个人都可以通过自身的努力，经由学习这一途径参与到政治生活中去，获得封爵、任官、受禄的机会。这就使学术文化摆脱行政控制，获得了独立于政治、超越于尊卑的特质与性格。

到了战国时期，有学问的大师像孟子、田骈、慎到、许行等，几乎都有一大批门徒和追随者。就已有的史料记载来看，孟子曾经“后车数十乘，从者数百人，以传食于诸侯”（《孟子·滕文公下》），田骈在齐国时，“訾养千钟，徒

① （汉）刘安：《淮南子》卷二十《泰族训》，上海古籍出版社2016年版，第515页。

② （清）毕沅：《墨子》，上海古籍出版社2014年版。下文中所有引自《墨子》的例句，皆以该书为版本。

百人”①。这些立一家之言的哲人、学者投入到教育行列，使私学得到了长足的发展。他们常常四处游说，宣传自己的学术主张，期望借助于当时的明君圣主来实现自己治国平天下的政治抱负，“夫阴阳、儒、墨、名、法、道，此务为治者也”（《史记·太史公自序》）。如此大规模的游说、讲学活动，极大地增强了私学的影响力，传播了文化的种子。

第三节　春秋战国之际士人阶层的崛起

春秋晚期“礼崩乐坏”带来的社会阶层分化和“学术下移”，为士人这一知识群体或者说知识阶层的崛起创造了条件。士是贵族，士人为平民。春秋、战国之交，作为平民的士人开始登上历史舞台，加入创造历史的行列。

一、士人阶层的来源

士人阶层的来源比较复杂，其中有的是春秋以来那种世代具有下层贵族身份的士，世代承继此业；有的出身于旧的世家贵族，在战国时期随着宗族没落而下降到这一群体中来；也有的士人出身于贫寒的农家、商贾之家或手工业者之家，依靠自身努力，改变身份，上升到士人群体中。我们这里重点探讨后两种情况。

春秋时期，诸侯争霸，为了救亡图存或争霸成功，各级贵族开始逐渐抛弃世卿世禄的宗法观念，“弃其子弟而好用远人”（《左传·定公元年》）。这种巨大的社会变动改变了大批王公贵族子弟的命运，随着宗法制的全面崩坏，他们再也不能躺倒于祖荫之下，过那种声色犬马的惬意日子。失去昔日尊贵与荣

① 关树东编著：《战国策》卷十一《齐策四》，吉林人民出版社 1996 年版，第 183 页。

华，他们沦落到士的行列中来，开始想方设法谋生立命。《左传·襄公十年》记载，公元前563年，伯舆的大夫瑕禽在与王叔的家臣辩论时说，平王东迁之时，他们“七姓从王，牲用备具，王赖之”，本来也是贵族家族。但是后来王叔把持朝纲，贪腐之风盛行，奸佞之人当权，即“政以贿成，而刑放于宠，官之师旅，不胜其富”，他们就成了“筚门闺窦”的士。这批人有相当数量，后来构成了士人阶层的重要组成部分。

贵族下降为士不仅可以从一般的历史趋势推知，而且还有具体的案例可考。余英时曾以孔子弟子与孔子本人作为佐证：颜渊是最著名的贫士，但是从他的远祖郡武公（字伯颜）为鲁附庸改称颜氏以后，十四世都出仕鲁国任卿大夫，不过到颜回祖父时，则已降为邑宰，可能已经是士了；就刘向《说苑》中的记载来看，曾氏父子显然都是庶人，但《世本》中却说曾皙是鄫太子巫子孙，余英时认为，曾氏正是史墨所谓“三后之姓，于今为庶”的一个绝好例证；至于孔子本人，从“三后之姓”（殷）沦为“吾少也贱，故多能鄙事”的士人，则更是尽人皆知的了①。又如较后的张仪，《吕氏春秋》说他是魏之余子，但《史记·张仪列传》记载他在楚国时，相国亡璧，人家就说他贫而无行，必是他盗相君之璧，可见也是一个落魄的王孙。除了这种破落的贵族作士而外，还有一种不得志于本国的贵族也出来作游说之士，如商鞅为卫公子，奔赴燕国的乐毅为魏国乐羊之后，都是很有名望的世家子弟。

士人阶层的另一大来源，则是庶人当中的佼佼者。《礼记·文王世子》云：“凡语于郊者，必取贤敛才，或以德进，或以事举，或以言扬，三而一有，乃进其等以序，谓之郊人。”这是关于平民升进的较早记载。《周礼·地官·乡大夫》说：“使民兴贤，出使长之；使民兴能，入使治之”②，即庶人中的“贤者”、“能者”有机会被选拔出来担任一定职务。这些人也就是《管子·小匡》篇所称的“秀民”：“是故农之子常为农，朴野而不慝，其秀才之能为士者，则足赖

① 余英时：《士与中国文化》，上海人民出版社1987年版，第15页。

② 杨天宇：《周礼译注·地官司徒》，上海古籍出版社2004年版，第171页。

也。故以耕则多粟，以仕则多贤，是以圣王敬畏戚农。”[①] 不过，在宗法制度下，这种选拔的标准和数量都有严格的限制[②]，应该极为少见。进入春秋之后，随着社会剧变，宗法制崩坏，庶人开始获得更多的上升途径。公元前 493 年，范氏、中行氏与郑国等联合，和赵、韩、魏发生战争。赵简子在誓师时发布命令：“克敌者，上大夫受县，下大夫受郡，士田十万，庶人工商遂，人臣隶圉免。”（《左传·哀公二年》）就是说在战斗中立军功打胜敌人的人，上大夫赏赐给县，下大夫赏赐给郡，士赏田十万亩，庶人工商可上升为士，奴隶可以被释放。誓词宣布后，人人争先奋战，大获全胜。这说明春秋晚期，庶人已经可以凭借军功获得正式的上升途径。而战国时期商鞅为秦国设立的二十等爵制，实际上是军功爵制[③]。这种完全只按军功而不管出身的贵族等级制度，在中国历史上尚属首次。

同时，随着学术下移，私学兴起，非贵族出身的庶人、工、商之辈得以学习文化，接受教育，社会上涌现出大批非宗法性的新士。春秋、战国之交，庶人凭借学术得以封官进爵者已有许多例证。《韩非子·外储说左上说四》记载，

---

① （明）刘绩：《管子》卷八《小匡》，上海古籍出版社 2015 年版，第 144 页。

② 罗新慧认为，庶人上升为士，固然说明社会结构不再是僵硬的板块，表明士阶层从总体上已呈现出活跃的流动状态，但是，此类由庶人而获取士身份的人，首先是依靠外在的行政力量将其擢入“士”的行列之中，其次，“士”的身份的获得乃是在固有的等级次序内由庶人上升为士，并没有佚出宗法体系，仍然是在旧的等级制内兜圈子。《国语·齐语》谓“有司见而不以告，其罪五”，督责有关职司官员将优秀的农民选拔为士，这样的士无非是国家的下层职司人员，并非知识阶层中人。总之，这一类型的士，其内涵本质并没有发生变化。参见罗新慧：《试论春秋战国之际的士与儒士》，《北京师范大学学报》（社会科学版）1998 年第 4 期。余英时也认为，虽然不敢说《管子》与《齐语》所记四民之事完全没有历史的根据，但是可以断言，其中纵有春秋初期的事实背景，也已经淹没在战国时代作者的传述之中了。换句话说，《齐语》和《小匡》篇的作者是通过阶级制度崩坏以后的现象去了解桓公和管仲的措施的。不过，他还指出说，《管子·小匡》中农民之秀出者可以上升为士，而此所谓士已经不是武士而是“仕则多贤”的文士。参见余英时：《士与中国文化》，上海人民出版社 1987 年版，第 18、17 页。

③ 许倬云：《中国古代社会史论——春秋战国时期的社会流动》，广西师范大学出版社 2006 年版，第 88 页。

春秋末年赵襄子根据中牟令王登对中章、胥己的推荐，“一日而见二中大夫，予之田宅。中牟之人弃其田耘、卖宅圃而随文学者邑之半”。对此，余英时认为，发生于春秋、战国之交的这件事，应是于史有据[①]，因为据《吕氏春秋·博志》篇：

宁越，中牟之鄙人也。苦耕稼之劳，谓其友曰：“何为而可以免此苦也？”其友曰：“莫如学。学三十岁则可以达矣。”宁越曰：“请以十五岁。人将休，吾将不敢休；人将卧，吾将不敢卧。”十五岁而周威公师之。

根据已有研究推测，宁越弃稼向学上距赵襄子之死不过五六年，他和友人正是闻中章、胥己之风而起者。这样一来，韩非之言可谓“信而有征”。

战国时期，这些人更是层出不穷。最突出的例子，是众所周知的苏秦、苏代兄弟。《战国策·秦策一》称苏秦为“穷巷掘门桑户棬枢之士”[②]，《战国策·燕策一》中苏秦之弟苏代自称为“东周之鄙人”，并说如果燕昭三不采用其学说，则“归耕乎周之土地，耕而食之，织而衣之”[③]。从这些记载中可以看出，苏氏兄弟出身于典型的农民之家。应该说，摆脱这种社会政治、经济地位低下的家族出身，跃入社会上层，是苏氏兄弟在政治上有所作为的一种重要动力。除了苏氏兄弟外，其他像蔡泽、范雎、鲁连等，大概也都是小农家庭出身。其中也有军事人才，不过他们往往也兼习政术，具备政治才干，如吴起。吴起本是卫国一介平民，《史记》称他为衛人，并且曾受学于曾子，可见他虽以知兵著闻，但所学实是杂糅了儒法诸家之说，所以为相之后，便以变法图强为事。

出身寒微者能够获得重用，与当时的社会变革密不可分。战国早期魏文侯即位之后，在魏国进行了改革。李克曾向魏文侯提出，“为国之道”应是“食有劳而禄有功，使有能而赏必行，罚必当”，要制止“其父有功而禄，其子无功而食之”的世卿世禄制度[④]。于是许多出身于士人阶层者，如翟璜、李悝、李克、吴起、西门豹、乐羊等，在魏国中央政权内担任了重要职务。李克所主

① 余英时：《士与中国文化》，上海人民出版社 1987 年版，第 16、17 页。

② 关树东编著：《战国策》卷三《秦策一》，吉林人民出版社 1996 年版，第 39 页。

③ 关树东编著：《战国策》卷二十九《燕策一》，吉林人民出版社 1996 年版，第 523、533 页。

④ 向宗鲁：《说苑校证》卷七《政理》，中华书局 1987 年版，第 165、166 页。

张的这种用人制度，为此后列国君主所采用，并使大批士人进入官僚队伍。如公元前408年赵烈侯即位，曾任命士人牛畜为师、荀欣为中尉、徐越为内史；公元前401年楚悼王即位后，也曾用吴起为令尹实行变法；公元前361年秦孝公即位，召商鞅由魏入秦进行变法，并于公元前352年任命为大良造；公元前362年韩昭侯即位，公元前354年郑人申不害取得昭侯信任，不久受任为相，在韩国进行改革；公元前368年齐威王即位，在其任内起用邹忌为相，并先后重用其他贤能之士，使齐国一度强盛①。

就许倬云对战国时期各国宰相背景的调查来看，赵国13位宰相中，有8位既与王室无关，亦与大家族没有联系；秦国18位丞相中，只有1人是公子，2人是王室亲戚，另2人为他国公子；魏国18位宰相中，有9位起自寒微②。这些宰相们可能由各自的国君选任，也可能由其他强国推荐而就任。他们既没有固定任期，也不是终身职。这些人不会感到自己与任职国家有根深蒂固的联系，对那些经常流动于各国的人来说更是如此。因此他们并不隶属于任何一国的社会，也不能组成传统意义上的阶级。

二、士人阶层崛起的标志

士人阶层不是一个经济与政治地位稳定的阶层，其中一部分在为统治者欣赏并任用后可能会晋升跃入社会上层，有的也会因经济地位的下降跌入庶民阶层。尽管经济与政治地位不稳定，并且在经济上常常依赖于其他社会阶层，但士人的社会活动具有很强的独立性，这使他们成为一个松散的、个体性强的群体。

（一）人格独立

士原本属于统治阶级的一部分，处于贵族的最底层。身有官职并与贵族有

① 以上参见《史记》诸世家。

② 参见许倬云：《中国古代社会史论——春秋战国时期的社会流动》，广西师范大学出版社2006年版，第46—60页。

人身依附关系，是周王室贵族阶级中低级士人的典型特征。不过，到了春秋战国之交，属于低级贵族的士中的下层，虽然政治身份保持未变，但在经济地位上可能已经与庶民上层极为相近，不能分得很清①。不仅农以务农为生，士下层在平时也主要依靠种田生活，如《管子·问》中说："问……士之身耕者几何家?"这种士，如果从政治等级身份上讲仍然是士，但如果从平时职业上看也可称之为农。而且，据朱凤瀚研究，在春秋中叶齐桓公时代的齐国，国人中的士下层与庶民的经济和生活单位已经是"家"，血缘关系的作用已相当有限，不再对政治、军事发生直接的影响②。由以上诸多情况来看，春秋、战国之交处于贵族底层的士，已经无法通过世卿世禄制获得一定的官职与俸禄，而"士如无田禄，就不成其为士"了③。

而且，他们也摆脱了与上层贵族之间的依附关系，获得了人身自由。起初，这种依附关系的解除应该是被迫的。因为在"高岸为谷、深谷为陵"的剧烈社会变动中，伐世卿、诛公族一类的事情时有发生，斗争失败的强宗大族有降为皂隶者，如《左传·昭公三年》中叔向所谓"栾、却、胥、原、狐、续、庆伯降在皂隶"；有绝宗者，如叔向所谓"肸之宗十一族，惟羊舌氏在"；有被逐者，如《左传·宣公十年》中"郑子家卒。郑人讨幽公之乱，斲子家之棺，而逐其族"；有被灭者，如《左传·宣公十三年》中"晋人讨邲之败与清之师，归罪于先縠而杀之，尽灭其族"。在这种情况下，这些强宗大族所在的氏族组织也就随之崩坏，从而导致大批原来隶属于他们的宗法之士被抛向民间，沦为无所归依、只得自谋出路的"游士"。春秋前期，这种脱离了原有宗族组织的"游士"可以重新投靠新主，但须通过"策名委质"的方式，以示至死效忠、不臣二主之意。如《国语·齐语》中，管仲曾建议齐桓公"为游士八十人，奉之以车马、衣裘，多其资币，使周游于四方，以号召天下之贤士"。这里的"天下之贤士"，应该就是被迫重新选择服务对象的"游士"。

---

① 李零：《中国古代居民组织的两大类型及其不同来源》，《文史》第28辑。

② 朱凤瀚：《商周家族形态研究》，天津古籍出版社1990年版，第541—542页。

③ 吴荣曾：《对春秋战国家长制奴隶制残余的考察》，《北京大学学报》1987年第2期。

到了春秋末期，富有知识与才干的士逐渐成为各国王侯首先争夺的对象。于是，一些游士可以自由自主地奔走于各个诸侯国之间，择君而仕，这时人身依附关系的解除往往是出于士的主动与自觉。如据《韩非子·外储说左上说四》记载，叔向在晋平公处陪坐时，平公由于尊贤使礼，腿痛脚麻以至抽筋仍然不敢坐得不端正，结果这件事引致晋国辞去官职以及对于贵族的依附而仿效叔向的人，一时间占到了全国的一半。晋平公于公元前557—公元前532年在位，这件事情应当发生在春秋末年。这些士人可以辞去官职，并摆脱与上层贵族之间的人身依附关系，说明他们已经有了很大的流动自由。“晋国之辞仕托慕叔向者，国之锤矣”，当然有很大的夸张，却并非毫无根据。《管子·问》中设问说：“士之身耕者几何家”，“士之有田而不耕者几何人，身何事”，可见当时士弃农而从事其他职业几乎成为一种社会风气。到了战国时期，“朝为布衣，夕为卿相”的戏剧性身份变化；出入车马，锦衣玉食的优厚待遇；尤其是出将入相，位极人臣的政治地位，更是大大地刺激了这一阶层的迅速膨胀。

当士不再有固定的官职与俸禄并摆脱了宗法制度内的人身依附关系后，余英时认为，“士民”的出现是中国知识阶层兴起的一个最清楚的标帜①。他以顾炎武《日知录》中“士何事”条作为探讨的起点，认为顾氏的观察十分敏锐。顾炎武深知在古代的封建制度之下，士都是有职之人，不得与农、工、商同列为四民，同时，“民之秀者”要上升为士，纵非绝不可能，也是难得的例外。所以，他虽引《管子》和《国语·齐语》之文，但却未必就相信这是齐桓公与管仲年间的事，而是很明白地指出，士成为四民之首，是战国游士既兴以后之事②。余英时认为：“四民社会的成立必须以士从最低层的贵族转化为最高级的庶民为其前提。这一前提是到了春秋晚期以后才存在的。”③他详细剖析了《穀梁传·成公元年》中“上古者有四民：有士民、有商民、有农民、有工民”一语，指出：“这里出现了‘士民’这一新的名词，把士的社会身份正式地确定在‘民’

---

① 余英时：《士与中国文化》，上海人民出版社1987年版，第21页。

② 余英时：《士与中国文化》，上海人民出版社1987年版，第17、18页。

③ 余英时：《士与中国文化》，上海人民出版社1987年版，第19、20页。

的范畴之内，应是春秋晚期以来社会变动的结果。由于贵族分子不断地下降为士，特别是庶民阶级大量地上升为士，士阶层扩大了，性质也起了变化。”他们从固定的封建关系中游离了出来。吴于廑认为，社会上自有这班人物出现后，官民之间便多了一个中间阶层。他们的身份是平民，是士人，但他们想做官，一旦做了官，便是大夫。这是由士人而大夫，于是“士大夫”一词便代替了往日的“大夫士”。对平民来说，他们又都不事生产，从读书到游说，都不像是职业。因此，他们成为平民中的特殊分子，不能归入庶民或百姓一类。于是，“士民”两个字得以连称①。

士人在由低级贵族变为四民之首后，获得了独立人格，可以在各个诸侯国之间游学、出仕。他们往往并不局限在自己的“父母之邦”，而是自由流动，各求所遇。即使主张守礼、名扬忠孝的孔子，也不曾死守于鲁国。至于他的门生，更是些各投其主的“自由人”。如：子路，鲁国乡民，受卫国聘用，为蒲邑大夫；宰予，鲁国人，出仕为齐国临淄大夫；子贡，卫国人，曾游说于齐、吴、越、晋各国，后来又相鲁、相卫；子夏，卫国人，后为魏文侯老师，参与魏国国政；子贱，鲁国人，为宋国单父宰……② 战国时期，齐国的孟尝君、魏国的信陵君、赵国的平原君等，在其封邑内礼贤下士，广养食客。但这些包括士人在内的食客与封君之间既非主臣关系，也未有人身隶属关系。如《史记·孟尝君列传》记载，孟尝君在封地薛“招致诸侯宾客及亡人有罪者”，食客达数千人。这些宾客在孟尝君得势的时候，都尾随于他，成为他应付政治事变与扩张势力的依靠。不过，一旦孟尝君被废，“诸客皆去”。可见这种封君与他所养宾客之间的关系，绝非春秋以前家臣与家主间的关系。家臣人身隶属于家主，效忠于家主，双方形成一种构拟的假血缘关系，但战国时期食客服务于封君却是出于利益驱动，二者之间并无隶属关系。所以当孟尝君感慨“客见文一日废，皆背文而去，莫顾文者”时，冯驩劝他说：“富贵多士，贫贱寡友，事之固然也。”

---

① 吴于廑：《士与古代封建制度之解体》，武汉大学出版社 2012 年版，第 44、45 页。

② 参见《史记·孔子世家》。

这种独立人格表现在职业的选择上，这时的士人没有后世那种贱此薄彼的恶习，而是各度其能，各得其所。或为卿、为相、为大夫，或为将、为吏，更有许多人不求宦达，以在野士人的身份议论政事，发表政见，出谋献策。比如说，魏文侯手下有许多士人，他们没有具体官职，只参与政事；齐国的稷下学宫，聚集了数千名各家学派的士人，称为稷下先生，他们关心国事，放言高论，抨击时弊，著书立说，“言治乱之事，以干世主”（《史记·孟子荀卿列传》）。这些人大约正反映了当时士人阶层的普遍心态，只求实现自己的理想，并不在乎为官为民，在野在朝。前面说到的孔门弟子子贡，曾经相鲁、相卫，后又从事商业活动，“废著鬻财于曹、鲁之间”（《史记·货殖列传》），做起了生意。越国大夫范蠡，据说到齐国经商，成为天下著名的富翁。这个时代士人的职业选择，反映了他们视野的开阔和思想的解放。

春秋战国时期并非是国君单方面的选贤、任贤，士人也在选择着国君，这是一个双向选择的时代。士人们以他们独立的人格活动于社会舞台，他们以主体自主的姿态审视着社会，选择着实现自身价值的环境和条件。顾炎武就认为，当时“士无定主”①。这正表明士人没有固定依附关系，而具有自我选择的主动性。他们不肯听任某一国君摆布，一旦发现无助于自己理想的实现，便毅然而去，另投他国。比如孔子，他周游列国，不得志于宋，想投奔晋国大夫赵简子，走到黄河边又改变了主意。他的学生问他为什么，他说，赵简子杀了两个大夫，不仁，“夫鸟兽之于不义也尚知辟之，而况乎丘哉”（《史记·孔子世家》）！他用自己的标准衡量着世界，作出了自己的判断。卫国的孔文子准备攻打太叔，这是大夫之间的争斗，孔子认为是“无道”的表现。孔文子派人向孔子求计，孔子不答，并命人立即驾车逃跑。他说：“鸟能择木，木岂能择鸟乎！”（《史记·孔子世家》）这也许可以反映士人阶层共同的志趣。所谓“良禽择木而栖，良臣择主而事”，在这个时代是名副其实的。

在“士无定主”的时代，许多士人往往不远千里，风尘仆仆去投奔理想的

① 陈垣：《日知录校注》卷十三《周末风俗》，安徽大学出版社2007年版，第715页。

王国，效命于理想的事业。其间的情况虽然各不相同，但都充分体现了士人主体的能动性。像战国末期的李斯，他经过反复比较，作出了深思熟虑的判断。他是荀子的学生，学成后，认为楚国无所作为，七国中除了秦国，其他六国都无法使他建功立业。于是，就对荀子说："听说秦王要吞并天下，这正是士人施展才能的时候……处于穷困之地，无所作为，不是士人的本意，所以，我决定投奔秦国"[①]。在这里，他选择去向的标准是：能不能使他有所作为，施展才能，建功立业。他完全站在主动地位，审视着社会，做出了自己的抉择。

另一类士人虽受环境所迫，但也不同程度地反映了个人的主动作用。燕国名将乐毅，其先人乐羊本是魏国大将，后迁居燕、赵、魏之间的灵寿。赵人知其贤能，推荐了他。但恰逢赵国发生内乱，赵武灵王被杀，他认为内乱之国无法发挥才能，便转而投奔魏国。当时，齐国侵燕，燕国弱小，国势危急。正好乐毅奉魏王之命出使燕国，燕昭王屈身求计，盛意挽留，乐毅觉得解危难、扶弱小正是不朽的事业，是他一展抱负的良机，便留在燕国，被任为亚卿。他施展军事和外交才能，联合楚、魏、赵诸国。又被燕昭王任为上将军，率兵大败齐国，下齐七十余城，名震诸侯。但燕昭王死后，惠王中了齐国的反间之计，解除了乐毅的兵权，乐毅以为良机已失，自己也身陷危境，便投奔了赵国。后来燕又被齐国打败，惠王写信请他回去，他回答说，燕王"亲左右之说，而不察疏远之行"，所以，他不肯"临不测之罪，以幸为利"[②]，拒绝回燕。乐毅不

---

① 见《史记·李斯列传》：辞于荀卿曰："斯闻得时无怠，今万乘方争时，游者主事。今秦王欲吞天下，称帝而治，此布衣驰骛之时而游说者之秋也。处卑贱之位而计不为者，此禽鹿视肉，人面而能强行者耳。故诟莫大于卑贱，而悲莫甚于穷困。久处卑贱之位，困苦之地，非世而恶利，自讬于无为，此非士之情也。故斯将西说秦王矣。"

② 关树东编著：《战国策》卷三十《燕策二》，吉林人民出版社 1996 年版，第 550—552 页。原文："臣以所学者观之，先王之举错有高世之心，故假节于魏王，而以身得察于燕。先王过举，擢之乎宾客之中，而立之乎群臣之上。不谋于父兄，而使臣为亚卿。臣自以为奉令承教，可以幸无罪矣，故受命而不辞……夫免身全功以明先王之迹者，臣之上计也！离毁辱之非，堕先王之名者，臣之所大恐也！临不测之罪，以幸为利者，义之所不敢出也！臣闻古之君子，交绝不出恶声；忠臣之去也，不洁其名。臣虽不佞，数奉教于君子矣。恐侍御者之亲左右之说而不察疏远之行也，故敢以书报。唯君之留意焉！"

肯把命运交给一个不信任自己的昏昧国君，而断送自己的事业。这个时代的士人大抵都是如此。他们根据个人的理想选择着适宜的环境。当然，相对说来，某些国家重视知识，政策正确，国力强盛，招揽的士人就多一些。但士人选择国君并不完全以这些条件为转移。像乐毅志在扶危难、存弱小，他选择了燕国。所以，这个时期各国差不多都拥有一批出类拔萃的士人，这正是君臣间双向主动选择的结果。

（二）思想自由

葛兆光认为：“随着王官失守、学术下移而来的，一方面是思想与文化的承担者的数量增多，一方面是思想与文化的承担者的权威丧失，知识阶层在这一时代与无可争辩的权力发生了分离，学术思想在这一时代与不证自明的真理发生了分离，于是‘士’阶层的崛起和独立、‘士’思想的崛起和独立，才演成了春秋到战国时代最为辉煌的百家争鸣。”[①]所以，思想自由，可以说是士人阶层崛起的一个重要标志。

《吕氏春秋·劝学》中说：“师之教也，不争轻重尊卑贫富，而争于道。”这就使学术文化获得了独立于政治、超越于尊卑的特质与性格。其直接结果之一，便是独立知识分子的出现与扩大，而“争于道”，不可避免地出现不同的学术流派。班固在《汉书·艺文志》中说：

儒家者流，盖出于司徒之官，助人君顺阴阳明教化者也。游文于六经之中，留意于仁义之际。祖述尧舜，宪章文武，宗师仲尼，以重其言，于道最为高……道家者流，盖出于史官，历记成败存亡祸福古今之道，然后知秉要执本，清虚以自守，卑弱以自持，君人南面之术也……阴阳家者流，盖出于羲和之官，敬顺昊天，历象日月星辰，敬授民时，此其所长也。及拘者为之，则牵于禁忌，泥于小数，舍人事而任鬼神……法家者流，盖出於理官。信赏必罚，以辅礼制……名家者流，盖出于礼官……墨家者流，盖出于清庙之守……从横

① 葛兆光：《七世纪前中国的文化、思想与信仰世界》，复旦大学出版社2001年版，第163页。

家者流，盖出于行人之官。

司徒官、史官、理官等，都是身担一定的职事而兼有一定的知识。到了儒家、道家、法家、墨家等，显然知识已经独立，并相应出现了独立的知识分子。“思想”与“权威”的疏离造就了思想者，当他们无需围绕着政治、军事进行实用性的诠释的时候，他们就可以独立地思考更深入的问题，也可以改变过去的阐述方式，对业已变化了的世界重新进行思考和批评。士人出身于不同的社会阶级和阶层，各自追随某个大师，所受教育与熏陶有别，加之个人经历、政治倾向、思维方式各有特点，因此对客观世界的看法往往不一致，观点、主张自然也就千差万别。

对于士人的这种思想自由，刘泽华从三个方面进行了诠释，大致观点可概括如下：一是一切客体可以作为认识对象；二是在认识对象面前认识主体平等；三是权与理相对二元化与士的活跃。① 应该说，士人阶层的崛起，引发了思想领域的大解放、大争鸣。而这种思想解放、思想争鸣又是全面的，从怎样看待人性，到如何教化民众；从怎样看待天道，到如何治理国家；从怎样培育人才，到如何使用隽秀；从怎样理解礼治，到如何礼法兼治……可以说，一切客体都可以成为认知的对象。

墨子行走于列国之间，打出的旗帜是“一天下之和”，也就是一切要放在“和平”的前提下考虑国与国之间的关系。而孙子则主张战争不可避免，力主“兵者，国之大事也，死生之地，存亡之道，不可不察”②。可以说，士人们都按照自己的观念去理解世界，也都提出了属于自己的解释世界和改造世界的方案。这种状况，即认识的自由和自由的认识，便造就了春秋战国时期所独有而中国古代历史上不复再现的百家争鸣局面。

《左传·襄公三十一年》云：“郑人游于乡校，以论执政。然明谓子产曰：‘毁乡校何如？’子产曰：‘何为？夫人朝夕而游焉，以议执政之善否。其所善

① 以上观点参见刘泽华：《先秦士人与社会》，天津人民出版社 2004 年版，第 22—39 页。

② （春秋）孙武：《孙子兵法·始计》，中华书局 2006 年版，第 3 页。

者，吾则行之；其所恶者，吾则改之，是吾师也。若之何毁之?”又如《孟子·滕文公下》云：“圣王不作，诸侯放恣，处士横议，杨朱、墨翟之言盈天下。”再如稷下先生之“不治而议论”。所有这些都可以体现出春秋战国时期士人那种无所顾忌的思想自由。

应当说，士人们的这种思想自由与当时特殊的历史环境密不可分。在竞争激烈的时代条件下，列国统治者为了求富、求治、求强、求王，急需提高思想认识和政治水平。为此，各国统治者便竞相礼贤下士，招揽士人，有下求贤令者，有设学宫尊士人者，有筑黄金台吸引士人者。一时之间，尊贤礼士蔚然成风。这就为士人以空前的规模讨论政治、参与政治提供了难得的机会。另外，由于五霸七雄并峙，并不存在一统思想的条件，加之正值改革之时，各种新旧思想、观念、制度正处于交替之际，究竟哪个流派、哪种主张更能实现求富、求治、求强、求王的目的，需要反复的实践、探索、比较与鉴别，所以列国诸侯对“百家之说”多能“兼礼之”。这种兼收并蓄、不主一说的文化政策，也使得百家可以无拘无束地畅所欲言，进行自由的认识与探讨。

按照韩非子的说法，当时的新兴知识阶层“藏书策，习谈论，聚徒役，服文学而议说，世主必从而礼之”(《韩非子·显学》)。这里可以说是比较全面地归纳出了士人所做的四件大事：一是“藏书策”，即收藏历史典籍，分析列国史事，从中剖析利害得失；二是“习谈论”，即练习谈说之术，以此达到“取合诸侯”的目的；三是“聚徒役”，即兴办私学，招收门徒，扩大队伍；四是“服文学而议说”，即以传世文献中的典故作为谈资，引经据典，以为说服人的资料。对于士人的这些所作所为，韩非子承认“世主必从而礼之”，这说明当时士人确实是起到了左右局势的作用。

（三）价值自觉

春秋战国之世，一切祸乱的根源，大概不外乎两种：一是国内贵族专权，二是国与国间征战。对于这种由封建制度演变而来的弊害，当时的有识之士都非常清楚。有鉴于此，他们不约而同地提出了压抑贵族，尊重君权，统一天下，择贤任能的主张。这一群体要依靠自身的知识、才干与道德，以济世之才实现济世之理想。在吴于廑看来，“有此大处要处之类似，而后士乃形成一种汇合的力量，摧毁旧制度的遗留，使历史新趋势加速地发展”①。许倬云也说：“当战国时期像墨子那样的学者能够说出君主和官员应当选任在道德和能力上都合格的优秀之士的话时，新的社会就已经出现了。”②所以，春秋战国时代的诸子们主张统一与尊君，提出以能力和道德来对抗出身，这种价值上的自觉对于士人阶层的崛起，意义尤为突出。

孔子论政，大都以天下为对象，而天下即象征着大一统。《礼记·礼运》篇云：“大道之行也，天下为公。”《礼记·坊记》亦说：“子云：‘天无二日，土无二王……’”孔子作《春秋》，下笔就是“隐公元年春王正月”。《公羊传·隐公元年》曰：“何言乎王正月？大一统也。”这都可以看出孔子对未来政治的理想。这种大一统的局面，必得有权力的王或君方能统率维系。所以，《礼记·坊记》中说：“家无二主，尊无二上，示民有君臣之别也。”孔子主张尊君。不过，孔子理想中的王或君，不仅仅位尊权重，并且还要无私，如《礼记·孔子闲居》中说：“子夏曰：‘三王之德，参于天地，敢问何如斯可谓参于天地矣？’孔子曰：‘奉三无私以劳天下。’”亦要有德，“为政以德，譬如北辰，居其所而众星共之。”（《论语·为政》）

在《论语·雍也》篇中，孔子给予自己的弟子冉雍以极高的评价，说：“雍也可使南面。”许倬云认为，“孔子的赞扬所具有的意义显示出，选择君主和大臣的标准应当是道德和才干而非贵族出身的观念，已经在社会上流传”③。《论语·宪问》载：“公叔文子之臣大夫僎与文子同升诸公。子闻之，曰：‘可以为“文”矣。’”当时已有贤大夫举家臣为国家臣子的事，孔子不赞成这种举动，

① 吴于廑：《士与古代封建制度之解体》，武汉大学出版社 2012 年版，第 48 页。

② 许倬云：《中国古代社会史论——春秋战国时期的社会流动》，广西师范大学出版社 2006 年版，第 169 页。

③ 许倬云：《中国古代社会史论——春秋战国时期的社会流动》，广西师范大学出版社 2006 年版，第 169 页。

可见他的举贤主张。孔子对于不举贤的大夫，常常加以谴责，他说："臧文仲其窃位者与！知柳下惠之贤而不与立也。"（《论语·卫灵公》）臧文仲就是公叔文子的反面，孔子说他是"窃位者"，可见责备之深。孔子认为举贤是政治上的大关键，《论语·为政》载："哀公问曰：'何为则民服？'孔子对曰：'举直错诸枉，则民服；举枉错诸直，则民不。'"举贤的反面是抑不贤，举贤而抑不贤，则百姓服从，可见这是政治上的大关键。不过，抑不贤还不是根本的办法，更好的办法是教导不贤使贤，孔子对季康子说："举善而教不能，则劝。"（《论语·为政》）这种办法能勉励人民走向"贤"的方面。在这段话里，证明了孔子认为庶人中的贤才也应该加以举拔。

因此，在孔门有关士的讨论中，德行和政事成为最主要的内容。据《论语·子路》篇记载："子贡问曰：'何如斯可谓之士矣？'子曰：'行己有耻，使于四方，不辱君命，可谓士矣。'"这显然不是一般的提问，而是对于士的重新理解和定位。在孔子看来，理想的士是"行己有耻，使于四方，不辱君命"，其中"行己有耻"偏重在德行，"不辱君命"着重在政事，士应该是在这两方面都很突出的人。

孟子、荀子生于战国之际，比孔子更为厌恶战争，渴望和平，也比孔子看到更多统一的端倪。孟子周游列国时，逢君必谈"王天下"，也相信天下必将"定于一"（《孟子·梁惠王上》）。荀子的一统尊王思想更为成熟。他提出："天下为一，诸侯为臣，通达之属，莫不从服"（《荀子·王霸》）。这样的天下一统离不开圣王之治："圣王在上，分义行乎下，则士大夫无流淫之行，百吏官人无怠慢之事，众庶百姓无奸怪之俗，无盗贼之罪，莫敢犯大上之禁"（《荀子·君子》）。而圣王拨乱反正，遍爱百姓，是天下人的表率。

孟子也对选贤任能有着深刻的认识。他告诉齐宣王说："所谓故国者，非谓有乔木之谓也，有世臣之谓也。王无亲臣矣，昔者所进，今日不知其亡也。"齐宣王接着询问："吾何以识其不才而舍之？"孟子的回答是："国君进贤，如不得已，将使卑逾尊，疏逾戚，可不慎与？"（《孟子·梁惠王下》）因此，在孟子看来，大臣和君王都得是贤能之人。他还列举了一大批从寒微升至高位者：

“舜发于畎亩之中，傅悦举于版筑之间，胶鬲举于鱼盐之中，管夷吾举于士，孙叔敖举于海，百里奚举于市。”（《孟子·告子下》）这些人是否真正从这些地方起家，当然有值得商榷之处。但孟子事实上可能根本不在意这一点，他不过是“以古人之规矩，开自己之生面”，借此召集各种不同出身的才能之士来充任高级政治职位，并由此取得较高社会地位。荀子更是直截了当地提倡这种新理念，他说，“谲德而定次，量能而授官”；“使贤不肖皆得其位，能不能皆得其官”(《荀子·儒效》)。这就是《墨子·尚同》所说按贤才定位的办法。他又说，“贤能不待次而举，罢不能不待须而废”（《王制》），甚至说，“虽王公士大夫之子孙也，不能属于礼义，则归之庶人。虽庶人之子孙也，积文学，正身行，能属于礼义，则归之卿相士大夫。”（《王制》）这就是废世卿的言论。他还进一步强调了这条原则：“故上贤禄天下，次贤禄一国，下贤禄田邑，愿悫之民完衣食。”（《正论》）显然，贤能或才德是荀子对充任高位之人的唯一标准。

当时与儒学比肩、同为显学的墨学，其创始人墨子的政治社会理想，也是以天下为对象。在墨子看来，封建制度下的当时之社会，“今若国之与国之相攻，家之与家之相篡，人之与人之相贼，君臣不惠忠，父子不慈孝，兄弟不和调，此则天下之害也”（《墨子·兼爱中》)。这种现象自然是墨子所反对的，所以他以“仁人”自命，要为天下除去此害。“所谓为天下除此害，自伦理上言，是兼爱；自政治上言，是统一，将天下置于一个贤明的天子掌理之下。”① 因此墨子提出：“夫明乎天下之所以乱者，生于无政长。是故选天下之贤可者，立以为天子。”（《墨子·尚同上》）墨子生活的时代，正是无政长的时代。当时周王室已经衰微，没有了统属诸侯各国的能力，所以他主张立政长，遏止天下的纷乱。而这个政长又是因贤而立，足以为天下人的楷模与典范，所以天下必定一同于他的命令，获得统一与和平。

墨子作为平民阶层的代表，更是力主“尚贤”。《墨子·尚贤上》篇云：

故古者圣王之为政，列德而尚贤，虽在农与工肆之人，有能则举之，高予

① 吴于廑：《士与古代封建制度之解体》，武汉大学出版社2012年版，第56页。

之爵，重予之禄，任之以事，断予之令……量功而分禄。故官无常贵，而民无终贱，有能则举之，无能则下之……夫尚贤者，政之本也。

墨子还说，社会地位要根据能力和道德来决定：

故古者圣贤甚尊尚贤而任使能，不党父兄，不偏贵富，不嬖颜色。贤者举而上之，富而贵之，以为官长；不肖者抑而废之，贫而贱之，以为徒役。（《墨子·尚贤中》）

历史上这些“古者圣王”是否真的做了这些事情，其实并不重要，重要的是墨子有将之归于古代君王的这些观念。墨子的“尚贤”与孔子的“举贤”不同，孔子的“举贤”主要是“举士”，墨子的尚贤则“虽在农与工肆之人，有能则举之，高予之爵，重予之禄，任之以事，断予之令”。庶人不但可以做官，而且可以做大官执政，“官无常贵，而民无终贱”。墨家的“尚贤”思想，比孔子的“举贤”思想，大大发展了一步。

表面上看，法家似乎只讲强国富民之术。其实，强国富民只是法家的手段，其根本目的仍然是要实现统一天下。《商君书·画策》中说：“名尊地广以至于王者，何故？战胜者也。名卑地削以至于亡者，何故？战罢者也。不胜而王，不败而亡者，自古及今未尝有也。”这就清楚地说明强国的原因就在于使他国灭亡，使己国不亡。《韩非子》第一篇《初见秦》更是整篇地讲秦应该如何并吞六国，然后归结到“以此与天下，天下可兼而有也”。法家的尊君思想，更是众所周知。不过，在法家看来，君王之所以尊，并不全如儒、墨两家所说的地位重要，而是由于君王有权。韩非子就直截了当地说：“主之所以尊者，权也……故明主操权而上重”（《韩非子·心度》）。

法家的代表人物们虽然在许多问题上存有不同意见，但他们至少在一点上是完全相同的，即国家应当由新型君主统治，政府官员应当是经过精心挑选的才干之士。如申不害，其选才原则是：“术者，因任而授官，循名而责实，操杀生之柄，课群臣之能者也，此人主之所执也。”（《韩非子·定法》）“法者，见功而与赏，因能而受官。”（《韩非子·外储说左上》）按照这种哲学理念，能干之士可以自由进入通往政府职位和更高社会地位的孔道，因为君主只以能力作为核定候选资格的唯一标准。商鞅则从各种不同出身的人中召集到了一批人来充任官职、享受政府荣誉，而王室成员的特权则被剥夺："有军功者，各以率受上爵……宗室非有军功论，不得为属籍。明尊卑爵秩等级，各以差次名田宅，臣妾衣服以家次。有功者显荣，无功者虽富无所芬华。"(《史记·商君列传》）法家理论的集大成者韩非子发展了法家先驱们的理论，并做了详细探讨。他用无数的段落来论证自己的理论，即能力和性格才是人最重要的品质，而不是出身。如《韩非子·说疑》中讨论了明君与昏君的不同：

圣王明君则不然，内举不避亲，外举不避仇。是在焉从而举之，非在焉从而罚之。是以贤良遂进而奸邪并退，故一举而能服诸侯……观其所举，或在山林薮泽岩穴之间，或在囹圄绁绁缠索之中，或在割烹刍牧饭牛之事。然明主不羞其卑贱也，以其能，为可以明法，便国利民，从而举之，身安名尊。

韩非子在这里提到的五王所举大臣，其背景的真实性是有问题的，但韩非子本意不过是与墨子、孟子一样，借用这些故事来支持自己的理论，提倡选任贤能来管理国家。

先秦士人阶层的价值自觉，既反映也支持着前面讨论过的社会变革。新的价值观念修正或取代了旧的价值观念，也是春秋战国时期士人思想自由的结果和表现。

第二章　礼乐传统与先秦士人的文化自觉

“文化和思想的传承与创新自始至终都是士的中心任务。”①而据《汉书·艺文志》所载，诸子之学之所以能够在春秋战国几百年的时间内发展到极盛，其学术渊源有自，九流十家皆出于官府：

儒家者流，盖出于司徒之官……道家者流，盖出于史官……阴阳家者流，盖出于羲、和之官……法家者流，盖出于理官……名家者流，盖出于礼官……墨家者流，盖出于清庙之守……从横家者流，盖出于行人之官……杂家者流，盖出于议官……农家者流，盖出于农稷之官……小说家者流，盖出于稗官……

后世认为九流十家来源于王官之学，而王官之学的教育内容又主要局限在礼乐范围之内。在《论语·为政》篇中，孔子说：“殷因于夏礼，所损益，可知也；周因于殷礼，所损益，可知也。其或继周者，虽百世，可知也。”这说明夏、商、周三代的礼乐文化传统尽管在发展过程中有所“损益”，但一直保持着自身的连续性。“这一历史论断在传统时代是被普遍接受的，到了现代不但没有受到质疑，而且还不断获得地下发掘的印证。”②

而在三代文化漫长演进的过程中，周公所发挥的作用至关重要。对此，

① 余英时：《士与中国文化》“自序”，上海人民出版社 1987 年版，第 1 页。

② 余英时：《论天人之际》，中华书局 2014 年版，第 16 页。

杨向奎指出："没有周公就不会有传世的礼乐文明，没有周公就没有儒家的历史渊源，没有儒家中国传统的文明可能是另一种精神状态。"① 陈来也认为，中国轴心时代的先驱人物，"先是周公，后是孔子，而孔子将周公所做的一切进一步加以发展和普遍化"②。因此，"西周礼乐文化是儒家产生的土壤，西周思想为孔子和早期儒家提供了重要的世界观、政治哲学、伦理德性的基础"③。

其实，不仅孔子和早期儒家浸淫并受惠于这一礼乐传统，"先秦最先出现的三学派——儒、墨、道——都是在礼乐传统中成长和发展起来的，而他们之间的思想分歧也源于对待'礼乐'的态度各不相同。"④ 就余英时的研究来看，墨子思想也是针对当时礼乐状态而形成的。余英时曾引用《庄子·天下》篇中"作为《非乐》，命之曰《节用》，生不歌，死无服……毁古之礼乐"的概括，认为它可以在《墨子》和其他先秦记载中一一得到印证，真实性很高。不过，他进而指出，墨子反对的是当时所谓的"周礼"，因为正如《墨子·非儒下》所指出的"繁饰礼乐以淫人，久丧伪哀以谩亲"，它已经流为极其繁缛的外在形式而无任何内在的意义可言。但是，墨子并没有全面推倒三代礼乐传统的意图，他不过是如《淮南子·要略》等后世评论的那样，要"背周道而用夏政"。所以，余英时相信墨子和孔子一样，也有意从内部改造三代礼乐传统⑤。至于道家，余英时认为从先秦辗转流传下来的传说和语录，如《史记·孔子世家》、《史记·老庄申韩列传》、《礼记·曾子问》、《庄子》等来看，它们至少暗示老子和礼乐传统或有某些渊源，《道德经》作者对"礼"的深刻批判也不能不假定批判者曾受过礼学的透彻训练⑥。所以，他最后概括说："三代以来不断'损

---

① 杨向奎：《宗周社会与礼乐文明》，人民出版社1992年版，第136页。

② 陈来：《古代宗教与伦理》（增订版），北京大学出版社2017年版，第5页。

③ 陈来：《中华文明的价值观与世界观》，《中华文化论坛》2013年第3期。

④ 余英时：《论天人之际》，中华书局2014年版，第17页。

⑤ 余英时：《论天人之际》，中华书局2014年版，第18页。

⑥ 余英时：《论天人之际》，中华书局2014年版，第19页。

益'的礼乐传统为轴心突破提供了一个具体的历史场所；儒、墨、道三家的创始人都自礼乐传统中来，而对当时'礼坏乐崩'的状态则同有'是可忍，孰不可忍'之感。因此他们不但各自提出如何更新这一传统的构想，并且以此为始点而发展出互不相同的系统学说。"①

因此，以儒、墨、道为代表的先秦士人思想，都是中国文明自初期以来文化自身发展的产物。只不过，儒家思想与中国古代文化发展进程的内在联系最为紧密，最能体现三代传衍的传统及其养育的精神气质。所以，我们以儒家为代表，着力于探讨先秦士人在对礼乐传统的继承和发展中所体现出的强烈的文化自觉意识。

第一节　礼乐的起源

中国远自周代，就因为施行礼乐教化而人文化成为"礼仪之邦"。《礼记·礼运》中说："故礼义也者，人之大端也。所以讲信修睦……故唯圣人为知礼之不可以已也。故坏国、丧家、亡人，必先去其礼。"礼乐文明的本质在于以人文化成尽善尽美的天下，这一人文化成的文化是中国文化的核心与特色，也是中华民族得以在历史的兴衰中绵延的关键，所以牟宗三以"礼乐型的文化系统"来概括中国文化的特质②。2000多年以来，中国文化中得以陶冶人民情性、稳定国家秩序者，正是透过礼乐的教化功能来达成，所以礼一直被视为"经国家，定社稷，序民人，利后嗣"（《左传·隐公十一年》）的天纲大法，具有至高无上的地位，受到历代统治者的青睐。

---

① 余英时：《论天人之际》，中华书局2014年版，第20页。

② 他说："这整个的文化系统，从礼一面，即从其广度一面说，我将名之曰：礼乐型的文化系统，以与西方的宗教型的文化系统相区别。"参见牟宗三：《中国文化的特质》，《牟宗三先生全集》第二十七册，台北联经出版事业公司2003年版，第66页。

“礼乐相须为用，礼非乐不行，乐非礼不举”（《通志·乐略·乐府总序》）。远溯上古祭祀活动中的原始巫祭，常常是以歌舞娱神和以供物奉神一并呈现。其中，歌舞娱神的主要器乐为“钟鸣”，供物奉神的主要礼器和礼物是“鼎食”。二者兼具是早期祭祀以示对天神崇拜的基本载体或形式表现。上古举行“钟鸣”和“鼎食”的祭典，需要通过礼和乐来作媒介。以乐和舞的关系为例，我们透过岩画、甲骨刻辞、青铜纹饰和其他种类图绘，可以推知上古的乐舞文化可分作代表雅文化的巫祭之乐以及表征民俗文化的民乡之乐，此后逐渐分化发展成雅文化和俗文化。《礼记·乐记》指出：“礼自外作，乐由中出”，“乐者为同，礼者为异。同则相亲，异则相敬。乐胜则流，礼胜则离。合情饰貌者，礼乐之事也”。我们可以说：礼侧重人文理性的伦理结构，主别尊卑贵贱、男女老幼、进退授受的人文理序；乐配合《诗经》中所谓的“思无邪”的真挚高尚情感，陶冶和发挥人正当的情感生活；礼主序，乐主和，礼乐相互为用，使人类社会生活秩序井然，且互敬互爱，臻于温暖而和谐的人间乐土。

在先秦尤其是宗周社会，贵族更为重视礼乐。“君子无理不动，无节不作。不能《诗》，于礼缪；不能乐，于礼素……达于礼而不达于乐，谓之素；达于乐而不达于礼，谓之偏。”（《礼记·仲尼燕居》）只有在特殊情况下，才不举乐。如《逸周书·糴匡解》中说：

成年年穀足，宾、祭以盛。大驯钟绝，服美义淫……年俭穀不足，宾、祭以中盛。乐唯钟鼓，不服美……年饥，则勤而不宾，举祭以薄。乐无钟鼓，凡美禁……大荒，有祷无祭。国不称乐……①

由此可见，自古礼乐不分，乐为礼之一部分。年成好坏决定着举乐排场大小，唯大荒之年祭礼取消才不举乐。礼乐虽然并称，各有所指，然而礼的外延比乐广泛，礼是大概念，乐是小概念，后者可以包括在前者之中；传统儒家言礼，即兼有礼乐二义②。

---

① 黄怀信等：《逸周书汇校集注》卷一，上海古籍出版社2007年版，第72—80页。

② 如孔子口中“殷因于夏礼”、“周因于殷礼”（《论语·为政》）的“礼”，便是广义“礼乐”的简称。

一、诸家论礼之起源

对于礼的起源，先秦时期的古圣先贤早有讨论。《荀子·礼论》开篇即说：

礼起于何也？曰：人生而有欲，欲而不得，则不能无求；求而无度量分界，则不能不争；争则乱，乱则穷。先王恶其乱也，故制礼义以分之，以养人之欲，给人之求，使欲必不穷于物，物必不屈于欲，两者相持而长，是礼之所起也。

《史记·礼书》中有基本相同的说法，大概就是来自《荀子》。所谓人生而有欲有求而起争斗，先王制礼义以分之，其实就是主张礼起于人欲。

《礼记·丧服四制》则主张礼顺人情：

凡礼之大体，体天地，法四时，则阴阳，顺人情，故谓之礼。訾之者，是不知礼之所由生也。

按照《礼记·丧服四制》的说法，体不但生于"体天地，法四时，则阴阳"，还生于"顺人情"。《史记·礼书》有"缘情制礼"之说，宋人也主张"礼本于人情"，与礼顺人情一说相同：

余至大行礼官，观三代损益，乃知缘人情而制礼，依人性而作仪，其所由来尚矣。(《史记·礼书》)

礼本于人情，情生而礼随之。古者民淳事简，礼制虽未有，然斯民不能无室家之情，则冠婚之礼已萌乎其中；不能无追慕之情，则丧祭之礼已萌乎其中；不能无交际之情，则乡射之礼已萌乎其中。自是以还，日趋于文。燔黍捭豚，足以尽相爱之礼矣；必以为未足，积而至于笾豆鼎俎。徐行后长，足以尽相敬之礼矣；必以为未足，积而至于宾主百拜。其文非不盛也，然即其真情而观之，则笾豆鼎俎未必如燔黍捭豚相爱之厚也，宾主百拜未必如徐行后长相亲之密也。大抵礼有本有文，情者其本也……有其本而无其文，尚可以义起；有其文而无其本，则并与文俱废矣。何谓之礼本？情而已。①(《礼经奥旨·礼以情

① (宋)郑樵：《礼经奥旨·礼以情为本》，碧琳琅馆丛书。

为本》）

《说文解字·欠部》："欲，贪欲也。"唯贪才有争心。《说文解字·心部》："情，人之阴气有欲者。"情与欲自然相通，礼起于人欲说与礼本于人情说亦相通。不过，正如《礼记·礼器》篇所言："君子曰：礼之近人情者，非其至者也。郊血，大飨腥，三献爓，一献孰。是故君子之于礼也，非作而致其情也，此有由始也。"礼虽然近于人情，但人情不是礼产生的终极原因。比如，杀牲以血祭天，用生的牲体祭祀宗庙祖先，用半生不熟的牲体祭祀社稷五祀，用熟的牲体祭祀群小祀，这并不符合人的食用规则。若以礼起源于人情来说，这是不近人情的。所以，礼的制作，最终不是为了表达人情，而是有它最初的历史根源。因此，此类观点尽管切中了礼的社会内涵与阶级意义，但它仅仅关涉礼法典章制度层面之礼，并未真正触及礼的起源问题。

《礼记·礼运》篇中提出礼始于饮食说：

夫礼之初，始诸饮食，其燔黍捭豚，污尊而抔饮，蒉桴而土鼓，犹若可以致其敬于鬼神。及其死也，升屋而号，告曰"皋某复"，然后饭腥而苴孰，故天望而地藏也。体魄则降，知气在上，故死者北首，生者南乡，皆从其初。

对于"始诸饮食"的具体所指，由于古人语焉不详，后代学者们便见仁见智。邹昌林认为这是暗示礼起源于上古的分食礼，如后来宗庙祭祀的最后一个节目"馂食"把祭肉平均分割给所有参加祭祀的人。他还认为，《祭统》中的"殷人贵髀周人贵肩"的说法正是前腿或后腿为贵，以便在分割时掌握公平①。不过，在陈来看来，邹昌林此说用以解《祭统》之"俎"颇有说服力，但《礼运》该段却未必与俎有关。因为《礼记》所理解的"礼"是一个无所不包的文明体系，饮食器皿的发明及其形制等都涵盖于"礼"，所以《礼运》篇中的"始诸饮食"明指上古烧石熟肉、凿池盛酒的操作活动为礼的原始根源。因此他认为，《礼运》"礼始诸饮食"等的说法，"一方面是把使人的物质生活超离自然

① 邹昌林：《中国礼文化》，社会科学文献出版社2000年版，第81、82页。

状态的工艺技术进步看成礼的重要本质。另一方面是把这些工艺技术进步的成果用于敬事鬼神作为礼的重要本质。在这种表述中，工艺文明与宗教仪式二者构成了‘礼’的主要内涵”①。

关于礼的起源，杨向奎认为，“礼”来源众多，原始社会的风俗习惯、社会生产和交换行为、社会的生活行为等，都可以演变为后世的“礼”。如“乡饮酒礼”、“藉礼”以及婚丧嫁娶、朝聘交往、礼仪乐舞、军队征伐、典章制度等，皆可在原始社会中寻找到它们的源头。而在有关“礼”的诸多来源中，杨向奎将“礼尚往来”视之为最重要一源。其研究认为，许多人世间的礼仪交往都和原始社会的物品交易有关，而这种物品交易实质上是一种商业交易行为，只不过这种交易行为是用礼品赠与和酬报的方式进行的②。经过西周周公对于礼的第一次加工和改造，“减轻了礼物的交易性质而增加了德与刑的内容；同时也添加了‘乐’的成分，遂有周公‘制礼作乐’的记载”。到了春秋时代，又有孔子对礼进行了第二次的加工改造，“去掉了礼的商业内容，而以仁和礼作为人类行为准则，同时整顿了趋于紊乱的乐”，于是有了“孔子‘删诗书，定礼乐’的记录”③。应当说，杨向奎从交换角度为中国古礼起源研究发掘崭新视角，确实是独辟蹊径，令人耳目一新。不过，该观点仍然有值得商榷之处。正如杨华所指出的那样，这种“礼尚往来”的商品交易行为导致礼制产生的论点无法回答：有一定价格尺度的交换行为怎么可能导致形成上下有别、等级森严的礼制？世界曾经盛行过原始交换风俗且更为典型的其他民族，为什么没有能够如中国一样形成等级严格的礼乐制度？礼制最为盛行的时段为什么与商品交易的时间序列并不呈现一致性④？而且，它也无法完全排除“交换”行为中的宗教和巫术色彩。

---

① 陈来：《古代宗教与伦理》（增订版），北京大学出版社 2017 年版，第 285、286 页。

② 杨向奎：《宗周社会与礼乐文明》，人民出版社 1992 年版，第 238 页。

③ 杨向奎：《宗周社会与礼乐文明》，人民出版社 1992 年版，第 244 页。

④ 杨华：《先秦礼乐文化》，湖北教育出版社 1997 年版，第 40 页。

二、礼与祭祀

就目前的研究来看，礼的含义颇丰。如果我们笼统地说礼的起源，是必然要遭遇到困难的。不过，尽管礼在发展过程中其产生原因可能不拘于一端，但原初层面的礼，其产生原因应是我们最该重视的。因为只有原始礼起源之后，人类在生产生活过程中，才能根据形势的发展、现实的需要来发明创造新的礼仪、礼法与礼俗等。这些新礼应该都是在已有之礼即原始礼的基础上受其启发而制定出来的。

从民俗学与人类学的观点看，礼之起源很早，而一般则起于事神、祭祀。《左传·成公十三年》中曰："国之大事，在祀与戎。"应当说，在原始民族或部落中，这是一种普遍现象。即便生活中的所谓礼俗，也都与神灵、祭祀有关。余英时认为，《墨子·天志上》中"欲以天之为政于天子"代表墨子对于"天志"的信仰，这里可以置之不论，"但他描述'三代圣王'为了'求祈福于天'而'祭祀上帝鬼神'，则大致代表当时以至后世的一个流行观念"①。《礼记·祭统》中说："凡治人之道，莫急于礼；礼有五经，莫重于祭。"所以《说文解字·示部》说："禮，履也，所以事神致福也；从示，从豊。"又《豊部》载："豊，行礼之器也；从豆，象形。"宋周伯琦《六书正讹》曰："豊即古禮字，后人以其疑于豐字，禮重于祭，故加示以别之。凡澧醴字从此"。王国维《释礼》一文曾详细讨论殷虚卜辞"豊"字，以为此字上半部分"象二玉在器之形"，并引申说：

古者行礼以玉，故《说文》曰："豊，行礼之器"，其说古矣……实则"豊"从"玨"在"凵"中、从豆，乃会意字，而非象形字也。盛玉以奉神人之器谓之"𡔷"若"豊"。推之而奉神人之酒醴，亦谓之"醴"。又推之而奉神人之事通谓之"礼"。②

就这段探讨来看，"礼"字较为晚出，在金文里偶尔用为"豊"字，从字

① 余英时：《论天人之际》，中华书局 2014 年版，第 21 页。

② 王国维：《王国维手定观堂集林》卷六，浙江教育出版社 2014 年版，第 156 页。

的结构上来说，最初用来表示以器皿盛玉献祭神灵，所以“礼”字起源于祀神，继承了“豐”字原始意义（行礼之器），从“示”。后来随着献祭祭品的变化，兼指以酒献祭神灵，并最终发展为泛指一切祭祀神灵之事。由此可见，虽然王国维不同意《说文解字》释豐字为以豆字象形的说法，但在对“所以事神致福”这一礼字通义的认识上，二者完全相合。王国维关于礼之通义为事神之事的观点，已为后来多数研究古礼的学者所信奉。

胡适就提出：“礼的观念凡经过三个时期：第一，最初的本义是宗教的仪节。第二，礼是一切风俗习惯所承认的规矩。第三，礼是合乎义理可以做行为模范的规矩，可以随时改良变换，不限于旧俗古礼。”①刘师培也持有相近观点：“上古五礼之中仅有祭礼，冠礼、昏礼、丧礼悉为祭礼所赅……古代礼制悉赅于祭礼之中，舍祭礼而外，固无所谓礼制也。”②刘师培所说的古代礼制，应该只限定在他前面所说的上古即原始社会产生宗教的最初阶段。在他看来，人类社会最初的礼只有祭礼，而祭礼确实源于宗教。陈来就认为：“最早在巫术文化中开始发展出许多仪式，然后在祭祀文化中仪式得到了相当完备的发展。就中国文化来说，‘礼’在殷代无疑是由祭祀文化所推动而发展的。”③据徐复观统计，《尚书》中出现的几个“礼”字皆指祭祀而言；殷人有祭祀而没有“礼”字，甲骨文中之“丰”字乃祭器，像二玉在器之形，所以殷人可谓有礼之事实而无礼之观念④。这些都是祭祀文化的体现。

三、礼乐与巫

余英时据《说文》中说：“礼，履也，所以祀神致福也。从示从丰，丰亦

① 胡适：《中国哲学史大纲》，东方出版社1996年版，第121页。

② 刘师培：《古政原始论》卷十《礼俗原始论》，转引自杨华：《先秦礼乐文化》，湖北教育出版社1997年版，第41页。

③ 陈来：《古代宗教与伦理》（增订版），北京大学出版社2017年版，第284页。

④ 徐复观：《中国人性论史》（先秦卷），九州出版社2014年版，第37、38页。

声”，《史记·封禅书》引《周官》曰：“冬日至，祀天于南郊，迎长日之至；夏日至，祭地祇。皆用乐舞，而神乃可得而礼也”这两条记载，认为礼以“事神”，乐以“礼神”，“礼乐的宗教性格于此已显露无疑”。“由于礼乐的主要功能在于沟通‘天’与‘人’”，所以他相信，“礼乐最早正是以宗教的形态出现于远古的中国，而且与巫有密切的关联”①。他从“绝地天通”神话和良渚墓葬考古资料中推断：“礼乐源于祭祀，而祭祀则从巫的宗教信仰中发展出来。”“早期的礼乐是和巫互为表里的；礼乐是巫的表象，巫则是礼乐的内在动力。”②

关于巫，《说文解字·巫部》释曰：“巫，祝也。女能事无形。以舞降神者也。象人两褎舞形。与工同意。古者巫咸初作巫。”结合其他文献资料可知，巫在古代一般被认为是交通神鬼的人间中介，以事神为其主要职能。除此之外，陈来曾详细总结过有关巫的诸多论说，大致有如下数点：“巫”在字源上与“舞蹈”有密切关联；男巫女巫可通谓之巫；春秋时代巫祝常连用，巫史亦连用，而史亦祝宗之统称，故《说文》所说“巫，祝也”合于东周的部分史实。但以祝释巫的意义可能后起；上古巫医相通，事神与治病同兼；《周礼》中所反映的巫的职能，对了解上古有参考价值③。

对于中国古代礼乐文明与巫祝的关系，郭沫若明确指出：“大概礼之起于祀神，故其字后来从示，其后扩展而为对人，更其后扩展而为吉、凶、军、宾、嘉的各种仪制。”④杨向奎也有过详细的论证。在他看来，中国古代史的演变，可分神、巫、史三期。“神”职历史时期，未“绝地天通”，人人通天为神，天与人不分，神话与历史不分，神即巫前身，神话即历史。“巫”职历史时期，重、黎“绝地天通”，天人渐分，是为巫的开始⑤。巫传历史减少了神话

① 余英时：《论天人之际》，中华书局 2014 年版，第 81、82 页。

② 余英时：《论天人之际》，中华书局 2014 年版，第 26 页。

③ 陈来：《古代宗教与伦理》（增订版），北京大学出版社 2017 年版，第 40—43 页。

④ 郭沫若：《十批判书》，东方出版社 1996 年版，第 96 页。

⑤ 杨向奎：《宗周社会与礼乐文明》，人民出版社 1992 年版，第 345 页。

色彩，“史诗是巫祝口中诵念的古代史，又是乐曲，与舞蹈结合，成为乐舞曲，是中国传统礼乐的组成部分。巫祝是能歌善舞的人，并且通晓天文、历法等各种知识，是古代的学术权威，也是术士”①。为此，杨向奎还考察了近代凉山彝族巫师——“吹耄”，发现“吹耄”的职务有三：一司祭，二占卜，三医药，正与古代的巫祝职业相当②。对此，余英时也在追溯了礼乐与巫的分别发展后指出，在实际运作中，礼乐与巫根本无法分开。因为“作为‘事神致福’的祭祀系统，礼乐自始便是巫的创造；它的设计与执行也一直操在巫师集团的手中。礼乐的领域后来虽然扩大了，但‘事神致福’的祭祀系统仍然是它的核心部分；礼乐的宗教功能便托身于此。从这一角度看，礼乐与巫始终保持着一种互为表里的关系”③。因此，我们认为，礼乐起源于原始先民供物奉神、歌舞娱神的祭祀活动，其诞生之初就统一于共同的巫祭程序之中，与原始宗教具有不可分割的内在联系。

第二节　周公制礼作乐与周代礼乐文化

三代的礼乐文化是在殷商盛行的巫祀文化中滋长而成熟起来的，基本上用作祭祀时沟通天与人的媒介。周公制礼作乐，将这种宗教礼乐文化赋予了宗法制和封建制，形成严密而繁复的礼乐文明制度，奠定了此后整个中国传统礼乐文明的坚实基础。

一、周公制礼作乐与德的观念

《礼记·表记》中说，“殷人尊神，率民以事神，先鬼而后礼”，又说，“周

① 杨向奎：《宗周社会与礼乐文明》，人民出版社1992年版，第414页。

② 杨向奎：《宗周社会与礼乐文明》，人民出版社1992年版，第412、413页。

③ 余英时：《论天人之际》，中华书局2014年版，第31页。

人尊礼尚施，事鬼敬神而远之”。显然，西周所谓的礼，已经不只是一种祀祖祭神的宗教仪式，它被推广到了人事领域中，成为具有政治意义的典章制度、行为准则。《国语·周语》中保持有春郊的仪式：

夫民之大事在农，上帝之粢盛于是乎出，民之蕃庶于是乎生，事之供给于是乎在，和协辑睦于是乎兴，财用蕃殖于是乎始，敦厖纯固于是乎成，是故稷为大官。古者，太史顺时覛土，阳瘅愤盈，土气震发，农祥晨正，日月底于天庙，土乃脉发。先时九日，太史告稷曰：“自今至于初吉，阳气俱蒸，土膏其动。弗震弗渝，脉其满眚，谷乃不殖。”稷以告王曰：“史帅阳官以命我司事曰：‘距今九日，土其俱动，王其祗祓，监农不易。’”王乃使司徒咸戒公卿、百吏、庶民，司空除坛于籍，命农大夫咸戒农用。先时五日，瞽告有协风至，王即齐宫，百官御事，各即其齐三日。王乃淳濯飨醴，及期，郁人荐鬯，牺人荐醴，王祼鬯，飨醴乃行，百吏、庶民毕从。及籍，后稷监之，膳夫、农正陈籍礼，太史赞王，王敬从之。

从这篇记载来看，仪式已完全规范化、礼制化，有固定的日期和程序，王亲自主持。相比殷商，周代确实是进入了一个文明与礼乐的时代。而这些典章制度即广义的礼仪是西周宗法政治的仪式化，所以“以礼治国”是西周政治的一大特点。这是西周统治者对礼乐文化传统进行的一次革命性改造。发动并完成这一改造的核心人物是西周时代杰出的政治家与思想家周公。

关于周公制礼作乐之说与历史意义，古典文献中多有记载。据《礼记·明堂位》，周公居摄六年，“朝诸侯于明堂，制礼作乐，颁度量，而天下大服”。《史记·周本纪》也说，周公“既绌殷命，袭淮夷，归在丰，作《周官》。兴正礼乐，度制于是改，而民和睦，颂声兴”。不过，如果据此认定礼乐出自圣贤之作，显然有失公允，但周公对于传统礼乐有过加工和改造，应是符合历史真实。《左传·文公十八年》在鲁国季文子通过太史克之口回复宣公的对话中，有一段追记周公制礼时说的话：“先君周公制周礼曰：‘则以观德，德以处事，事以度功，功以食民。’”余英时认为，这段话显然是后代的追记，并非周公当时之语。但鲁国的季文子是周公后代，其“周公制周礼”之说必有来历[①]。据传统礼家所说，周公所制之礼就是今传的《仪礼》与《周官》[②]。也有“礼经三百，威仪三千”之说，《汉书·艺文志》说：“帝王质文世有损益，至周曲为之防，事为之制，故曰‘礼经三百，威仪三千’。”礼家都认为“礼经三百”就是《周官》，“《周礼》三百六十，举其大数而云三百也”；又认为“威仪三千”即是《仪礼》，“所以三千者，其履行《周官》五礼之别，其事委曲，条数繁广，故有三千也。非谓篇有三千，但事之殊别有三千条耳”[③]。

杨伯峻《春秋左传注》在解释上文中的“则以观德”时指出，“则以观德”之“则”义为“礼则”，其涵义是“以礼则观人之德”[④]。余英时赞其为正解，并举《左传·僖公二十七年》中赵衰的话“礼乐，德之则也”以加强论证，认为“礼则”和“德”的关系在这一句话中得到了最明确的表述[⑤]。也就是说，在周公看来，人间的礼则即一切社会的规范体系、政治制度，处处反映了统治集团的德行。而《左传·僖公七年》载有管仲的话，说：“招携以礼，怀远以德。德、礼不易，无人不怀。”也从一定程度上道出了周礼的精神实质。王国维提出，周礼旨在“纳上下于道德，而合天子、诸侯、卿大夫、士、庶民以成一道德之团体”[⑥]，“周之制度、典礼，乃道德之器械，而‘亲亲’、‘尊尊’、‘贤贤’、‘男女有别’四者之结合体也。此之谓‘民彝’”[⑦]。杨向奎则断定：“周公对于礼的加工改造，在于以德行说礼。”[⑧]

---

① 余英时：《论天人之际》，中华书局2014年版，第82页。

② （唐）孔颖达：《礼记正义》卷一《曲礼上》，上海古籍出版社2008年版，第1页。孔疏引郑玄之说。

③ （唐）孔颖达：《礼记正义》卷一《曲礼上》，上海古籍出版社2008年版，第3页。孔疏引诸家之说。

④ 杨伯峻：《春秋左传注》（修订版），中华书局1990年版，第634页。

⑤ 余英时：《论天人之际》，中华书局2014年版，第83页。

⑥ 王国维：《殷周制度论》，《王国维手定观堂集林》卷十，浙江教育出版社2014年版，第248页。

⑦ 王国维：《殷周制度论》，《王国维手定观堂集林》卷十，浙江教育出版社2014年版，第248、260页。

⑧ 杨向奎：《宗周社会与礼乐文明》，人民出版社1992年版，第333页。

学者们的这些讨论充分说明，周礼之制体现了“德”的理念与原则，“德”是西周社会生活共同体的内在凝聚力，礼乐的教化与德行的强调相为表里。

因此，经过周公制礼作乐，“德”的观念成为“礼”的核心。现代学者大都认为“德”的观念最初流行于殷、周之际，而周公则可能是对“德”的思想加以系统化和普遍化的政治家。余英时认为，“德”主要是指承“天命”的王朝，用人为的“德行”建立并维持一个“礼治”的政治秩序，以期得到“天”（上帝）的嘉许而延长“天命”。①这是一种“以德配天”的天命观。

关于中国古代的“天命”思想，三皇五帝时期的“天”是有人格有意志的“天神”，人们可以借由巫的力量与天神沟通往来。后来随着地上王权的加强，颛顼和尧两次实行“绝地天通”（《尚书·吕刑》），断绝了地上生民与天神的通道，只有君主才有资格和天神相沟通。从此以后，与天相通的权力成为地上王权的象征。夏代有所谓“有夏服天命”（《尚书·召诰》）的思想；商代有“天命玄鸟，降而生商”②（《诗经·玄鸟》）之说，商纣王有“我生不有命在天乎”（《史记·殷本纪》）之言；周代则有“天乃大命文王，殪戎殷，诞受天命，越厥邦厥民”（《尚书·康诰》）等思想。但武王伐纣，殷商灭亡，一个被认为没有天命、只能为臣的新王朝，取代了称王数百年且被认为享有天命的旧王朝，其新君号为天子，并广封诸侯。这种巨大的历史变革③引起了人们思想观念的变化，于是“天命靡常”④（《诗经·文王》），“皇天无亲，惟德是辅”（《尚书·蔡仲之命》）的新观念出现。周人一方面肯定天

---

① 余英时：《论天人之际》，中华书局2014年版，第95页。

② （清）王先谦：《诗三家义集疏》卷二十八，中华书局1987年版，第1103页。

③ 王国维在《殷周制度论》中提出了一个著名观点：殷周之际改朝换代，不仅意味着“小邦周”取代“大邦殷”的政治革命，更意味着社会、文化上的革命性转折，即所谓“中国政治与文化之变革，莫剧于殷周之际”。见《殷周制度论》，《王国维手定观堂集林》卷十，浙江教育出版社2014年版，第247页。

④ （清）王先谦：《诗三家义集疏》卷二十一，中华书局1987年版，第826页。

命的威权和地位[①]，一方面则注入新的时代内容，提出“德”字对其加以改造。这样一来，正如金春峰所言：这意味着“天”不再与唯一的氏族、君权相关联，而是可以转移。殷商灭亡，天命转移至周，“皇天”成为周的授命者、保护神。发布天命的上帝、天，在一定程度上成为普世、超越之神[②]。

这种天命观的转变，带来的是忧患意识的产生。周王朝以武力取代殷商之后，汲取夏、商灭亡的历史教训，担心自己失德震怒天、帝，导致天命被取代，便有了《易传》中所说的忧患意识。正如徐复观所指出的，忧患是一种责任感[③]，但它也是一种忧虑的情绪和思考的理性，或者说是二者同时作用下的一种心理状态。它强调的是人的主动与自觉，突出的是摆脱未来困境的主观努力。例如《尚书·召诰》中，召公说：“惟王受命，无疆惟休，亦无疆惟恤。呜呼！曷其奈何勿敬！”这是召公对成王说的话，其中回顾三代历史，以突出敬德与天命之间的关系。在召公看来，无穷无尽的幸福都是上天所降，但是，不可以只知享福而忘记忧患意识。要永远处在忧患之中，保持戒惧之态，天命才能永保。所以，他接着疾呼：“呜呼！天亦哀于四方民，其眷命用懋，王其疾敬德。”意思是说，上天同样哀悯四方的人民，眷顾降命赐福在勤勉的人身上，所以，他劝诫成王要急切地谨慎于德行，要好好地努力于保民。周公也一再告诫成王“不

① 周文化由殷文化继承发展而来，所以周人特别是周公，对于“天”和“天命”的信仰依旧十分虔诚。《商书·周书·君奭》在“天不可信”一语后，又记周公说：“我迪（亦作‘道’）惟宁（‘文’之误字）王德延，天不庸释于文王受命。”这正是说明他辅佐成王，只是恃“德”以延续文王所受之“天命”。所以，在陈来看来，周人至上观念的“天”是一个比较理性化了的绝对存在，具有“伦理的位格”，是调控世界的“理性实在”，并非喜怒无常的暴君，而是善恶有则的裁判。周初以天命为中心的宗教的转化，正是从宗教的迷信中蜕变出来的转化。见陈来：《古代宗教与伦理》（增订版），北京大学出版社 2017 年版，第 12 页。

② 金春峰：《先秦思想史论》，东方出版社 2015 年版，第 15 页。

③ 徐复观认为忧患心理的形成，乃是从当事者吉凶成败的深思熟虑而来的远见；在这种远见中，主要发现了吉凶成败与当事者行为的密切关系，及当事者在行为上所应负的责任。忧患正是由这种责任感来的要以己力突破困难而尚未突破时的心理状态。所以忧患意识，乃人类精神开始直接对事物发生责任感的表现，也即是精神上开始有了人的自觉的表现。参见徐复观：《中国人性论史》（先秦卷），九州出版社 2014 年版，第 19、20 页。

可以不敬德”，并举夏、殷两朝因“不敬厥德”而终于失去“天命”作为前车之鉴。最后，周公郑重叮嘱成王：“王其德之用，祈天永命。”即成王必须依靠自己在人事方面的不断努力，积累“德行”，才能继续保持已得之“天命”。也就是说，在王德和天命二者之间，天命虽然是至高无上的，但德是其转移与否的关键。

这就由对天和天命的单纯信仰，转向对统治者自身行为提出高度要求。《尚书·多士》篇中周公说：“惟帝不畀，惟我下民秉为，惟天明畏。”《尚书·无逸》中亦讲：“继自今嗣王，则其无淫于观、于逸、于游、于田，以万民惟正之共”。其实际内容，就是小心地敬天保民，体恤民情、民生、民之疾苦，勤政爱民，这就有了敬德、修德的观念。正如前文所引周公之言：“则以观德，德以处事，事以度功，功以食民。”从德行开始的礼则、事功，最后都要归宿于“食民”即养民、保民。不过，周人所谓的“敬德”，只是指合理而慎重的作为，还没有达到修养“内在德性”的层次。由“敬德”进而有“明德”的观念，《尚书·康诰》说：“惟乃丕显考文王，克明德慎罚。”这是周公告诫康叔的话，要康叔学习先祖文王德行，光耀先祖文王美德，并在处理刑罚的时候，明智谨慎，公正负责。在《召诰》中又说：“今天其命哲、命吉凶、命历年。”意思是说，上天不但是命吉凶，命历年，而且命我以明哲。因此，只要我好好地尽已明哲，便是“敬德”，便是“克明德慎罚”，幸福与天命也就不会被撤销。

由此来看，一切固保天命的方案，都在统治者的人事之中，在敬德、在明德、在勤治，最重要的是在保民。这样一来，周公就把以祭祀为主的事神模式转化为以德政为主的保民模式，相应地，礼乐也就由最初的主要处理神人关系变为处理人与人的关系。对此，徐复观评价说：“周人建立了一个由‘敬’所贯注的‘敬德’、‘明德’的观念世界，来照察、指导自己的行为，对自己的行为负责，这正是中国人文精神最早的出现；而此种人文精神，是以‘敬’为其动力的，这便使其成为道德的性格，与西方之所谓人文主义，有其最大不同的内容。”①

① 徐复观：《中国人性论史》（先秦卷），九州出版社 2014 年版，第 23 页。

二、周代礼乐文化的功能

关于周代礼乐文化的人文功能，陈来有过详细诠释[①]。他认为这种功能首先表现为政治功能，目的是为了实现一个无争的等级秩序。另外，周代礼乐文化的人文功能还表现为道德功能、情感节制功能和消费资源等级分配功能。总之，“西周的礼乐文化的整体功能指向的是人间性的秩序，而不是超世间的赐福”[②]。

葛兆光认为：“周代礼制的核心，是确立血缘与等级之间的同一秩序，由这种同一的秩序来建立社会的秩序，换句话说，就是把父、长子关系为纵轴、夫妇关系为横轴、兄弟关系为辅线，以划定血缘亲疏远近次第的‘家’，和君臣关系为主轴、君主与姻亲诸侯的关系为横轴、君主与领属卿大夫的关系为辅线，以确定身份等级上下的‘国’重叠起来。在这里面，包含了相当复杂深刻的伦理道德内涵。”[③]也就是说，周礼不仅是政治层面的制度设施，也是社会层面的风俗习惯，还是道德伦理的原则与规范。周人借助于宗法等级制度，把基于血缘的政治模式加以扩展，使它转变为兼具地缘形式的政治模式，创建出一套系统的“天下为家”、“家国一体”的国家、社会制度，从而使得国家与社会得到高度整合。而宗法等级制度又诉诸繁缛的礼仪，面面俱到地规定了君臣、上下、长幼、尊卑、亲疏、男女的差别和次序，规定了人在社会生活共同体中的行动规范。

据今传《仪礼》十七篇所载，天子、诸侯、大夫、士日常生活中所践行的礼仪，大致可以分为士冠礼、士婚礼、士相见礼、乡饮酒礼、乡射礼、燕礼、大射礼、聘礼、公食大夫礼、觐礼、士丧礼、丧服、既夕礼、士虞礼、特牲馈食礼、少牢馈食礼、有司等十七类，细分则有礼家所谓的“威仪三千”。《周礼》把它们概括为“吉、凶、军、宾、嘉”五礼。与《尚书》所谓的天神、地祇、人鬼“三礼”相比，“五礼”所包含的范围显然要广泛得多，并且也超越了宗

---

① 陈来：《古代宗教与伦理》（增订版），北京大学出版社 2017 年版，第 311—320 页。

② 陈来：《古代宗教与伦理》（增订版），北京大学出版社 2017 年版，第 320 页。

③ 葛兆光：《七世纪前中国的知识、思想与信仰世界》，复旦大学出版社 2001 年版，第 107、108 页。

教礼乐文化的范畴，成为一种体现宗法社会等级秩序的政治制度。例如，嘉礼中的九命之仪就是以宫室、车旗、衣服、礼仪等方面的差别来限定诸侯、大夫、士等贵族间的等级关系的。《周礼·春官·典命》载有九仪之差，大致如下：

上公九命为伯，其国家、宫室、车旗、衣服、礼仪，皆以九为节；侯伯七命，其国家、宫室、车旗、衣服、礼仪，皆以七为节；子男五命，其国家、宫室、车旗、衣服、礼仪，皆以五为节。王之三公八命，其卿六命，其大夫四命，及其出封，皆加一等，其国家、宫室、车旗、衣服、礼仪亦如之……公之孤四命，以皮帛视小国之君；其卿三命，其大夫再命，其士一命。其宫室、车旗、衣服、礼仪各视其命之数。侯伯之聊、大夫、士亦如之。子男之卿再命，其大夫一命，其士不命。其宫室、车旗、衣服、礼仪各视其命之数。

由此可见，周礼中“礼经三百，威仪三千”，无一不是表现宗法社会等级之差的载道之具。这样一来，周礼也就体现于政治典章和社会生活的方方面面，使社会生活在纳入宗法社会结构后实现了秩序井然。

总之，西周的礼乐文化创造的是一种“有条理的生活方式”，由此衍生的行为规范对人的世俗生活的控制既深入又面面俱到。“周礼作为完整的社会规范体系，正是在整体上对生活方式的系统化和理性化。”“这种理性化不仅具有与巫觋文化相排斥的一面，而且更带有一种人文的理性化倾向。”①这对过去定义为“事神致福”的“礼”而言，自然是一种重大突破。

三、周代礼乐文化的文献化与经典化

《尚书·多士》中说：“惟殷先人有典有册”，这说明商代已经能够编制简

① 陈来：《古代宗教与伦理》（增订版），北京大学出版社 2017 年版，第 12 页。对于春秋时期的这种人文化倾向，徐复观也曾以“以礼为中心的人文世纪之出现及宗教之人文化”进行过定性，并考察过《诗经》中的“天”与“天命”，认为从其所代表的时代来看，古代以人格神的天命为中心的宗教活动，其权威是一直走向坠落之路；宗教与人文失掉了平衡，而偏向人文方面去演进。参见徐复观：《中国人性论史》（先秦卷），九州出版社 2014 年版，第 32、33 页。

册，但今天除了甲骨文、少量金文之外，遗憾的是还没有见到有商代简牍存留下来。西周时的原始简册虽然还没有发现，但根据学者们的研究，今存“诗”、“书”、“易”之类的文本文献，有些基本写于西周时期。而且，金文和《周礼》都记载当时已有图册和掌史、作册等职官，金文纪录王室册命有“命书”，又记有“图”和“图室”之类，这些都说明当时已经具备了编纂典籍的条件。周初分封时，赐给鲁国的文物中记明有“备物典册”一项，后来晋人到鲁国看到“《易》、《象》与《鲁春秋》，曰：周礼尽在鲁矣”(《左传·昭公二年》)。前后呼应，可以充分证实周初就已有典册的存在。

旧有文王被拘、推演《周易》之说;《周易·系辞下》讲:“易之兴也，其当殷之末世、周之盛邪？当文王与纣之事邪”;甲骨文中有周人占卜商王室某些典礼的卜辞①，这些都揭示出“易”很可能形成于商周之际。《墨子·贵义》篇说:“昔者周公旦朝读百篇”，这“书”应该就是指的《尚书》，而且篇数很多，到春秋时期还存留不少。据陈梦家《尚书通论》，《左传》中引“书”达46条，提到篇名的也有十多篇，这说明“书”的文献化应该不晚于西周时期。公元前544年，吴国季札到鲁国“观于周乐”(《左传·襄公二十九年》)，逐个欣赏点评各类诗篇及其伴乐，其内容和次序大体与今本相同，说明这时“诗”已经有了定本。至于“礼乐”，西周时期“学在官府”，学习内容不出“礼、乐、射、御、书、数”的“六艺”范围，核心就是礼乐。《礼记·文王世子》中记载:“凡三王教世子，必以礼乐。乐，所以修内也;礼，所以修外也。礼乐交错于中，发形于外，是故其成也怿，恭敬而温文。”用礼乐来成就道德，这和周代的意识形态完全一致，也符合这一时期贵族教育的实际情形，从一个侧面说明这时应该有了关于“礼乐”的文献资料。“春秋”本是史书通称，《墨子》中有“周之春秋”、“燕之春秋”、“宋之春秋”、“齐之春秋”等说法，佚文中又有墨子“吾见百国春秋”的记载，说明这种史书类文献出现很早。

《国语·楚语上》中，记载有申叔时大约于公元前650年讨论太子教育内

① 张政烺:《试释周初青铜器铭文中的易卦》，《考古学报》1980年第4期。

容的事情：

教之春秋，而为之耸善而抑恶焉，以戒劝其心；教之世，而为之昭明德而废幽昏焉，以休惧其动；教之诗，而为之道广显德，以耀明其志；教之礼，使知上下之则；教之乐，以疏其秽而镇其浮；教之令，使访物官；教之语，使明其德，而知先王之务用明德于民也；教之故志，使知废兴者，而戒惧焉；教之训典，使知族类，行比义焉。

在这份世子教育书单中，我们看到教授的内容除了"礼"、"乐"之外，还包括"春秋"、"世"、"诗"、"令"、"语"、"故志"、"训典"等。据陈来参照韦昭注解研究，其中的"训典"是五帝之书，可能相当于"书"；"故志"总结前世成败经验教训；"世"谱先王世系；"令"汇先王法令；"语"载治国善语[①]，它们多是有关历史的知识。这份世子教育的书单，大致反映出这一时期经典系统的基本轮廓，与后来孔子、孟子、荀子提到的经典系统"诗"、"书"、"礼"、"乐"、"春秋"几乎相同。王博认为这一经典系统的形成一定不会太早，这些文献初步构成一个系统应该不过是春秋时代的事情。他引证《左传·僖公二十七年》赵衰"说礼乐而敦诗书。诗书，义之府也；礼乐，德之则也"的记载，指出这是文献中最早以整体的方式提到"诗"、"书"、"礼"、"乐"的例子，比《国语·楚语上》的记载还要早几十年[②]。

被记录的文献要发展成为经典，必须有赖于文化实践的需要和知识人的自觉传承。所以，在当时人们的实际生活当中，这一经典文献系统也确实作为精神和价值的根据支撑并塑造着这个时代。由《左传》、《国语》中的记载来看，春秋时期人们常常引用"诗"、"书"以佐证其主张或看法；也常常以"礼也"或者"非礼也"作为某件事情的判断依据；更是通过学习"春秋"培养善恶观念、劝诫君主[③]。《周易》由于属于卜筮的传统，需要专业的卜和史来进行，所

① 陈来：《古代思想文化的世界》，北京大学出版社 2017 年版，第 210 页。

② 王博：《中国儒学史》（先秦卷），北京大学出版社 2011 年版，第 37 页。

③ 参见陈来：《古代思想文化的世界》，北京大学出版社 2017 年版，第 207—221 页；王博：《中国儒学史》（先秦卷），北京大学出版社 2011 年版，第 37—41 页。

以与当时的世俗教育有着相当的距离，并没有成为贵族教育的一部分。“总的来说，至少在春秋时代，以《诗》、《书》、《春秋》等为代表的文献已经具有了经典的地位。它们被看作是德义和价值的体现者，因此成为主流话语的重要组成部分，并且通过教育的方式影响那个时代人们的心灵和生活。”①

第三节　先秦儒家与礼乐传统

礼乐制度的兴起，本来是为了加强和维护等级制度、政治权威的。不过，随着旧有的等级制度的崩溃、新型社会结构的形成，随着旧有的政治中心的分裂、国家政治权力的下移，人们对于周王室，对于原来的礼乐制度，也就逐渐怠慢、轻视。一些胆气较豪的新兴者，也就敢于僭名分、越礼制。他们享用自己原本不准享用的“礼”，品赏自己原本不能品赏的“乐”。随着时间的发展，到了春秋后期，“礼崩乐坏”局面出现。

这种局面下，维护社会等级秩序的礼、仪在名实上已经不符。所以，《礼记·郊特牲》曰：“故天子微，诸侯僭。大夫强，诸侯胁。于此相贵以等，相觌以货，相赂以利，而天下之礼乱矣。”虽然人们知道，“为君慎器与名，不可以假人”，但已毫无办法。于是，为了保存古礼维护社会贵贱等级秩序之精神，就不得不把“礼”和“仪”加以区分，这样就产生了礼义与礼仪的分离。例如，《左传·昭公五年》女叔齐论鲁昭公不知礼，就是很好的证明：

公如晋，自郊劳至于赠贿，无失礼。晋侯谓女叔齐曰：“鲁侯不亦善于礼乎？”对曰：“鲁侯焉知礼！”公曰：“何为？自郊劳至于赠贿，礼无违者，何故不知？”对曰：“是仪也，不可谓礼。礼，所以守其国，行其政令，无失其民者也。今政令在家，不能取也；有子家羁，弗能用也；奸大国之盟，陵虐小国；

---

① 王博：《中国儒学史》（先秦卷），北京大学出版社 2011 年版，第 40、41 页。

利人之难，不知其私。公室四分，民食于他。思莫在公，不图其终。为国君，难将及身，不恤其所。礼之本末将于此乎在，而屑屑焉习仪以亟。言善于礼，不亦远乎？”君子谓叔侯于是乎知礼。

可见，维护社会贵贱等级结构之精神与其形式之背离，使人们不得不把其形式——礼仪与其内容之精神实质——礼义加以区分，以维护礼的本质。又据《左传·昭公二十五年》载：“子大叔见赵简子，简子问揖让周旋之礼焉。对曰：‘是仪也，非礼也。’”这说明春秋时期人们对礼的关注已不仅仅在形式，更多是强调重视礼的根本大义。

秦穆公时，西戎派由余出使秦国，穆公领他参观宫室、仓库中的财宝。由余说：“如果是鬼神所赐，管理它也够劳神了，倘若是人为地搜求，百姓可苦了。”秦穆公大吃一惊，想不到他会如此蔑视，就说：“中国以诗书、礼乐法度来治理国家，但还免不了动乱；戎、夷没有这些法度，要治国不是很难吗？”由余笑着说：“这正是中国动乱的原因所在。上古圣人黄帝制定礼乐法度，自己以身作则，才能稍有成效。后世国君日益骄奢淫逸，只以法度之余威禁锢下属和百姓，下民穷困之极，怨上不行仁义，上下由怨生争，由争相杀、相篡，至于亡国。”①这位政治家总结历史教训的方法是否妥当，暂且不去评论，但他公然指责礼乐是动乱的根源，亡国的祸水，无疑反映了当时否定旧的礼乐制度的思潮。

在这种时代思潮下，就儒、墨、道三家对待周代礼乐传统的态度来讲，牟宗三有过一个极为精到的评价。他说：“盖周文演变至春秋战国，已成虚架子，是其敝也，此之谓浮文。浮文无质，必救之以质，当时儒墨道三家皆欲以质救

① 《史记》卷五《秦本纪》：“戎王使由余于秦。由余，其先晋人也，亡入戎，能晋言。闻缪公贤，故使由余观秦。秦缪公示以宫室、积聚。由余曰：‘使鬼为之，则劳神矣。使人为之，亦苦民矣。’缪公怪之，问曰：‘中国以诗书礼乐法度为政，然尚时乱。今戎夷无此，何以为治，不亦难乎？’由余笑曰：‘此乃中国所以乱也。夫自上圣黄帝作为礼乐法度，身以先之，仅以小治。及其后世，日以骄淫。阻法度之威，以责督于下，下罢极则以仁义怨望于上，上下交争怨而相篡弑，至于灭宗，皆以此类也……’”

文。儒家是顺而救之，墨道两家则逆而救之。”[①]对于周代的礼乐传统，墨家予以彻底否定，道家给以根本忽视，他们希望以其他方式来解决礼崩乐坏下的社会问题与生命问题。

只有儒家仍然肯定这一礼乐传统的意义与价值。在孔子看来，周代礼乐文化是三代文化的集大成者，“殷因于夏礼，所损益可知也；周因于殷礼，所损益可知也”（《论语·为政》）。对于继承了夏、商两代的文化传统，并且内容更为丰富、规模更为宏大的周代文化，孔子充满了深深的敬意，说“周监于二代，郁郁乎文哉！吾从周”（《论语·八佾》），又说“如有用我者，吾其为东周乎”（《论语·阳货》）。而且，他对这种以礼乐为核心的文化传统充满了信心，“信而好古”（《论语·述而》），认为是万世不可易者，“其或继周者，虽百世可知也”（《论语·为政》）。因此，生逢“礼崩乐坏”、“天下无道”的时代，他对于斯文的延续充满了强烈的使命感与责任感：“子畏于匡，曰：‘文王既没，文不在兹乎？天之将丧斯文也，后死者不得与于斯文也；天之未丧斯文也，匡人其如予何？’”（《论语·子罕》）于是，孔子编修整理古代文化典籍与历史文献，并对三代以来的礼乐传统进行了深入的研究与诠释。孔子这种富有系统性的文化反思与总结工作，“其最为深远的意义在于：自此中华民族对自身的历史谱系、文化传统与文明特性具备了一种充分自觉的意识”[②]。

一、孔子对经典的编修整理

编修整理经籍，是孔子一生中成就作为的重要组成部分。《史记·孔子世家》中对此有着详尽的记载：

孔子之时，周室微而礼乐废，《诗》、《书》缺。追迹三代之礼，序《书传》，上纪唐虞之际，下至秦缪，编次其事。曰：“夏礼吾能言之，杞不足征也。殷礼吾

① 牟宗三：《墨子与墨学》，《鹅湖月刊》1969年第59期。

② 林存光：《孔子新论》，人民出版社2012年版，第48页。

能言之，宋不足征也。足，则吾能征之矣。”观殷、夏所损益，曰：“后虽百世可知也，以一文一质。周监二代，郁郁乎文哉。吾从周。”故《书传》、《礼记》自孔氏。

（孔子语鲁大师）“吾自卫反鲁，然后乐正，《雅》、《颂》各得其所。”

古者《诗》三千余篇，及至孔子，去其重，取可施于礼义，上采契、后稷，中述殷、周之盛，至幽、厉之缺，始于衽席……三百五篇孔子皆弦歌之，以求合《韶》、《武》、《雅》、《颂》之音。礼乐自此可得而述，以备王道，成六艺。

孔子晚而喜《易》，序彖、系、象、说卦、文言。读《易》，韦编三绝。曰：“假我数年，若是，我于易则彬彬矣。”

（孔子）乃因史记作《春秋》，上至隐公，下讫哀公十四年，十二公。据鲁，亲周，故殷，运之三代……《春秋》之义行，则天下乱臣贼子惧焉。

由司马迁所言可知，孔子编次散乱的《诗》、《书》，修起废坏的礼乐，序《易传》，作《春秋》，旨在“文以载道”，传之后世。

《诗》又称《诗经》，经孔子编选之后，现存三百零五篇，分为《风》、《雅》、《颂》三部分，是我国最早的一部诗歌总集。在春秋时期贵族们的言语和交往中，经常借“诗”来表达自己的心志、政见或思想情感。而孔子“取可施于礼义”者，以“思无邪”作为指导思想，重新进行编选，使它获得了作为政治和修身原则的意义。

古代诗、乐相配，密不可分。但在礼崩乐坏之际，典礼音乐往往弃雅乐不用，而改用“郑声”。在这种情形下，据《论语·子罕》篇记载，孔子曾考证雅乐歌词和乐谱，力图恢复正音：“吾自卫及鲁，然后乐正，雅颂各得其所。”这一考证的实际情形，在上面所引《史记·孔子世家》中得到了大略的叙述。至于他的考证标准，应该与他对韶乐、武乐的批评相一致：“子谓韶，‘尽美矣，又尽善也’。谓武，‘尽美矣，未尽善也’。”（《论语·八佾》）孔子认为韶乐是“尽美尽善”、“美善合一”，武乐则是“尽美未尽善”，这说明“美”与“善”是他音乐评价标准的两端。其中，“美”是就音乐表现的艺术境界而言，“善”则是就音乐表现的道德境界而言。从整体上讲，韶乐之美是艺术境界和道德境界的高度合一，在聆听这类音乐时，不仅使人欣赏到音乐的艺术之美，而且领略到音乐内容所表现出的善的境界，由此获得生命的净化和提升。武乐与韶乐相比较，艺术表现也极尽其美，但其内容却非道德的最高境界[①]。由此可见，“尽善尽美”是孔子对音乐的最高评价，也代表着雅乐的最高境界。

在编诗正乐的同时，孔子也修起了崩坏的周礼。现今传世的“三礼”——《周礼》、《仪礼》与《礼记》，据学者们考证，只有其中的《仪礼》是孔子传习之书[②]。不过，孔子传习周礼，不仅仅重视其外在的形式之仪，而且更强调其内在的精神意涵，这在下文中将会详加论述。

孔子祖述尧舜，宪章文武，崇拜周公，所以他尽力搜集上古三代的政治类历史文献，将圣王们的政治言论按照时代先后次序系统编纂出《尚书》一书，以此考察政治兴衰成败之道，构建自己的社会政治理想。

《易》原为卜筮之书，其中既有卦象又有吉凶之辞。但孔子完全抛开了其占筮的一面，而是观其德义：“（孔子曰）予非安其用也，而乐其辞也……我观其德义耳也……后世之士，疑丘者或以《易》乎？吾求其德而已，吾与史巫同涂而殊归者也。”（帛书《要》）这就在根本上改变了《易》书的性质。

《春秋》原是各国史书或史记通称，孔子依据鲁国史记编修《春秋》一书，在上起鲁隐公元年（公元前 722 年）、下至鲁哀公十四年（公元前 481 年）长达 242 年的历史中，寄寓“微言大义”。他借助历史叙事中传达出来的褒贬之义、是非之正“以绳当世”，由此开创了一种以道德规范与教化为目的的统辖中国历史叙事的主导范式。

---

① 儒家“祖述尧舜”，以禅让时期的三代为人类社会的理想境界，歌颂虞舜的乐舞《韶》乐，自然深得孔子称誉。为什么《大武》“尽美矣，未尽善也”呢？依据一般的儒经注疏的解释，《大武》因为是武王以武力征伐得天下而非禅让，且武王在位时天下未致太平安康，稍有不足，故曰“未尽善”。《礼记·乐记》中曾较为详细地谈到武乐的内容表现：“夫乐者，象成者也。总干而山立，武王之事也。发扬蹈厉，大公之志也。《武》乱皆坐，周、召之治也。且夫《武》，始而北出，再成而灭商，三成而南，四成而南国是疆，五成而分周公左，召公右，六成复缀，以崇天子。夹振之而驷伐，盛威于中国也。分夹而进，所以事蚤济也。久立于缀，以待诸侯之至也。”

② 林存光：《孔子新论》，人民出版社 2012 年版，第 50 页。

二、儒家对礼乐传统的新诠释

孔子抉发出礼乐的精神基础，深化拓展封建道德中的“仁”为个人生命内在的道德动源，试图将周公创建的礼乐制度由外在的规范力量转化为个体内在的道德自觉，重建礼乐新秩序。孟子、荀子在孔子的基础上继续向前推进，并皆有创获、各具特色。这使得中国礼乐传统发生了历史上第二次划时代的变动。

（一）孔子与礼乐传统

孔子生活的时代已经是礼崩乐坏的春秋晚期，就连孔子自己都感叹说：“天下无道，则礼乐征伐自诸侯出。”（《论语·季氏》）因此，对于礼乐的实践，孔子一方面反对当时诸侯对于礼乐的僭越，另一方面也在不断追问：礼乐的本质是什么？如何使礼乐与现实人生融为一体？

在《论语》中，孔子曾多次与学生讨论礼乐问题，其中《八佾》篇对于礼的本质有所揭示：

林放问礼之本。子曰：“大哉问！礼，与其奢也，宁俭；丧，与其易也，宁戚。”

孔子赞赏林放对“礼之本”的请教，由此可以看出，孔子平时一直专心于礼的本质这一根本性问题的探究。在礼乐的形式与本质二者关系上，孔子认为：

人而不仁，如礼何？人而不仁，如乐何？（《论语·八佾》）

礼云礼云，玉帛云乎哉？乐云乐云，钟鼓云乎哉？（《论语·阳货》）

在孔子看来，礼乐不能徒求外在形式，即所谓玉帛与钟鼓的表现，而是强调在行礼之前人必须先要怀有虔敬之心，在表演音乐之前也必须先有和气。也就是说，真正的礼不在于外在形式的仪文，而是奠基于真实的道德情感之上。

另外，“三年之丧”的典故也为“礼”与“仁”设定了判断标准。

宰我问：“三年之丧，期已久矣。君子三年不为礼，礼必坏；三年不为乐，乐必崩。旧谷既没，新谷既升，钻燧改火，期可已矣。”子曰：“食夫稻，衣夫锦，于女安乎？”曰：“安。”“女安，则为之！夫君子之居丧，食旨不甘，闻乐不乐，居处不安，故不为也。今女安，则为之！”宰我出。子曰：“予之不仁也！子生三年，然后免于父母之怀。夫三年之丧，天下之通丧也，予也有三年之爱于其父母乎！”（《论语·阳货》）

宰我对于“三年之丧”提出质疑。在他看来，三年不行礼、不为乐，则人文世界必然礼崩乐坏；而自然世界中，米一年一周期，五种烧火的木柴也刚好一年轮一次，所以，守丧一年就够了。应该说，宰我从人文世界的社会教化与自然世界的物理现象等外部条件立论，深恐三年之丧太久，致使一切生活停摆，有着内在的自洽逻辑。但是，作为思想家，孔子无意于卷入这逻辑论证，而是直接将外在逻辑规范的根据转为内在心理情感的要求。他反问宰我，守丧期间享乐是否心安？若是以辩论技巧来看，孔子是必输无疑，因为他最后诉诸的仅仅是个人情感。但是由此也可以看出，儒家对于伦理规范的判断标准，正是“心安不安”。宰我不真诚，硬说自己心安，于是孔子批评宰我不仁，因为对儒家而言，礼乐不是形式主义，不是外在的规范力量。在孔子看来，我们每一个人的成长都曾在生理上长期依赖父母，在心理上对父母有相互关怀的情感需求，因此伦理上自然会遵守社会的“三年通丧”。如果一个人连自己的父母都不爱，还能爱别人吗？还如何谈及其他德行？这正是儒家“孝”的根源、“仁”的本源，也是儒家讲人道、人文的精神源头。从这点看儒家的伦理思想，是从生理、心理发展到伦理，因此社会上的规范都具有合理性。这样一来，原本僵硬的强制规定便提升为个体的主动自觉。

对于礼的精神基础的关注，也见于“林放问礼之本”一章。该章是“礼之本”一词的出现之处，应是了解孔子思想的关键问答。不过，孔子虽然称许林放提出这一问题的重要性，但在回答时却没有从观念上进行清楚作答，而是借常礼和丧礼来启发林放。林放之问，应是有感而发，朱熹曾重构这一问答的情境说：“林放，鲁人。见世之为礼者，专事繁文，而疑其本之不在是也，故以为问。”[①] 林放怀疑“专事繁文”并非礼的精神所在，所以有此一问。孔子的回答则在“过分的文”和“质”的比较中，主张以“质”为主。这是取“质”以纠“过分的文”之弊，而非“取质弃文”之意。礼之本在于“俭”、“戚”之质，这是例示性的启发，从观念上来讲，则应推溯到“仁”。

孔子反省出“礼本于仁”，其目的在于重建礼乐生活秩序。孔子在教育上采取“以礼乐为教”，教导学生“博文约礼”、“立于礼”[②]；在政治上主张“以礼治国”，要求“为国以礼”（《论语·先进》）、“齐之以礼”（《论语·为政》），都是以仁贯注于礼乐秩序的建立上。对孔子而言，礼乐具有节制、文饰的功能，故云“乐节礼乐”（《论语·季氏》）、“文之以礼乐”（《论语·宪问》）。以礼为教，为国以礼，其目的都是要在正当的礼乐生活中唤起人内在精神的自觉，节制生命中的人欲之私，并在进退周旋中表现合宜，彰显人文教养。

（二）孟子与礼乐传统

作为孔子之后最为著名的儒家学者，亚圣孟子思想中最核心的内容，是建立在人性善基础上的仁政学说。不过，他直面礼崩乐坏的社会现实，依然关注礼治，并承续了孔子以“仁”释“礼”的思路，为礼的存在寻找到了“仁”这一内在先验依据，这使得孟子的礼学思想充溢着强烈的生命意识。

生命意识是人类特有的关于生命的体验，源于人类本能同时又具有丰富而深厚的文化内涵。“生命主体从外在客体世界中的分化独立，是确定的生命意义之建立的前提。”[③]发轫于周初、兴盛于春秋战国的人文思潮，开始使生命脱离外在自然神权的束缚，“天视自我民视，天听自我民听”（《尚书·泰誓》）、“夫民，神之主也”（《左传·桓公六年》），将人提高至“配天”、“与天地参”和“赞

① （宋）朱熹：《论语集注》，《四书章句集注》，中华书局 1983 年版，第 62 页。

② 颜渊谓孔子：“博我以文，约之以礼。”（《论语·子罕》）又子曰：“博学以文，约之以礼，亦可以否畔矣夫。”（《论语·雍也》）孔子教伯鱼“不学礼，无以立”（《论语·季氏》），又云：“不知礼，无以立也。”（《论语·尧曰》）《论语·泰伯》篇中，有“立于礼”一语。

③ 韩德民：《前期儒家的生命哲学》，《社会科学战线》1995 年第 4 期。

天地之化育”的崇高地位。孔子在此基础上作了进一步的改造，提出“仁者，人也”，将仁视为人之为人的内在本质性规定。不过，如果仅有内在思想观念上的体认，不能借助相应的外在形式加以表现，依然无法完成“弘道”的重任①，所以孔子又说：“克己复礼为仁。一日克己复礼，天下归仁焉”（《论语·颜渊》），“民之所由生，礼为大”（《礼记·哀公问》）。遵循外在的“礼”，就是实现内在的“仁”。内在的本性爱心——“仁”与外在的社会规范——“礼”互相规定、相联为用，构成了人之为人的“道”。所以在《论语》中，孔子反复说：“文之以礼乐，亦可以为成人矣。”（《宪问》）“兴于诗，立于礼，成于乐。”（《泰伯》）“不学礼，无以立。”（《季氏》）认为礼不是外加于人的仪式节文。

孟子在继承和发展孔子“仁”的思想的基础上，将人之为人的内在本质通过“人禽之辩”进行了更为深入的探讨。《中庸》有言：“天命之谓性，率性之谓道”。每个人都有着自己的天命之性，遵循这种天命就合于“道”。孟子认为，从生物学层面来看，人具有“口之于味也，目之于色也，耳之于声也，鼻之于臭也，四肢之于安佚也”（《孟子·尽心下》）的生物欲求和自然属性。也就是说，耳、目、口、鼻等感官为人之小体，其本身有其动物性本能，口之于味、目之于色、耳之于声、鼻之于臭、四肢之于安佚，都是顺其生理欲望而向外追求，并无道德的自觉、反省作用。所以，在这种耳、目、口、鼻之欲的生物本能方面，人禽并无不同之处。

因此他提出，“人之有道也，饱食、暖衣、逸居而无教，则近于禽兽。”孟子在这里所强调的“教”，乃是圣人为改变人类的自在状态而教以人伦的礼乐文化：“圣人有忧之，使契为司徒，教以人伦，父子有亲，君臣有义，夫妇有别，长幼有叙，朋友有信。”（《孟子·滕文公上》）。他也曾借助历史加以言说，提到夏、商、周“设为庠序学校以教之……夏曰校，殷曰序，周曰庠；学则三代共之，皆所以明人伦也”（《孟子·滕文公上》）。人类在长期的群居生活中，自觉地结成了五种基本的社会关系，从而摆脱了动物界的自在性，相应地建立

---

① 韩德民：《前期儒家的生命哲学》，《社会科学战线》1995年第4期。

起调节这种种关系的社会行为规范。

因此在孟子看来，正是“礼”这一文化规范，将人与动物区别开来。他甚至在对杨朱的为我主张和墨子的兼爱思想进行严厉批评时指出：“杨氏为我，是无君也；墨氏兼爱，是无父也。无父无君，是禽兽也。”(《孟子·滕文公下》)在孟子的礼学思想中，父子、君臣关系处于“家国同构”的宗法社会里人伦关系的核心地位，是社会等级规范的代表，是礼的象征。所以，无君无父即是无礼，就是与禽兽相等同。以“礼”来区别人与禽兽，在儒家经典《礼记》中亦多有诠释：

鹦鹉能言，不离飞鸟；猩猩能言，不离禽兽。今人而无礼，虽能言，不亦禽兽之心乎？夫唯禽兽无礼，故父子聚麀。是以圣人作为礼以教人，使人以有礼，知自别于禽兽。(《礼记·曲礼上》)

在这一点上，荀子与孟子的观点也有契合之处。荀子在《三制》篇中提道：

水火有气而无生，草木有生而无知，禽兽有知而无义，人有气，有生，有知，亦且有义，故最为天下贵也。力不若牛，走不若马，而牛马为用。何也？曰：人能群，彼不能群也。人何以能群？曰：分。分何以能行？曰：以义。

这里的“义”就是“礼”。人有礼义，而动物却没有，这正是二者最主要的区别所在。“然则人之所以为人者，非特以二足而无毛也，以其有辨也。夫禽兽有父子而无父子之亲，有牝牡而无男女之别，故人道莫不有辨。”(《荀子·非相》)“辨”即“别”，乃是礼的重要价值和标志。因此有学者认为：“把礼作为人与动物区分的标志，是儒家论证礼的价值最称意的一说。”①

不过，孟子的认识并不仅仅停留于此，他进一步考察了礼乐道德伦理背后的本源与根据。我们知道，孔子虽然对“仁”加以多方规定，但由于他很少谈及“性与天道”，所以没能明确揭示出“仁”的终极根源。“孟子以继孔子之统自居”，“从道德产生根源上为孔子的成德之教奠定了基础，使儒家的伦理道

① 刘泽华：《中国传统政治思想反思》，生活·读书·新知三联书店1987年版，第79页。

德学说在实践主体身上找到了可以实行的根据”。[①] 他主张性善论，提出“仁，人心也”（《孟子·告子上》），将“仁”内化为“心”，“仁”所涵盖的仁义礼智诸德，也就成了“心”中所固有的“四端”，即“恻隐之心，仁之端也；羞恶之心，义之端也；辞让之心，礼之端也；是非之心，智之端也。”（《孟子·公孙丑上》）所以孟子又说：“仁义礼智，非由外铄我也，我固有之也”（《孟子·告子上》）。

不过，“人之所以异于禽兽者几希，庶民去之，君子存之”（《孟子·离娄下》）。心性是人之所以为人的特性。只是一般人都随顺耳、目、口、鼻之欲，不能由心性上自作主宰，只有有道德的君子能存养这异于禽兽的几希，并且尽心尽性地充分实现其价值。心与性本是两个不同的概念。性是天之所生，秉受于天，所以一般人都从生物本能上说性，因此耳、目、口、鼻等感官之欲就是一般所谓的“性”，告子所谓“生之谓性”，犬羊之性与人性相同的“性”，都是从这一点来讲的。但孟子却转换角度，独辟蹊径，不将耳、目、口、鼻之欲等称之为性，而是专就人的本心所固有的仁义礼智诸德上说性，这是对性的内容进行一种新的限定。经由这样的“即心言性”，心性二者实现了通而为一。孟子建构心性理论，目的是为儒学奠定道德主体的基础。孟子明言“仁义礼智根于心”（《孟子·尽心上》），李正治认为，孟子礼乐思想的型态为“礼根于心”型[②]。所谓“根于心”，就是以“心”为其“根本”，也就是“内在于心”的意思。换句话说，礼的价值就内在于本心之中，这是由人的心性之地肯定礼乐的价值。

对孟子而言，礼就表现在辞让和恭敬之心上，故云：“辞让之心，礼之端也”（《孟子·公孙丑上》），“恭敬之心，礼也”（《孟子·告子上》）。人对生活中所接触的事物，有应得与不应得的辨别，不是自己所应得就表现不应该的一种态度，这就是“辞让之心”。而在一切礼仪活动中，对于任何行礼的对象（人

① 刘宗贤：《孟、荀对孔子仁——礼学说的发展及得失》，《东岳论丛》2009 年第 1 期。

② 李正治：《孟子“礼根于心”型的礼乐思索》，《鹅湖月刊》1997 年第 260 期。

或神）抱持一种真诚的恭敬之情，这就是“恭敬之心”。这两者都是礼的实质，并非礼的外在仪文表现。孟子当然不舍弃外在的仪文表现，但认为一定要有内在的实质通达于外在，礼方能成其为礼，这显示出一个心性论者对于礼的高度关注。《孟子·离娄上》云：“恭俭岂可以声音笑貌为哉”，就是指出在“声音笑貌”的外在俯仰周旋外，更重要的是内心对天地人物的一种敬意。《孟子·尽心下》说：“动容周旋中礼者，盛德之至也。”“动容周旋”当然是礼的外在表现，“中礼”则包含两方面的内容，一是具有礼的内在实质，心中充满对于天地人物的恭敬之意；二是精熟于礼乐仪节，一举一动皆从容中礼。很显然，“动容周旋中礼”高度契合于孔子所说的“七十而从心所欲，不逾矩”（《论语·为政》），实际上是在尽心尽性的过程中，把礼发挥到极致的表现。这种表现只有圣人才能达到，所以孟子赞其“盛德之至”，同时也标示出礼的表现的最高典范。

孟子对“礼根于心”的肯定，目的在于为礼的实现建立价值根据。由心性之源重建礼乐秩序，可以说是孟子礼乐之说的一个理想。不过，他所设想的礼乐秩序并非“天下有道，礼乐征伐自天子出”的封建秩序，而是一统新王之王道新政下的礼乐秩序。萧公权曾说：“孔子欲存姬周以复兴封建，孟子则图谋于移朝易姓之后，重建‘礼乐征伐自天子出’之盛世。”① 也就是说，对孟子来讲，周天子的领导地位存在与否，并非礼乐秩序的重要问题，天下问题的解决在于新王的出现。但新王绝非凭借武力以力服人者，而是扩充其四端之心以德服人者，所以，礼乐仍然是新王治国理政的社会规范。

（三）荀子与礼乐传统

荀子作为战国晚期大儒，吸收各家思想，成就其缜密的学说。对此，郭沫若曾评论荀子：“不仅集了儒家的大成，而且可以说是集了百家的大成。”② 至于其思想学说的中心内容，王先谦曾在《荀子集解序》中说：“荀子论学论治，

① 萧公权：《中国政治思想史》，辽宁教育出版社 1998 年版，第 93 页。

② 郭沫若：《荀子二十讲》，华夏出版社 2009 年版，第 11 页。

皆以礼为宗，反复推详，务明其旨趣，为千古修道立教所莫能外”①，认为荀子的修身、政治思想皆以礼为宗。佐藤将之在详细研究后，认同“礼”为荀子思想的中心：“在整本《荀子》中有三百四十二个‘礼’字用例（不含篇名），几乎涵盖了书中的全部论述。而且，其他概念和主张在与‘礼’和‘礼义’一起出现时，基本上发挥的只是整段论述中部分或次要的角色。换言之，在荀子的思想系统中，所有的概念和主张，只有在以‘礼’为核心的概念网中，方能获得其论述上的功能和其在整体思想中的价值……对荀子而言，‘礼’就是个万灵丹，它能够同时解决各种社会问题，也能终结其他同时代思想家所提出的那些无聊、无用，甚至有害的论辩，正是在‘礼’之中，荀子看到各种伦理、社会、政治问题的解答——人类欲望的控制、高阶政府官员（特别是相国）的任命，社会资源的分配，以及社会秩序的建立等。其涉及范围的广阔性，甚至于全面性，也是荀子‘礼’概念的一大特色。”②在他看来，“礼”是《荀子》一书中许多篇章的核心主题，也是一切问题的解决之道。

我们知道，战国晚期，七国间“争地以战，杀人盈野；争城以战，杀人盈城”（《孟子・离娄上》），越来越惨绝人寰。荀子有鉴于此，提出了与孟子性善论不同的人性本恶的理论。在《荀子・性恶》中，他开宗明义地说：

人之性恶，其善者伪也。今人之性，生而好利焉，顺是，故争夺生而辞让亡焉；生而有疾恶焉，顺是，故残贼生而忠信亡焉；生而有耳目之欲，有好声色焉，顺是，故淫乱生而礼义文理亡焉。

人类本性中存在种种劣根性，如果不经过后天改造，环境影响，就必然会成为罪恶的源，社会就必然会出现争夺和暴乱，这个后天改造的过程就是“伪”，即“人为”。“不可学、不可事而在人者谓之性，可学而能、可事而成之在人者谓之伪”（《荀子・性恶》）。因此荀子认为，礼义的起源也可以追溯于此：

礼起于何也？曰：人生而有欲，欲而不得，则不能无求；求而无度量分界，

① （清）王先谦：《荀子集解》，新正书局 1982 年版，第 1 页。

② ［日］佐藤将之：《参于天地之治——荀子礼治政治思想的起源与构造》，台湾大学出版中心 2016 年版，第 322 页。

则不能不争；争则乱，乱则穷。先王恶其乱也，故制礼义以分之，以养人之欲，给人之求，使欲必不穷于物，物必不屈于欲，两者相持而长，是礼之所起也。(《礼论》)

为了防止争夺和暴乱，就有圣人兴起，制作礼义，来对人的欲望加以限制，对社会的分工加以调节。就是说，“礼”是先王为社会、为人们所制定的。礼的实质，首先是物质分配方面的“度量分界”，也就是等级制度：规定每一等级的人应该获得多少食物、财物等，使其能够恰好满足社会、人群的欲求，而不致为了争夺财物、食物等而发生争斗。这样，社会就能获得一种稳定的秩序。

这种秩序反转来又可以促进生产，更多更好地满足人群的物欲。荀子说：

(人) 力不若牛，走不若马，而牛马为用，何也？曰：人能群，彼不能群也。(《王制》)

登高而招，臂非加长也，而见者远；顺风而呼，声非加疾也，而闻者彰。假舆马者，非利足也，而致千里；假舟楫者，非能水也，而绝江河。君子生非异也，善假于物也。(《劝学》)

人单枪匹马不能做到这点，最重要的是人能“群”，把自己的力量组织起来。组织的工具就是礼义。在这里，道德、礼义虽然有其使人成为人的价值，但同时又成了工具性的东西。归根结底，礼义是人的“理性”所自觉制定的。理性制定礼义所依据的，则是社会的功利，所以荀子所讲的“礼义”，其内涵不是人对人的爱，不是孔孟所讲的“爱人”及恻隐、同情之类，而是全社会的功利和每个人的利益。所谓“《礼》者，法之大分、类之纲纪也”(《劝学》)，孔孟讲的“礼”——氏族宗法制的血缘亲情为基础的“亲亲、尊尊”变成了一断于“法”的新等级秩序。于是在荀子那里，礼几乎就是一种变相的间接的法制，“礼义生而制法度”(《性恶》)。

但是，人先天就有各种欲望：“夫人之情，目欲其色，口欲其味，鼻欲其臭，心欲其佚。此五其者，人情之所必不免也。”(《荀子·王霸》) 正因为人有这些先天的欲望，所以必然产生乐舞，“夫乐者，乐也，人情之所必不免也，故人不能无乐。”（《乐论》）乐舞是发泄人的基本欲望的一种手段。对于这种必不可少的发泄还要用礼来采取节制和疏导的手段才能使它避免于“乱”，故曰：“乐者，乐也。君子乐得其道，小人乐得其欲。以道制欲，则乐而不乱；以欲忘道，则惑而不乐。”（《乐论》）如果对私欲之乐节制、疏导得当，乐便与礼相得益彰、互为补充，成为共同维护统治的两大基本手段。

恭敬，礼也；调和，乐也。（《臣道》）

乐也者，和之不可变者也；礼也者，理之不可易者也。乐合同，礼别异，礼乐之统，管乎人心矣。（《乐论》）

这就是荀子思想中的礼乐关系。比较起孟子的说法既相同又相异，孟子认为人先天有欲即性，性都是善的，因而要满足它，才产生乐舞；而荀子则认为，人的先天之性是恶的，为了对这些恶进行教化和节制，才需要“伪”，礼乐即“伪”的一个环节。

应该说，在荀子的理想中，社会借由“礼”的完美运作，使明礼的贤人在其位，难以明礼的群众为服教化的庶人。朝廷上一切依“礼”运作，乡里间行乡饮酒礼，贵贱分明，和乐融融。自天子至于庶人，婚、丧、祭等礼仪皆有序，在正确实践礼仪之时，每人的身份都得到确认，人人各安其位，受到圣王之礼的陶冶、教化，生命趋于祥和而完满。荀子所描绘的理想秩序，需要用“礼”来实现，这是荀子论礼的宗旨。

不过，礼乐有超出于政治的更广泛的内容，这就是道德、伦理、文化、教育、礼文、礼俗等。而这一方面，荀子也认为是人之为人所必须有的，是人之为人之内涵的本质的部分，所谓：

井井兮其有理也，严严兮其能敬己也，分分兮其有终始也，猒猒兮其能长久也，乐乐兮其执道不殆也，炤炤兮其用知之明也，修修兮其用统类之行也，绥绥兮其有文章也，熙熙兮其乐人之臧也，隐隐兮其恐人之不当也，如是，则可谓圣人矣。此其道出乎一。曷谓一？曰：执神而固。曷谓神？曰：尽善挟治之谓神，万物莫足以倾之之谓固。神固之谓圣人。（《儒效》）

荀子的理想是人人通过自己的努力和学习，都能成为圣人。金春峰认为，这使荀子的思想，本质上属于儒家而非法家①。

第四节　先秦儒家与孝道思想

孝观念在我国源远流长。据考证，孝起源于原始社会，殷周时期已发展成为十分重要的伦理观念。一般认为，孝在初始是从尊祖祭祖的宗教情怀中发展而来的，所以与礼的关系极为密切，在被称为礼经的《仪礼》中，丧礼与丧服是其主体与核心部分。而“孔子在总结和继承以前孝观念的基础之上，创立了儒家孝伦理的基本思想体系，经曾子、孟子、荀子给予不断发展和完善，成为孔子儒家学说的重要组成部分”②。不过，谈到儒家孝道思想的时候，人们最容易想到的往往是子女孝敬父母、关爱父母的家族伦理之孝，其实，先秦儒家孝道思想不仅局限于家族伦理，还包含其他两重意蕴，即生命意识和为仁之本。生命意识是孝道思想的本质，解决了古代个体生命对生命源泉、生存价值和死后去向等终极问题的追问；家族伦理是孝道思想的外化，以社会规范的形式规约着家庭中的基本关系；为仁之本则是孝道思想社会空间价值的延展，具有普遍的社会意义。在以家庭为单位的古代社会，先秦儒家孝道正是在生命意识、家族伦理和为仁之本三重意蕴中得以传承和提升的。

一、生命意识：孝道思想的本质

自有生人以来，死就是人类面临的最大困惑，因为人生来就注定了要走向死亡，必死的命运使人们深切地感受到生的无常。在人类早期，人们

① 金春峰：《先秦思想史论》，东方出版社 2015 年版，第 211 页。

② 孔祥安：《原始儒家孝伦理的汉代异化及其影响——以孝亲案例为中心的探析》，《理论学刊》2011 年第 9 期。

已经开始思考自身的存在和生命本源问题，“孝”字就是这种思考的抽象符号记录。

就目前的研究来看，“孝”字的产生最迟可以推至殷周时期。在这一时期，祖先崇拜构成文化现象的重要组成部分。胡适曾在《说儒》中提道：“我们看殷墟（安阳）出土的遗物与文字，可以明白殷人的文化是一种宗教的文化。这个宗教根本上是一种祖先教。祖先的祭祀在他们的宗教里占一个很重要的地位。丧礼也是一个重要部分。”①对祖先的祭祀是祖先崇拜的一种表现，是人类亡而不死的生命意识。因此，在这种文化背景下孕育而生的“孝”字，其原义笼罩着浓厚的宗教色彩，是人对生命来源以原始宗教形式做出的表达。舒大刚甚至认为“从西周金文、《诗经》、《仪礼》等较早的上古文献看，‘孝’字的本义并非‘事亲’，甚至也还不是‘事人’，而是‘敬神’、‘事鬼’的宗教活动。这一意义上的‘孝’字，与中国上古时期‘祭必有尸’的习俗有关。从字形上看，‘孝’字上部象尸，下部象行礼之孝子。”②所以，早期文献中出现的“孝”字，多与祖先祭祀活动有关，如《尚书·酒诰》载“用孝养厥父母”，《周易·萃卦》载“‘王假有庙’，致孝享也”等。

祖先崇拜观念的出现，是古人相信祖先灵魂不死、祈求祖灵佑护、协和万邦等多种心理因素作用下的产物。不过，人们之所以尊祖敬宗，最重要的是因为祖宗是生命之源，个体生命是祖先生命的延续。《礼记·郊特牲》曰：“万物本乎天，人本乎祖，此所以配上帝也。”《荀子·礼论》载：“先祖者，类之本也……无先祖恶出？”所以，人要“不忘其所由生”（《礼记·祭义》）、感念生命的由来，就要报本反始，尊祖敬宗。

钱穆曾经评价说：“儒家的孝道，有其历史上的依据，这根据，是在殷商时代几已盛行的崇拜祖先的宗教。上古的祖先教，演变出儒家的孝道；在秦汉以后的两千年，儒家的孝道，又维系了这个古老的宗教。”③这不仅深刻揭示了

① 胡适：《胡适论学近著》（下册），商务印书馆1935年版，第13页。

② 万本根、陈德述主编：《中华孝道文化》，巴蜀书社2001年版，第209页。

③ 钱穆：《文化危机与展望》（下），《中国文化导论》，中国青年出版社1989年版，第51页。

祖先崇拜观念与孝道的内在联系，也充分反映了祖先崇拜活动对后世影响的深远。可以说，“祖先崇拜观念不仅使古代中国社会带着氏族制的脐带跨进了文明社会的门槛，进而由氏族制发展到宗法制，它还深刻地影响了中国的家庭结构、社会结构、社会心理和意识形态”①。

孝并非孤立地联系于先人，它还延伸于后代。正因为祖先是我辈生命之源头，因此，崇奉祖先就要把祖先的生命延续下去，“父母生之，续莫大焉”(《孝经·圣治章》)。所以，“孝”在金文中，多半用来指为实现求子目的而举行的祖先祭祀，如“叔䣄父作鹈姬旅簋，其夙夜用享孝于皇君，其万年永宝用”②。叔䣄父簋是叔䣄父为女儿出嫁而制作的陪嫁礼器，上面所刻铭文是叔䣄父希望女儿、女婿多子多孙，以永远保有宗庙祭祀之职。

生育子孙、继承宗嗣是生殖或生命崇拜的一种表现。周予同曾详细阐述过“孝”与生殖崇拜之间的渊源关系：“儒家的思想为其出发于‘生殖器崇拜’与‘生殖崇拜’，所以郊天祀地，祭日配月，尊祖敬祖，迎妻纳妾等一套把戏，都与‘孝’有一贯的关系。”“因为崇拜生殖，所以主张仁孝；因为主张仁孝，所以探源于生殖崇拜；二者有密切的关系。”③因此，在先秦儒家经典中，无论是《礼记·祭义》的“孝有三：小孝用力，中孝用劳，大孝不匮”，还是《孟子·离娄上》的“不孝有三，无后为大”，都将生命永续视为第一重要之事。这种生命观念影响至深，甚至鲁迅都在《热风·随感录四十九》中说：“种族的延长，——便是生命的连续……所以新的应该欢天喜地的向前走去，这便是壮，旧的也应该欢天喜地的向前走去，这便是死”。

“中国传统孝道不仅重视人的生命的来源、永续，而且还非常重视现实生命的存在。”④因为不管是祭祀祖先，还是生育子嗣，都必须以此为基础。而父母是子女生命的直接孕育者，“父兮生我，母兮鞠我。拊我畜我，长我育我。

① 张淼：《论儒家孝道思想的生命意识》，《学术论坛》2006 年第 2 期。

② 罗振玉编：《三代吉金文存》卷八，中华书局 1983 年版，第 822 页。

③ 周予同：《经学史论著选集》，上海人民出版社 1983 年版，第 71、77 页。

④ 肖群忠：《孝道的生命崇拜与儒家的养生之道》，《西北师大学报》2011 年第 1 期。

顾我复我，出入腹我”[①]（《诗经·小雅·蓼莪》），也是祖先在这个世界的象征。“因此，珍视现世生命，首先要善事父母，报答父母的养育之恩”[②]，“用天之道，分地之利，谨身节用，以养父母。此庶人之孝也。”（《孝经·庶人章》）为此，孔子提出，做儿女的要记住父母的年岁，一则为其年高寿长而高兴，一则为其体衰身弱而担忧[③]。曾子认为，与其在父母死后给予丰祭，不如在他们活着的时候予以厚养[④]。

珍视现实生命的存在，还要珍视自己的身体。“因为自己的身体是父母给的，是父母、祖宗生命的延续，同时也是开启家族生命的基础。”[⑤]如《礼记·哀公问》曰：“君子无不敬也，敬身为大。身也者，亲之枝也，敢不敬与？不能敬其身，是伤其亲；伤其亲，是伤其本；伤其本，枝从而亡。”这是孔子回答鲁哀公之语，其中涉及亲与子的血缘依存关系和“孝”的意义。“身也者，亲之枝也”，是说“身”是本体的自身，“亲”是“身”所托之而出的本体，两者其实就是“亲、子”关系[⑥]。“敬身”被视为“大孝”，不能“敬身”就是“伤亲”，其最终结果则是“伤本亡枝”。

曾子也认为：“身也者，父母之遗体也。行父母之遗体，敢不敬乎？”（《礼记·祭义》）所以，“孝子不登高，不履危……险涂隘巷，不求先焉，以爱其身，以不敢忘其亲也。”（《大戴礼记·曾子本孝》）这里的“身”，当然是对生命现象的概括。“身”是“父母之遗体”，也就是父母生命现象的延伸。所以，珍爱自身就是孝敬父母、敬重父母的生命现象。这是曾子在遵从孔子“孝”的基础上所作的引申、发挥。因此，他在生活中“战战兢兢，如临深渊，如履

① （清）王先谦：《诗三家义集疏》卷十，中华书局1987年版，第725页。

② 肖群忠：《孝道的生命崇拜与儒家的养生之道》，《西北师大学报》2011年第1期。

③ “子曰：‘父母之年，不可不知也。一则以喜，一则以惧。’”（《论语·里仁》）

④ “曾子曰：‘往而不可还者亲也。至而不可加者年也。是故孝子欲养，而亲不待也。木欲直，而时不待也。是故椎牛而祭墓，不如鸡豚逮亲存也。’”见（汉）韩婴：《韩诗外传》卷七，中华书局1980年版，第246页。

⑤ 肖群忠：《孝道的生命崇拜与儒家的养生之道》，《西北师大学报》2011年第1期。

⑥ 周延良：《“孝”义考原》，《孔子研究》2011年第2期。

薄冰”，非常注意不让身体受到损伤，并在临死时对弟子们说：“启予足！启予手！”(《论语·泰伯》）为自己的完整无损而骄傲。《礼记》和《孟子》中也都有“守身”为孝的思想，如《礼记·祭义》：“父母全而生之，子全而归之，可谓孝矣。不亏其体，不辱其身，可谓全矣。”《孟子·离娄上》：“事，孰为大？事亲为大；守，孰为大？守身为大。不失其身而能事其亲者，吾闻之矣；失其身而能事其亲者，吾未之闻也。”“身”作为生命现象不仅是父母生命的延续，也是得以事亲、孝亲的物质前提，所以“全身”、“守身”本身就是对父母施加的孝行。

作为生命现象，自己的身体是父母的遗体。当然，父母的身体也是祖父母的遗体。如果继续追溯上去，就意味着自己肩负着过去的一切。而自己在把生命留给下一代的时候，下一代也是“父母的遗体”。如此一来，就能把自己的生命传于后世、实现个体生命的超越了。因此，在先秦儒家孝道思想中，生命是贯穿于过去、现在和未来的统一整体。当然，这是对一般民众而言的一种较低层次的生命追求，更高层次的生命追求是立德、立功、立言。但是，仅就这个层次上讲，先秦儒家已经通过孝这一观念满足了一般民众对生存意义的追问，也在一定程度上解决了中国人的终极关怀问题。这也是许多人将儒学视为半宗教性质的根本原因。

二、家庭伦理：孝道思想的外化

孔子论孝，认为“夫孝，天之经也，地之义也，民之行也。”(《孝经·三才章》）而春秋时期的子产论礼，也提出了同样的命意。据《左传·昭公二十五年》载，简子曰：“敢问何谓礼？”对曰：“吉也闻诸先大夫子产曰：‘夫礼，天之经也，地之义也，民之行也。’……”郑国的游吉征引子产论礼之说，与《孝经》孔子论“孝”仅一字之差，周延良认为这充分证明了“礼”和“孝”在人类文明起源历程中的亲缘关系。他在引用唐代孔颖达的论述“《孝经》以孝为‘天之经，地之义’者，孝是礼之本，礼为孝之末，本末别名，理实不异，故取法天地，其事同也”后判定，这里证明了一个事实：“礼”肇源于“孝”，或者说，

"孝"生成了，"礼"也就同时生成了[1]。从孝与礼的产生来看，它们应该是在祭祀中相伴而生。发源于祖先崇拜的孝，主要是借助祭祀活动得以实现的，而祭祀则需要借用一定的礼仪来表达和体现对祖先的孝心，如《尚书·洛诰》载："王肇称殷礼，祀于新邑，咸秩无文。"可以说，二者相辅相成地构成了一个有机的孝道思想体系。

《论语·为政》载：

孟懿子问孝。子曰："无违。"樊迟御，子告之曰："孟孙问孝于我，我对曰，无违。"樊迟曰："何谓也？"子曰："生，事之以礼；死，葬之以礼，祭之以礼。"

孔子认为，"孝"就是"无违"，即不要违背关于孝道的种种礼节。具体来说，父母在世，要按礼节侍奉；父母去世，要按礼节安葬，按礼节祭祀。这意味着孔子把孝置于死生之上，在孝之上载之以礼。这种礼，当然是一种家庭伦理规约。

"孝"始载于《尚书·尧典》：师锡帝曰："有鳏在下，曰虞舜。"帝曰："俞，予闻，如何？"岳曰："瞽子。父顽，母嚚，象傲。克谐以孝烝烝，乂不格奸。"文中尧帝欲选舜为帝位继承人，最看重的应该是舜的"孝"。尧帝虽未直言，但四岳作答中强调的却是一个"孝"字。父母"顽、嚚"，弟象傲慢，舜却能使之和谐而不至于奸恶，就是其"孝"在起作用。如果这一记载可靠，那么在原始社会晚期的尧、舜时代已经形成了"孝"的伦理规约[2]。

"孝"源于亲子之间的血缘关系，因而是一种天然的人伦亲情。在家庭和家族内部，虽然人们之间饱含着无法割舍的浓浓亲情，但毕竟只是基于动物血缘依存关系的原初情感而无任何规约，这种原初情感往往容易被天灾人祸和经济、政治等种种利益所打破。而春秋战国时代，更是一个"周室既衰，诸侯恣行"、"礼废乐崩"（《史记·太史公自序》）的动荡时代。面对失范的社会、沦丧的伦常，孔子力图通过对传统礼制的弘扬，实现人们向道德理性的回归，由

① 周延良：《"孝"义考原》，《孔子研究》2011年第2期。

② 周延良：《"孝"义考原》，《孔子研究》2011年第2期。

内在道德秩序的重建来矫正颠倒的人伦关系和混乱的社会秩序，实现社会的有序运转。这样，在西周礼乐文化中占有极其重要地位的孝道，就成为孔子用来使时人向道德理性回归的重要桥梁。

孔子在总结了当时社会上对孝的认识后，将孝的观念提升，由孝及养，由养及敬，由敬到谏，为人们的孝亲提出了更高要求。《论语·里仁》载："子曰：'父母在，不远游，游必有方。'"孔子强调父母在世，孝子不能远离家乡，其目的当然是为了侍奉父母以尽孝道。不过，先秦儒家并不仅仅满足于物质生活上的"养亲"，曰"今之孝者，是谓能养。至于犬马，皆能有养；不敬，何以别乎"（《论语·为政》）？如果没有发自内心的尊敬，那么赡养父母与饲养狗马又有何区别呢？在精神生活上提倡"敬亲"，是先秦儒家对孝行提出的高层次要求。子女只有发自内心地敬爱父母，才会有笃诚的孝行。《礼记·祭义》说："孝子之有深爱者必有和气，有和气者必有愉色，有愉色者必有婉容。"所以，当子夏问孝时，孔子回答说："色难。"裴传永解"难"为"戁"的假借字，释"戁"为恭敬①。也就是说，孔子认为，侍奉父母，做到容色恭敬是最重要的。不过，"养亲"、"敬亲"并不意味着一味盲目而无原则地顺从。当孝与义之间发生冲突时，孔子提出了"谏亲"的主张。"事父母几谏，见志不从，又敬不违，劳而不怨。"（《论语·里仁》）荀子则把这种谏诤思想向前推进了一大步，荀子认为，"孝子所以不从命有三：从命则亲危，不从命则亲安，孝子不从命乃衷；从命则亲辱，不从命则亲荣，孝子不从命乃义；从命则禽兽，不从命则修饰，孝子不从命乃敬。"只有"明于从不从之义"，"则可谓大孝矣"。由此，荀子得出了"从义不从父，人之大行也"的结论（《荀子·子道》）。可见，先秦儒家反对不分是非曲直地服从父母之命，认为子对父有谏诤的义务。这种"从义不从父"的谏诤精神，对于平衡父子之间的权利和义务、和谐家庭关系有着积极的意义和作用。

"孝"不只是阶段性行为，而是贯穿于父母生前身后，包括养生送死和

① 裴传永：《〈论语〉"色难"新解》，《孔子研究》2000年第4期。

祭祀亡灵。《礼记·祭义》中说："众生必死，死必归土"，先秦儒家把死视为每个人的必然归宿。而"生，人之始也；死，人之终也。终始俱善，人道毕矣"（《荀子·礼论》）。对于每个个体来说，生与死同等重要，因此要善始善终。孟子甚至提出"养生者不足以当大事，惟送死可以当大事"（《孟子·离娄下》）。《中庸》中也说："践其位，行其礼，奏其乐，敬其所尊，爱其所亲，事死如事生，事亡如事存，孝之至也。"所以，先秦儒家非常重视葬祭之礼。对于人类来说，最亲近的人就是父母，自然要最爱父母。因为最爱父母，所以对于父母的死也要表示最大的哀痛。因此，父母的丧礼成为所有礼中最重要的丧礼礼制的基准。关于父母的丧礼，先秦儒家做了最为详细的规定，从葬祭礼仪程序到所用物品、从守丧时间到丧时服饰甚至哭丧场所，都有着极为细致、详尽的规定，如《礼记·檀弓上》载："伯高死于卫，赴于孔子。孔子曰：'吾恶乎哭诸？兄弟，吾哭诸庙；父之友，吾哭诸庙门之外；师，吾哭诸寝；朋友，吾哭诸寝门之外；所知，吾哭诸野。于野则已疏，于寝则已重。夫由赐也见我，吾哭诸赐氏。'"不同的吊哭场所，代表着不同深度的感情，所以孔子对其选择极为谨慎。这是先秦儒家丧葬思想中"礼称其情"的一种反映。

经过先秦儒家的重新诠释，周代以前表现为祖先崇拜观念的孝亲之心，从宗教伦理上升为人生哲学；从宗教祭祀活动演变为家庭伦理规范。"随着孝的内涵的不断丰富，孝观念得到了越来越多人的认同，渐次积淀和内化为中华民族的心理情感，成为一种普遍的伦理道德和恒久的人文精神，对其后二千余年的中国社会产生了广泛而深远的影响。"①

三、为仁之本：孝道思想的延展

"'仁'在儒家道德体系中是一个最高的范畴，它不仅奠定了整个社会道

① 刘玉平：《先秦儒家的孝道及其现代意义》，《齐鲁学刊》2001年第4期。

德关系的基础，而且为人们标示了道德修养的理想境界。”①从词源学和文献学角度来看，“仁”的本来含义是人与人相亲相爱，《说文解字·人部》云：“仁，亲也。从人，从二。”孔子继承了“仁”的这一基本内涵并作了重要发展。孔子提出，“仁”就是人的内在本质，它表现于外，便是“爱人”。如《论语·颜渊》载：“樊迟问仁。子曰：‘爱人。’”孟子也继承了这一思想，主张“仁者爱人”（《孟子·离娄下》）。

仁的基本内涵是爱人，但真正实践起来却需要一个逐步扩展的过程。因此，在先秦儒家思想中，爱是有差等的。差等之爱首先表现为一种血缘亲族之爱，“仁者人也，亲亲为大。”（《中庸》）就是说，对于最亲近的人要倾注最大的爱，仁爱的顶点就是对于亲近者的爱。“仁与亲亲的内在关系不仅在《论语》、《礼记》中被反复强调，《国语·晋语》的‘爱亲之谓仁’也表明，这种联系乃是孔子及春秋以降的社会共识。”②《孟子·离娄上》载：“仁之实，事亲是也”。血缘的亲子之爱乃是“仁”的最深沉的心理基础。因此，“仁”作为道德意识，首先要爱亲，从爱自己的父母兄弟做起，然后推而广之。其他诸如对朋友、君王乃至民族、国家的爱，都应该以爱父母兄弟作为起点，正所谓“不爱其亲而爱他人者，谓之悖德；不敬其亲而敬他人者，谓之悖礼”（《孝经·圣治章》）。由于对父母的爱表现为孝，所以孔子认为孝是爱人的基础，是实现仁的根本。践行仁道，自然应从孝悌做起。《论语·学而》云：“君子务本，本立而道生。孝弟也者，其为仁之本与！”皇侃《论语集解义疏》对此解释说：“此更以孝悌解本，以仁释道也。言孝是仁之本，若以孝为本，则仁乃生也。仁是五德之初，举仁则余从可知也。”《吕氏春秋·孝行》也讲：“凡为天下，治国家，必务本而后末”，“务本莫贵于孝……夫孝，三皇五帝之本务，而万事之纪也。夫执一术而百善至、百邪去、天下从者，其惟孝也”！

爱于最初虽是不平等的分配，却不应一直局限于家族内部——如果它真的

① 韩美群：《儒家“仁者爱人”思想的人本基础及其现代意蕴》，《江西社会科学》2011年第10期。

② 陈明：《孔孟仁说异同论》，《文史哲》2010年第3期。

画地自限，就无异是对正义问题的视若无睹，因为我们对外人也具有伦理义务[①]。因此，孔子要求弟子“入则孝，出则悌，谨而信，泛爱众，而亲仁”（《论语·学而》）。而孟子则更为明确地提出把施爱对象从家人向大众过渡，将血缘宗族中的“亲亲之爱”——孝悌不断扩大，从而获得一种爱的拓展：“老吾老，以及人之老；幼吾幼，以及人之幼。天下可运于掌。《诗》云，‘刑于寡妻，至于兄弟，以御于家邦。’言举斯心加诸彼而已。故推恩足以保四海，不推恩无以保妻子。古之人所以大过人者，无他焉，善推其所为而已矣”（《孟子·梁惠王上》）。“孩提之童无不知爱其亲者，及其长也，无不知敬其兄也。亲亲，仁也；敬长，义也；无他，达之天下也。”（《孟子·尽心上》）“仁者以其所爱及其所不爱，不仁者以其所不爱及其所爱。”（《孟子·尽心下》）由此，孟子把“仁爱”思想分为了三个层次和三种境界：“亲亲而仁民，仁民而爱物。”（《孟子·尽心上》）“亲亲”为第一层次和境界，以孝为本，意即首先要爱自己的亲人；“仁民”为第二层次和境界，即像爱自己的亲人那样去爱所有的人；“爱物”为第三层次和境界，即像爱人那样去爱万物。

罗哲海认为：“将道德的发展设想为家庭之爱的扩展，一方面可以防止家族之自私自利对公众利益的侵害，另一方面也能预防人们在一个没有社会救济的世界中忽略了对家庭的照顾。”[②]实际上，在孔子那里，“孝”已经被视为一个弱势的原则，其目标就在于有人助己、有人安己。“夫然，故生则亲安之，祭则鬼享之，是以天下和平，灾害不生，祸乱不作。故明王以孝治天下也如此。”（《孝经·孝治章》）

仁作为一种差等之爱，是先秦儒家针对不辨亲疏的普遍之爱作出的回应。我们知道，同时代的墨家提出“兼爱”思想，主张对天下人一视同仁，无差别地施以相同之爱。这当然是一种非常崇高的理想。不过，在现实生活的实践当中，“如果不是主动自觉的行为，而是强迫对陌生人的爱如同对自己父母乃

① ［德］罗哲海：《轴心时期的儒家伦理》，陈咏明、瞿德瑜译，大象出版社2009年版，第165页。

② ［德］罗哲海：《轴心时期的儒家伦理》，陈咏明、瞿德瑜译，大象出版社2009年版，第166页。

至兄弟姐妹孩子的爱是一样的，其结果就是对自己亲人如同对路人一样的疏远”①。孟子就曾为自己的立论提供过一些经验性的证据，来反驳那些不符合事实的情感归属，譬如他向信奉“爱无差等”的墨者夷子质问，是否“信以为人之亲其兄之子为若亲其邻之赤子乎”？孟子还借丧葬一事批评夷子：“吾闻夷子墨者，墨之治丧也，以薄为其道也；夷子思以易天下，岂以为非是而不贵也；然而夷子葬其亲厚，则是以所贱事亲也。”（《孟子·滕文公上》）在他看来，夷子在社会上极力宣扬薄葬思想，却又厚葬自己的父母，这是拿自己所否定的方式来对待父母，在事实上违背了墨家的“兼爱”原则。而且在原始社会中，如果没有家庭内部休戚与共的情感，则那些以血缘相系的道德共同体就根本无法存在。因此，孟子在普遍的“爱人”之中特别强调“亲亲”的家庭之爱，其目的并非在于缩减道德的领域，而是强调其根源②。

先秦儒家以孝悌作为其建构仁学体系大厦的基石，试图把诸侯王室小圈子中的宗法亲和力引向全社会所共有的仁爱之心，把道德情感视为道德理性的心理基础，然后引孝入仁，把道德情感上升为道德理性。如此一来，孝观念的存在就有了普遍坚实的基础，并具有了普遍的伦理意义和较高的道德价值。

---

① 杜维明：《儒家传统的现代转化》，《浙江大学学报》2004年第2期。

② ［德］罗哲海：《轴心时期的儒家伦理》，陈咏明、瞿德瑜译，大象出版社2009年版，第165、166页。

第三章　以道自任与先秦士人的价值追求

“春秋时期出现了一个论‘道’的社会思潮”[①]。据《说文解字·辵部》，“道”的本义乃是人“所行道也……一达谓之道”。如《诗经·秦风·蒹葭》云：“逆洄从之，道阻且长”[②]，《周易·履卦》云：“履道坦坦，幽人贞吉”。其中“道阻且长”与“履道”之“道”，意即“道路”。“道”也可用作动词，有开通疏导之义，如《尚书·禹贡》云：“九河既道。”后来，它由可通达一定目的地之路径的人行之道这样一个具体对象的名称，逐渐上升和抽象为一个哲学范畴。《诗经》中以“道”喻理，“道”开始与其本义分离，如《小雅·大东》：“周道如砥，其直如矢。”[③]《尚书》中的“道”则渗入了好恶、正直、法则、理义等含义，如《洪范》云：“无有作好，遵王之道。无有作恶，道王之路。无偏无党，王道荡荡。无党无偏，王道平平。无反无侧，王道正直。”到了春秋时期，士人们“以谈‘道’、论‘道’为时尚”[④]。这一点从《左传》和《国语》的记载可以明显看出。据孙熙国研究，《左传》中“道”出现150次，其中单是讲“无道”和“不道”的就有30多处，而《国语》当中也有60多处谈

① 孙希国：《“道”的哲学抽象历程》，《文史哲》1992年第6期。

② （清）王先谦：《诗三家义集疏》卷九，中华书局1987年版，第448页。

③ （清）王先谦：《诗三家义集疏》卷十八，中华书局1987年版，第727页。

④ 孙希国：《“道”的哲学抽象历程》，《文史哲》1992年第6期。

及“道”①。

人们在论及某事某物时往往喜欢讲某事某物之道，如《左传》中就有“生民之道”、“存亡之道”、“忠信卑让之道”、“亲之道”、“朋友之道”等，《国语》中则有“长众使民之道”、“顺之道”、“亡之道”、“鬼道”、“人道”等。除了这种具体事物之道，从中抽象和概括出来的作为一般社会规律的“道”，也大量出现，如“天下有道”（《左传·成公十二年》）、“君无道”（《宣公四年》）、“杀无道而立有道”（《国语·晋语三》）等。讲自然规律的“天之道”也出现了，《左传》中约有9处，《国语》中约有7处。而特别值得指出的是，这一时期对“道”的定义也出现了，如“所谓道，忠于民而信于神也”（《左传·桓公六年》），“救灾、恤邻，道也”（《僖公十三年》），“大德灭小怨，道也”（《定公五年》），“补之荐饥，道也”（《国语·晋语三》）。从这些定义中可以看出，凡是任何能够促进集体秩序、群体和谐的行为，都可以称之为“道”。虽然这些定义仅仅是从某一侧面对“道”进行界说，并不能全面诠释“道”的内涵，但能充分说明春秋时期确实出现了一个论“道”的社会思潮。而“道”向哲学范畴的升华和抽象，也在这一时期完成。从比较宽泛的论域来看，“因为春秋战国时期酝酿发展了更哲学化的‘道论’以及广泛渗透于思想、制度和文化语境中的‘道的话语’”②，所以，将整个轴心时代的思想突破称为“道”的突破，亦未尝不可③。

余英时认为，“王官之学散为百家”之后，“中国知识阶层便以‘道’的承

---

① 孙熙国：《先秦哲学的意蕴——中国哲学早期重要概念研究》，华夏出版社2006年版，第17—21页。

② 郑开：《德礼之间：前诸子时代的思想史》，生活·读书·新知三联书店2009年版，第419页。

③ 雅斯贝斯的研究表明，经历了轴心突破的古文明最后出现了一个超越的精神领域，但他也指出，由于历史和文化背景各异，每一轴心文明所开辟的精神领域也各具特色，如柏拉图的“理型”、印度教的“真我”、佛教的“涅槃”、中国的“道”、以色列的“上帝意志”等等。雅斯贝斯在这里断言，“道”是中国轴心突破后的超越精神领域。参见［德］卡尔·雅斯贝斯：《历史的起源与目标》，魏楚雄、俞新天译，华夏出版社1989年版，第10页。而余英时初遇“哲学的突破”之说，便立即联想到“道术将为天下裂”一语。参见余英时：《论天人之际》，中华书局2014年版，第13页。

担者自居……先秦诸学派无论思想怎样不同，但在表现以道自任的精神这一点上是完全一致的”。他同时指出：“知识分子以道自任的精神在儒家表现得最为强烈。”①《论语》记载：“子曰：‘笃信好学，守死善道。危邦不入，乱邦不居。天下有道则现，无道则隐。邦有道，贫且贱焉，耻也；邦无道，富且贵焉，耻也’”(《泰伯》)；“子曰：‘士志于道，而耻恶衣恶食者，未足与议也’”(《里仁》)；“子曰：‘志于道，据于德，依于仁，游于艺’”（《述而》)。在孔子看来，士的真正意义与价值追求应当是“志于道”，自觉成为道义的担当者。所以，他要求士君子“谋道不谋食”，“忧道不忧贫”（《卫灵公》)，超越物质生活层面的口腹之欲，高远其志，致力于“道”的探索与实践，以行道、卫道为己任。应当说，孔子这一思想意义重大、影响深远。因为“中国知识阶层刚刚出现在历史舞台上的时候，孔子便已努力给它贯注一种理想主义的精神，要求它的每一个分子——士——都能超越他自己个体的和群体的利害得失，而发展对整个社会的深厚关怀……后来的士是否都能做到这一点当然是另外的问题，但由于孔子恰处在士阶层兴起的历史关头，他对这一阶层的性格形成的影响，是不容忽视的。”②

在这一章中，将主要从历史属性和人间属性两方面，来探讨道家和儒家所志之道对于传统的继承和创新。

第一节　先秦士人所志之道

先秦时期，诸子百家对各自的“道”有着不同的价值界定。《荀子·解蔽》开篇就说：“凡人之患，蔽于一曲而暗于大理。”“大理”即“道”，所以后文评

① 余英时：《士与中国文化》，上海人民出版社 1987 年版，第 34 页。
② 余英时：《士与中国文化》，上海人民出版社 1987 年版，第 35 页。

价墨家以下八家之“蔽”曰：“皆道之一隅。”《淮南子·俶真训》中也有同样的见解：“周室衰而王道废，儒墨乃始列道而议，分徒而讼。”由此可见，百家竞起，都想对“道”有所发明，却又陷入仅得“一隅”的困境。早在当时，针对诸子百家纷纷言“道”的局面，庄子就已要求人们分辨各家之道在本质上的差异①。这里重点探讨道家和儒家所志之道的丰富内涵。

一、道家所志之道的丰富内涵

身为道家开宗立派始祖的老子，众所周知，其思想中的核心概念是“道”。陈鼓应认为：“老子的哲学理论基础是由‘道’这个观念开展出来的，而‘道’的问题，事实上只是一个虚拟的问题。”②也就是说，老子是以“道”作为核心思想之架构，他的整个哲学系统的脉络都是围绕预设的“道”而展开的。老子认为宇宙本源是“道”，天地万物也是由“道”派生，而“道”所具备的特性及作用，也是他在生命经验中体悟出的道理，阐述形成“道”的特性及妙用。叶海烟也说：“老子生命哲学的核心思想，就是‘道’，‘道’是生命的源头，‘道’也是生命存在的基础，生命的价值与生命的脉络由‘道’开展，生活的问题以‘道’的原则来解决。”③由此可知，“道”是中国人心中的活水源头，也是人类思想的依据，亦是生命安顿之所在。所以老子说：“孔德是容，惟道是从”（《老子》第二十一章），要求我们追随“道”的指引，走出一条属于自己的路。

当代学者对于道家之“道”的研究成果丰硕、观点不一。比如，方东美认为“道”是老子的最高范畴，除了形而上的客观存在，还包含形而下的意义或曰价值论规范性意义，可以由四种角度来展现，即本体、作用、现象以及悟道

① 《庄子·在宥》中说：“何谓道？有天道，有人道。无为而尊者，天道也；有为而累者，人道也……天道之与人道也，相去远矣，不可不察也。”这就指出了道家之道与儒、墨之道的不同特质。

② 陈鼓应：《老子今注今译》，商务印书馆2003年版，第22页。

③ 叶海烟：《庄子的生命哲学》，东大图书公司1990年版，第12页。

的圣人所显示的验证[①]。徐复观认为，道家之“道”是创生宇宙万物的基本动力。在他看来，老庄创立的最高概念就是“道”，其目的是要在精神上与“道”融为一体，通过“体道”形成“道的人生观”，以安顿现实的生活[②]。唐君毅则提出六分说，指出：一、“道”是指通贯万物之普遍、必然的律则或根本原理；二、“道”乃形上实体，真实存在，且具有生物的真实作用；三、“道”即道相，就是就道体对照有形万物所呈现的各种面相；四、“道”即德，包括道体的“玄德”，以及一切人物所得于道体之“德”；五、“道”指修德之道及其他生活之道；六、“道”也可以指事物的一种状态[③]。牟宗三则从“道”的双重性；“道”即自然；“道”的主宰性、长存性、现在性；“道”之生成性或实现性等四个方面进行了诠释[④]。杨国荣则认为，在老子哲学中，“道”既是存在的原理，又表现为存在的方式。作为存在的原理，“道”超越感性的规定又被理解为真实的存在，它以转化和返归为指向，同时关乎存在的变化和发展。人们在把握普遍之“道”后，就可以以此来制约自身的行为。所以，依道而行与“道法自然”，呈现为一致的进路[⑤]。

汇总整理以上学者的研究成果后发现，不论是哪种角度的切入，绝大部分都会先强调“道”是形而上的客观实体，再逐渐发展出可以让人透过具体实践

① 方东美：《中国哲学精神及其发展》，中华书局 2012 年版，第 126—129 页。他将其概括为“道体”、“道用”、“道相”和“道征”。首先，就本体论，“道”可称作“道体”，是无限的真实存在的实体，为一切活动之唯一范型或法式。其次，从宇宙发生学的角度，或从“道用”的角度来讲，“道”遍在一切万物之中，取之不尽用之不竭。再者，从现象学或“道相”的角度来说，“道”之全体大用，在无界中，即用显体；在有界中，即道显用，无为而无不为。最后，从特征学或“道微”的角度来说，“道”之高明盛德可以具体而微地呈现在圣人身上。作为理想人格极致之圣人，凭借着高尚精神与对价值理想的无限追求与向往，超越一切限制与弱点，实践内圣之修养。

② 徐复观：《中国艺术精神》，湖北人民出版社 2009 年版，第 42 页。他之所以称其为动力而不是原理，因为原理是静态存在的，其本身不能创生。

③ 唐君毅：《中国哲学原论》（导论篇），台湾学生书局 1984 年版，第 370—381 页。

④ 牟宗三：《才性与玄理》，广西师范大学出版社 2006 年版，第 112、116、123、121、122 页。

⑤ 杨国荣：《何为道——老子的视域》，《孔子研究》2021 年第 2 期。

展现价值意义的主观境界。大致来说，道家之“道”可分别为“形而上的道体”、“变动规律的自然之道”和“生活治世的人道”①。

（一）形而上的道体

“道”是先秦时期诸子百家共同关切的课题。不过，先秦时期谈论的“道”，是经由老子将它推向“先天地生”的形而上思维的。《老子》开篇就对“道”的本根性进行了交代：“道可道，非常道；名可名，非常名。”老子讨论的“道”是常道，是形而上的道。它恒常遍在，是一切存在的根源，是自然界中最初的发动者，所以说：“无名天地之始，有名万物之母。”它具有无限的潜在力和创造力，天地间万物的蓬勃生长都是其潜藏力不断创生的一种表现。而它又是不可言说的，任何语言文字都无法表达，任何概念都无法指称，所以“无”是其最恰当、最适宜的名称。紧接着，老子又借助“玄”字指出“道”所具有的深不可测、无远弗届的特性：“故常无欲，以观其妙；常有欲，以观其徼。此两者同出而异名，同谓之玄，玄之又玄，众妙之门。”“道”是宇宙万物生成变化的大门、出处，就是说天下万物无不由“道”生成，“道”之外再也找不到比“道”更为深远的本根，所以《老子》第六章说：“玄牝之门，是为天地根。”

庄子继承了老子“道”的思想，认为“道”深奥难测。《庄子·知北游》中借助“道”的认知问题，指出了这一点：“道不可闻，闻而非也；道不可见，见而非也；道不可言，言而非也。知形形之不形乎！道不当名。”“道”不是听闻的对象，不是可见的对象，也不是可言说的对象，可听、可见、可言的，都不是“道”，无形的大道也不当有名可称。由此可见，老子和庄子都担心只靠认知和言说不能把握“道”的主要面貌和整体性，反而变成接触“道”的阻力。

庄子也肯定“道”是万物生成与活动的本根。《庄子·大宗师》中说：“夫道，有情有信，无为无形；可传而不可受，可得而不可见；自本自根，未有天地，自古以固存；神鬼神帝，生天生地；在太极之先而不为高，在六极之下而

① 参见陈鼓应：《老子今注今译》，商务印书馆2003年版，第23页。

不为深，先天地生而不为久，长于上古而不为老。”在庄子看来，“道”无为无形，但却是最真实的，可以验证；“道”可以心传，却不能言说；可以用心去体会，却不是知觉的对象。这一对“道”自身的肯定与认知的分辨，与老子的想法一样。“道”是万物的本根，自身拥有作为本根的充分理由。“道”贯通古今，无时不在，无所不在，由此可见“道”的周遍性和超越时空的特性。

（二）变动规律的自然之道

形而上的道体虽然深不可察、邈不可见，但它作用于万物时又能表现出某种规律。老子说：“反者，道之动”（《老子》第四十章）。陈鼓应解释说：“老子认为自然界中事物的运动和变化莫不依循着某些规律，其中的一个总规律就是‘反’：事物向相反的方向运动发展；同时，事物的运动发展总要返回到原来基始的状态。因而，‘反’字可作‘相反’，也可作‘返回’讲（‘反’即‘返’）。它蕴涵了两个概念：（1）相反对立。（2）返本复初。”①

老子认为“道”并非静止不动，而是有着往相反方向运动的特质，这是推动事物变化发展的力量。而且在老子看来，这种相反对立的状态经常是相互转化的，如《老子》第二章曰：“有无相生，难易相成，长短相较，高下相倾，音声相和，前后相随”；第四十章曰：“反者，道之动；弱者，道之用”；第五十五章曰：“物壮则老，谓之不道，不道早已”；第五十八章曰：“祸兮福之所倚，福兮祸之所伏”。因此，万物变化的通则就是，当事情发展到极致时，恐怕会适得其反，也就是古语所说的“物极必反”。如果能够了解这种“物盛必衰”的道理，把握将变未变之“几”，随时从中调整，那么许多事情就可以防患于未然，甚至是转危为安。

“老子重视事物相反对立的关系和事物向对立面转化的作用，但老子哲学的归结点，却是返本复初的思想。”②《老子》第二十五章中说：“独立不改，周

① 陈鼓应：《老子今注今译》，商务印书馆2003年版，第28页。

② 陈鼓应：《老子今注今译》，商务印书馆2003年版，第31页。

行而不殆”。“道”呈现出一种循环反复的动态过程，只有这样，万物才能生生不息。不过，“道”在生育万物之后，万物透过“德”的作用又返回生命之源的“道”，这一过程就叫“归根”。如第十六章载：“夫物芸芸，各复归其根。归根曰静，是谓复命”；第二十五章载：“大曰逝，逝曰远，远曰反”。老子认为本根就是一种虚静的状态，即“归根曰静”。陈鼓应认为，在老子看来，“道”是合乎自然的，虚静是自然状态的，但是“道”创生万物以后，万物的运动发展就越来越远离“道”，而去“道”越远，就越不合乎自然，万物的烦扰纷争都是不合自然的表现。所以，只有返回到本根，持守虚静，才体合于自然，才不起烦扰纷争①。

（三）生活治世的人道

人类的感觉知觉无法直接接触到形而上的道体，但是当形而上的“道”作用于世间万物、落实到人生层面时，可以显现出它的许多特性。而这些特性一旦为人类所体验、所取法后，便作为“德”的活动范围，成为我们人类的行为准则、生活方式与处世方法。

在老子看来，凡是自然无为、致虚守静、生而不有、为而不恃、长而不宰、柔弱、不争、居下、取后、慈、俭、朴等观念，都是“道”表现出的基本特性与精神，都可以作为人类行为的依循。其中，“自然无为”的观念是老子思想的核心。《老子》第五十一章就很清楚地说明：“道”之所以受尊崇，“德”之所以被珍贵，就在于它不干涉，而让万物顺任自然。陈鼓应认为，“自然无为”就是要顺任事物自身的状况去自由发展，而不以外在的强制力量加以约束②。

老子要求在上位者“以道莅天下”，“治大国若烹小鲜”（《老子》第六十章），就是要求他们得道守道，顺应自然，无为而治。他还说：“道常无为而无不为，

---

① 陈鼓应：《老子今注今译》，商务印书馆 2003 年版，第 33 页。

② 陈鼓应：《老子今注今译》，商务印书馆 2003 年版，第 34 页。

侯王若能守之，万物将自化。”（《老子》第三十七章）“道”是常理，是虚静无形无象的，因此我们看不出其形象作为。但是，“道”创生万物，促使万物生长，万物依赖“道”而生而长，所以“道”又是无所不为、自然常为的。世界上的诸侯与国君们若能守住“道”的自然常理，能以无为而无不为来治理万物，辅助百姓的自我发展而不加以制约，万物必将自生自长，自我化育。因此，徐复观认为，老子与儒家同样是基于对人性（在老子称为“德”）的信赖。以推及政治，而为对人民的信赖；所以两家的政治思想，都是以人民为主体的①。而庄子继承老子这一思想，“提出以道观天下的主张，也是要求君天下者循道无为，做到‘无欲’、‘无为’、‘渊静’”②。

“道”的这些特性与精神也能够帮助个体从容应对生活中的各种烦扰。如《老子》第八章曰：“上善若水。水善利万物而不争，处众人之所恶，故几于道”；第十九章曰：“见素抱朴，少私寡欲”；第三十六章曰：“柔弱胜刚强”；第六十七章曰：“我有三宝，持而保之。一曰慈，二曰俭，三曰不敢为天下先。”总之，“道者万物之奥，善人之宝，不善人之所保。”（《老子》第六十二章）“道”是万物之所以生育的奥秘。行善之人以“道”为宝，把它作为自己言行的原理准则；不善之人更应以“道”作为言行处事的规范理则，借此受到道的庇荫和保护。

二、儒家所志之道的丰富内涵

孔子、孟子不谈形而上的道体，但是在《论语》和《孟子》二书中，“道”字已有指称各种不同事物的功用，如父道、君子之道、邦道、忠恕之道、朋友之道、水之道、杨墨之道等。孔子和孟子谈论最多的是人（仁）道和天道，人（仁）道就是人应该遵行的伦理之道或伦理秩序。荀子重人道与自然之道，目

① 徐复观：《中国人性论史》（先秦卷），九州出版社 2014 年版，第 323 页。

② 王新建：《“道”、“礼”之辩——庄子礼学研究》，《哲学研究》2005 年第 6 期。

的在于通过天人分职、参天制天以成人治，也就是解决社会治乱的问题。当然，荀子也把“道”用在不同事物上，如周道、霸道、臣道、王道等。我们这里重点讨论儒家所志之人道与天道。

（一）儒家所志之人道

早在孔子之前的春秋时期，随着人文意识的提升，人们对现实具体“人道”的重视，已经超越宗教层次的“天道”。《左传·昭公十八年》中，子产就提出“天道远，人道迩”。其实孔子也讲了类似的话，就是“敬鬼神而远之”，不是说鬼神一定没有，但是要把注意力放在人世上。《中庸》中，孔子说：“道不远人。人之为道而远人，不可以为道”，强调“道”离不开人的现实生活，正可表明孔子所志之道的“人道”属性。不仅孔子，周德清认为：“孟子引孔子语：‘道二，仁与不仁而已矣’（《孟子·离娄上》），道为人道的意思同样是非常明白的。到了荀子，可以说更为重视人道，这不但表现在人道作为复合词的出现，更表现在荀子所发表的鲜明的态度：‘道者，非天之道，非地之道，人之所以道也，君子之所道也’（《荀子·儒效》）。在荀子那里，原本兼摄天、人的道，被明确规定专用于指称人道。从此，道指人事、为人之道或社会规范的哲学意义被固定下来，并为后世儒家所继承。”①

从先秦典籍的记载中我们发现，“仁道”在春秋时期已经成为人们所称说之“道”的重要意涵之一，除了《论语》，在《左传》中也可以看到春秋时人论及蕴含“仁道”之义的“道”。比如说，据《左传·僖公十三年》记载，晋国在这一年发生严重饥荒，晋国国君派遣使者向秦国购置粮食，秦国有人反对卖粮给晋国，并主张趁机攻打晋国，而秦相百里奚则向秦穆公提出“救灾恤邻，道也”的观点，认为救助蒙受灾难的邻邦是应有的作为。后来秦穆公采纳了百里奚的建议，且有感而发说：“其君是恶，其民何罪？”于是输运粮食救济晋国。

① 周德清：《居仁循礼至乐——对先秦儒家之“道”的一种尝试性讨论》，《上海财经大学学报》2005 年第 3 期。

《左传》这段记载当中的“救灾恤邻”，很明显是人们仁德之心的表现，因此这里的“道”应是所谓的“仁道”，意指“实践仁德应有的做法”。又如《左传·襄公二十年》记载：“庆氏无道，求专陈国，暴蔑其君，而去其亲”。从文意来看，庆氏之“无道”乃是指“丧失仁道”之意，所以此处之“道”，应该也是“仁道”。由此可见，以“仁道”为意涵的“道”，已经是春秋时期已有的“道”之意涵之一。

“仁道”之“道”虽然不是孔子所创造发明，但孔子却是中国历史上弘扬“仁道”最为尽力的一位。孔子贵仁[①]，曾说：“道二，仁与不仁而已矣”（《孟子·离娄上》），主张“君子去仁，恶乎成名？君子无终食之间违仁，造次必于是，颠沛必于是”（《论语·里仁》）。孔子后学继承了这种思想，曾子说：“士不可以不弘毅，任重而远。仁以为己任，不亦重乎？死而后已，不亦远乎？”（《论语·泰伯》）《中庸》中说：“仁者人也”，“修身以道，修道以仁”。孟子曰：“仁也者，人也。合而言之，道也。”这些都说明先秦儒家思想是以“人道”为主，而其人道思想是以“仁”为核心而展开的[②]。孔子曾说：“吾道一以贯之”（《论语·里仁》），这里所说的“一”，应该就是“仁”。孔子的“仁”，是从周代道德观念中抉发其统一的精神基础而来。这是周代礼乐文化的道德精神的自觉，也是孔子深化其思想统一性的要求。

在孔子之前，“仁”只是一个与其他德行并列的德目，最初大抵是表现为亲亲之爱，所以它涵有“爱”义。就孔子之前的文献中所出现的“仁”而言，通常是指“仁爱”之德。徐复观曾指出这一点，说：“仁字始见于《尚书·金縢》的‘予仁若考’，《诗经》则有‘洵美且仁’（《郑风·叔于田》），《左传》大约

① 《吕氏春秋·不二》曰：“孔子贵仁。”

② 早在先秦时期，《吕氏春秋·不二》就以“孔子贵仁”来概括孔子的思想学说，突出“仁”在孔子思想学说中的中心地位。现代哲学家贺麟则将其推扩到整个儒学，认为“仁乃儒家思想的中心概念”。参见贺麟：《文化与人生》，商务印书馆1988年版，第9页。陈来更是在其《仁学本体论》中，力图将儒家的仁论演化为仁学本体论或仁学宇宙论。由此可见，“仁”在儒家的思想学说中居于至关重要的地位。

出现有三十个左右的仁字，以上大约皆只作‘仁爱’、‘仁厚’解释。”[①] 而孔子则把仁爱从众德中提炼出来，使“仁”成为做人的最高准则[②]。

所以，理解孔子所说的“仁”，首先不能把它视为众多德目中的一个，因为孔子抉发周代道德的精神基础，正是要把仁爱之德予以深化，把所以能爱人、会爱人的精神根源显发出来，以作为所有德行的内在动力。因此，纵观《论语》中的“仁”，几乎涵盖人类各种德性的表现。屈万里曾经归纳《论语》中的材料，指出说：“‘仁’是孔子理想上做人的最高准则。对自己来说，要能谨厚、诚朴、訒讷、刚毅；对家属来说，要能孝悌、慈爱；对他人来说，要能恭敬、礼让、宽恕、信实；对国家来说，要能忠君和敬事（负责任）；对人类来说，要能博施济众，己欲立而立人，己欲达而达人。”[③]蔡仁厚也曾将仁的含义概括为五个方面：一是道德之根，价值之源；二是全德之名；三是真实生命；四是人格发展的最高境界；五是践仁不只表现主观精神（成德性、成仁者、成圣人），而且表现客观精神（己立立人、己达达人、修己以安百姓），同时透显绝对精神（下学而上达、践仁以知天，以臻于天人合德、与物无对之境界）[④]。应该说，这些语义确实涵括了孔子言“仁”的各方面意涵。不过，我们认为，“仁”首先是人之所以为人者的自觉，即“仁者人也”（《中庸》），是作为道德主体的良知或良心，然后是“爱人”之意，即“仁者爱人”（《孟子·离娄下》），是作为社会角色的责任与义务。可以说，“仁者人也”与“仁者爱人”两层意义概括构成孔子“仁”的丰富内涵。

“由于孔子对于仁的基础性的深化，仁成为涵括众德的内在动源”[⑤]，因此，各种具体的德行表现都是仁的部分实现，而且对于整体的“仁”而言，则又是

---

① 徐复观：《中国人性论史》（先秦卷），九州出版社 2014 年版，第 83 页。

② 屈万里认为，东周以来虽已有仁字且已被视为一种美德，但强调仁字、使其涵义扩大到包括人类全部的美德，并使它成为做人的最高准则，发展成一种学说，则自孔子开始。参见屈万里：《书佣论学集》，联经出版社 2019 年版，第 258、262 页。

③ 屈万里：《书佣论学集》，联经出版社 2019 年版，第 265 页。

④ 蔡仁厚：《孔孟荀哲学》，台湾学生书局 1984 年版，第 74、75 页。

⑤ 李正治：《孔子“以仁贯礼”型的礼乐思索》，《鹅湖月刊》1996 年第 253 期。

一种实践工夫，即所谓的“仁之方”（《论语·雍也》）。孔子教导学生，主要便是告诉他们为“仁之方”。其教导采取“因材施教”的方式，常针对不同学生的个性、程度等差异，就“仁”的某一方面加以指点，使其作为实现“仁”的起步工夫。如：

（子贡问仁）子曰：“夫仁者，己欲立而立人，己欲达而达人。能近取譬，可谓仁之方也已。”（《论语·雍也》）

樊迟问仁。子曰：“爱人”（《颜渊》）；“仁者先难而后获”（《雍也》）；“居处恭，执事敬，与人忠”（《子路》）。

司马牛问仁。子曰：“仁者，其言也讱。”（《颜渊》）

子张问仁于孔子。子曰：“能行五者（恭、宽、信、敏、惠）于天下为仁矣。”（《阳货》）

孔子关于“仁”的大量言论都是否定性的，如：

宪问耻。子曰：“邦有道，谷；邦无道，谷，耻也。”“克、伐、怨、欲不行焉，可以为仁矣？”子曰：“可以为难矣，仁则吾不知也。”（《论语·宪问》）

对于能够做到好胜、自夸、怨恨和贪心四种毛病都不曾表现过的人，孔子也仅仅是认为这种人难能可贵，却算不得“仁人”。孔子从不轻易许人以“仁”，一再拒绝将人们向他提到的一系列值得称赞的行为作为“仁”的必要条件。如有人说：“雍也仁而不佞。”孔子的答复是：“不知其仁，焉用佞”（《论语·公冶长》）。又答复孟武伯说，子路、冉有、公西华，都“不知其仁”（《公冶长》）。孔子说不知，应该不是真的不知，只是否定的另一方式，实际上是说冉雍、子路、冉有、公西华等人还不能达到“仁”的水平。孔子对所有学生，仅仅评价说“回也其心三月不违仁”（《雍也》），但这也未必是说颜渊就是一位仁人。对于令尹子文和陈文子，说他们“忠”或“清”，却不同意他们是“仁”（《公冶长》）。孔子本人也不敢以“仁”自许，说：“若圣与仁，则吾岂敢？抑为之不厌，诲人不倦，则可谓云尔已矣。”（《述而》）不过，孔子既批评管仲不俭，不知礼（《八佾》），却又赞许他以“仁”：“桓公九合诸侯，不以兵车，管仲之力也！如其仁！如其仁！”（《宪问》）由这点看来，孔子认为管仲纵然“有反坫”、“有三归”，却能够帮助齐桓公使天下有一个较长时期的（齐桓公在位四十三年）、较为安定的局面，这是大大有利于天下苍生的事，而这就是仁德。我们由此可以推知，依据孔子意见，“谁能够使天下安定，保护大多数人的生命，就可以许他为仁”①。

还有一些篇章涉及对于“仁”的努力追求，如君子没有片刻放弃对于“仁”的追求，“君子无终食之间违仁”（《里仁》），“仁者先难而后获”（《雍也》）。然而，“仁”的获得不是力量不足的问题，而是一个是否尽力的意志问题，“我未见力不足者”（《里仁》），真正的仁者可以为仁献出自己的生命，“有杀身以成仁”（《卫灵公》）。还有许多有关“仁”的言论，涉及“仁”的种种后果和伟大力量，如一个人不能久处逆境，也无法长处荣乐，“不仁者不可以久处约，不可以长处乐”。而那些仁者则可以安于“仁”，智者则可以由“仁”处得益，“仁者安仁，知者利仁”（《里仁》）。在这些有关“仁”的问答中，孔子没有对“仁”的基本特征给予语言上的明示，他的回答只是告诉学生实践仁的某种方式或达至仁后的伟大力量，所以，不能把孔子师生间任何一个有关“仁”的问答视为为仁所下的定义。

有关“仁”本身的性质，赫伯特·芬格莱特认为有两段言论最为具体和有帮助，即“己欲立而立人，己欲达而达人。能近取譬，可谓仁之方也已”和“克己复礼为仁”。在这两段言论中，“仁”和人与人之间的关系紧密相关，而这种关系是由“礼”所详细表达的一套具体的社会关系。因此，在赫伯特·芬格莱特看来，仁不只是表示人内在的精神或心理状况或过程，它与礼密不可分，哪里有由礼所规定的具体形式来表达的相互的诚信和尊重，哪里就有“仁之方”。“‘仁’就是在‘礼’中塑造自我。”②

孔子说：“仁远乎哉？我欲仁，斯仁至矣。”（《论语·述而》）对此，李正治解释说：“‘欲’属‘价值性的欲求’，与‘生物性的欲求’有别。价值性的

① 杨伯峻：《论语译注》“试论孔子”，中华书局2009年版，第17页。

② ［美］赫伯特·芬格莱特：《孔子：即凡而圣》，彭国翔、张华译，江苏人民出版社2010年版，第42页。

欲求隐含发出此一欲求的价值主体，此即仁心。唯有生命中本有之物，才会一欲即至，否则都是‘求之有道，得之有命’的。但仁心既内在，故每一个人自觉的‘欲仁’，仁即呈现。这是道德自觉的自‘我’可以自我主宰之事，亦即‘求之在我’之事。”[①] 所以，“仁”就其为德行的内在动源而言，遍存于每一个体生命之中。“为仁由己”（《颜渊》），作为道德主体，人蕴含着自主的力量。这种主体的力量不仅仅体现在个人道德的选择和修养上，更重要的是对社会理想、道德原则的推广和弘扬，“人能弘道，非道弘人”（《卫灵公》）。这里体现了一种深沉的历史责任感，而其背后，则是对人这一主体力量的更深刻的确认。

孔子仁道思想最重要的意义，在于建立了一套以伦理道德为基本关怀的人生价值体系。孟子在此基础之上，通过人禽之别，提出人之所以不同于禽兽，就在于具有一种自觉的道德意识，而这种道德意识很大程度上是一种先验的道德情感——“四端”。由此出发，孟子将仁道原则提升到政治层面，构成一种伦理原则与政治原则融为一体的仁政学说，从而使得个体心性修养与社会政治治理得以成功贯通。

（二）儒家所志之天道

“天道”一词在《论语》中仅仅出现 1 次，即《论语 · 公冶长》载：“子贡曰：‘夫子之文章，可得而闻也；夫子之言性与天道，不可得而闻也。’”显然，这一章中“天道”一词并非出自孔子之口，而是记载子贡对于自己有心探讨性命与天道之理，但孔子却鲜少言及的感叹。就“天道”一词来说，通览《论语》一书，确实不见孔子关于它的论述。但我们可以借助朱熹《论语集注》中对“五十而知天命”的解读：“天命，即天道之流行而赋予物者，乃事物所以当然之故也”[②]，以及《朱子语类》所说：“‘天命，即天道也，事物所以当然之故也。’如何是‘所以当然之故’？曰：‘如孝亲悌长，此当然之事。推其所以然处，因

① 李正治：《孔子“以仁贯礼”型的礼乐思索》，《鹅湖月刊》1996 年第 253 期

② （宋）朱熹：《论语集注》卷一，《四书章句集注》，中华书局 2011 年版，第 56 页。

甚如此？学者未便会知此理。圣人学力到此，此理洞然。它人用力久，亦须会到。'"①根据朱熹的这两处说法，"天道"乃是孝亲悌长等人伦事理所以然的超越根据，而"天道"即"天命"，因此《论语》当中凡论及"天命"的地方，我们都可以将其等同于论述"天道"。

通观《论语》一书，共有两处论及"天命"：一是《论语·为政》中记载："子曰：'吾十有五而志于学，三十而立，四十而不惑，五十而知天命，六十而耳顺，七十而从心所欲，不逾矩。'"二是《论语·季氏》中："孔子曰：'君子有三畏：畏天命，畏大人，畏圣人之言。小人不知天命而不畏也，狎大人，侮圣人之言。'"从这两章我们可以了解到：尽管孔子好学、勤学，仍然需要走过长时间的生命历程，直到五十岁时才知天命；由于领悟到天命的奥妙，进而赞叹天命、敬畏天命。徐复观提出说："孔子'五十而知天命'的'知'，是'证知'的知，是他从十五志学以后，不断地'下学而上达'，从经验的积累中，从实践的上达中，证知了道德的超经验性。这种道德的超经验性，在孔子便由传统的观念而称之为天、天道、天命。"②这说明孔子是透过人生经验不断的累积，才体悟到天命的真谛。唐君毅也说："人若只袭于故常，在悉熟之境中生活，则罕能实感一天命之存在。孔子之所以有'知天命'、'俟天命'、'畏天命'之言，而恒感知天命之存在，则正由孔子之生命，非只一袭于故常，只在习熟之境中生活之生命。此不只关连于孔子一生之栖栖皇皇之经历，亦关连于孔子之'发愤忘食，不知老之将至'之一生活态度。人果有一'发愤忘食，不知老之将至'之生活态度，则其生命即无时不在一新境中，亦可说其生命所遇之境，对之无不新，由此而其生命所遇之境，其相续呈于其前者，皆新新不已，而流行不息，如'黄河之水天上来'者之不已不息；而亦无时不可实感此天命之不已不息，若恒超越乎其昔之所以自命者之上，以呈于其前，而亦无时不在'知天命'、'俟天命'、'畏天命'之心境中矣。"③由此可见，要了解这"事物所以

① （宋）朱熹：《朱子语类》卷二十三，中华书局1986年版，第553页。

② 徐复观：《中国人性论史》（先秦卷），九州出版社2014年版，第79、80页。

③ 唐君毅：《中国哲学原论》（原道篇），台湾学生书局1978年版，第120—121页。

当然”的超越的天理道体及其运化流行的巧妙，必须透过深切的德性自觉与长期的生命实践才可以真正体悟。因此，孔子并不是不告诉弟子天道、天命的道理，而是天道、天命事实上是无法通过讲授、解说等知识性的传习而让人理解的。子贡之所以有“夫子之言性与天道，不可得而闻也”的感叹，或许正是由于他自身欠缺深切的德性自觉与长期的生命实践，因此无法体悟天道，而不是孔子故作神秘，不讲天道。

《礼记·哀公问》记载：

公曰：“敢问何谓成身？”孔子对曰：“不过乎物。”公曰：“敢问君子何贵乎天道也？”孔子对曰：“贵其‘不已’。如日月东西相从而不已也，是天道也。不闭其久，是天道也。无为而物成，是天道也。已成而明，是天道也。”公曰：“寡人蠢愚、冥烦，子志之心也。”孔子蹴然辟席而对曰：“仁人不过乎物，孝子不过乎物。是故仁人之事亲也如事天，事天如事亲。是故孝子成身。”公曰：“寡人既闻此言也，无如后罪何！”孔子对曰：“君之及此言也，是臣之福也。”

从这一段的记载中可以发现，孔子对于“天道”之事，是有着自己的理解和诠释的。孔子所认知的“天道”，首先是经验的，也就是“日月东西相从”，但是孔子并没有仅仅停留于经验层面，而是从经验中抽绎出“不已”这一常识性的理解。在此基础之上，孔子又指出“天道”的作用是“无为而物成”、“已成而明”，这自然是更高层次上的一种理解。天道是物之所以“成”而“明”的所以然，那么人也只能是遵循天道而行，这就是“成身”在于“不过乎物”的意思所指。但是孔子对于天道的重视并没有到此结束，而是进一步将“天道”诠释理解为人道的凭依，人道基本上在于“不过乎物”，即人道重合于天道；这种对“人道”的诠释理解，同时也指出了“天道”的规范，这就是“仁人不过乎物，孝子不过乎物。是故仁人之事亲也如事天，事天如事亲”。这是孔子对天道观与人道观赋予的新的诠释，将人道之德与天道之自然相结合，认为观天道可知人道，人道虽本于天道，但人道之德行作为即是呼应天道。这也是出土文献《要》篇中所说：“君子德行焉求福，故祭祀而寡也；仁义焉求吉，故卜筮而希也。祝巫卜筮其后乎？”人道之德行、价值作为天道的呼应，基本上是强化人道之德行的重要与优先性，并非是否定祭祀、卜筮的存在，这与孔子“敬鬼神而远之”的思想完全相一致。

孔子把“学”作为沟通天人的唯一方法。如《论语·宪问》记载：“子曰：‘不怨天，不尤人；下学而上达。知我者其天乎！’”孔子非常好学，十有五就志于学，认为自己“非生而知之者”，所以“好古，敏以求之”，甚至达到了“废寝忘食，乐以忘忧，不知老之将至”（《述而》）的境界，并自认“十室之邑，必有忠信如丘者焉，不如丘之好学也”（《公冶长》）。然而，孔子所谓的“学”，不单指知识的学习。杜维明就指出说：“对孔子来说，‘学’不只是取得经验的知识，也不只是一种在社会中使适当的行为方式内向化的方法，而是他作为一个自觉的人所做的事。所谓学就是意味着不断深化着如何成人的个人知识，通过这样的学，他把自己的生命转化成为一个有意义的存在物。”①所以，孔子更重视学习对于道德修养的提升，如《论语·学而》记载：“子曰：‘君子食无求饱，居无求安，敏于事而慎于言，就有道而正焉，可谓好学也已。’”孔子将亲近“有道者”来端正自己的言行作为“学”的内容。《雍也》篇中也记载孔子以“不迁怒，不贰过”来称赞颜回的好学。在所有德行中，孔子最重视“仁”，以“仁”来总括诸德作为道德人格的精神境界，并强调“君子无终食之间违仁”。因此，孔子的“下学”，也可以说是对于“仁”的不断实践与体认。

孔子毕生好学不倦，但是一直到了五十岁时才体悟到天命、天道之理，说明想要“知天命”、“知天道”确实不易。“朝闻道，夕死可矣！”（《论语·里仁》）和孔子“五十而知天命”的自述相呼应，其中所谓“闻道”实即“知天命”、“知天道”之义；“闻道”的“闻”也与“知天命”的“知”意义相当，应解释为“体悟”而非“听到”之义。“朝闻道，夕死可矣”，这句话一方面感叹“闻道”的不易，同时也强调“闻道”的可贵。为什么说“闻道”可贵？朱熹《论语集注》中指

---

① 杜维明：《人性与自我修养》，胡军、于民雄译，中国和平出版社 1988 年版，第 42 页。

出说："道者，事物当然之理。苟得闻之，则生顺死安，无复遗恨矣。"[①]我们如果只是被动地依照社会道德规范而行，而不知究竟意义、不明人伦道德所以然的道理，那么就不免感到茫然疑惑，不能理得而心安。如果能够体悟到"事物当然之理"、人伦道德所以然的根据，那么道德实践就有本有源，生命就会由于寻得这源泉活水而展现出无限生机。

就孔子的思想来说，此"事物当然之理"及"人伦道德之所以然"之理乃是统括于宇宙秩序——即儒家所谓"天命"、"天道"之中的。孔子曾说："天何言哉？四时行焉，百物生焉，天何言哉？"（《论语·阳货》）"四时行焉，百物生焉"，说明天道的流行具有一定的宇宙秩序。孔子又讲："天生德于予"（《述而》），"不知命，无以为君子也"（《尧曰》）。意思是说，上天将至善的德性赋予了我，不知天命，就无法依天命而行成就君子之德。可见，天命、天道也是道德秩序。人为万物之一，所以人所应遵循的道德秩序也统括于宇宙秩序之中。从另一个角度来说，天道之所以成为人伦道德所以然的根据，就在于它所具有的超越性、普遍性与创造性。因着天道的这些特性、精神与意义，我们依循着与天道相贯通的本然善性而行的道德实践，就有了明确的方向与信念，并且能生生不息，源源不绝。而至善的道德本源由上天所给，我们只要透过不断的德行精进，就能臻至天人合德的境界。

应该说，"孔子以修德作为沟通天人的方法，既拉近了天与人的距离，也提高了人的主宰性。只要透过个人的努力，就可以体察天意，自然衍生出实践道德的使命感。至此天人之间的沟通就不再局限于形式（祭祀或占卜）或特定身份（天子或诸侯），人人皆可以上达于天"[②]。所以，孔子赋予天的概念已与前人大为不同。《论语·季氏》记载："子曰：'君子有三畏：畏天命，畏大人，畏圣人之言。'"天命之所以可畏，根源于个体对自我道德的严格要求。因此，我们可以说：孔子言天命、天道，实为人道立论，以提升道德人格为目标。

---

① （宋）朱熹：《论语集注》，《四书章句集注》，中华书局2011年版，第70页。

② 朱心怡：《孔子"人道"思想的建立》，《汉学研究集刊》2007年第5期。

第二节　先秦士人所志之道的历史属性

余英时在1980年发表的《古代知识阶层的兴起与发展》中指出，诸家论“道”都强调其历史性，即与以往的文化传统之间的密切联系①。作为中国哲学最高概念和特有范畴的“道”，尽管在先秦诸子百家的理论体系中有着不尽相同的内涵和特征，但都体现出鲜明的历史属性②。

一、道家所志之道的历史属性

对于生活在春秋中晚期的老子来说，他所面对的时代天道陵夷、王纲解纽、礼乐崩坏。无论在信仰、价值、政治还是社会层面，曾经几近完美的井然秩序都处于土崩瓦解的过程之中。在这种情况下，出身于史官而陆沉为隐士的老子，以其史官理性与隐士态度对“王官之学”进行了一种冷静而彻底的“清算”。基于对“王官之学”的失望，老子“反其道而行之”，“不仅激烈批评了文化传统与政治现实，更提出了超越商、周思想观念的‘道’，以之为中心而对宇宙、政治甚至人生进行了全新的系统化阐释”③。老子以“道”为切入点扬弃了“帝”、“天”的宗教色彩，还以“道”为价值归趣而对“德”进行了全新的诠释与安排，并对周代的礼乐文化进行了异常激烈的批判。

---

① 余英时：《士与中国文化》，上海人民出版社1987年版，第46页。

② 徐克谦：《论儒家哲学之“道”的实践属性与历史属性》，《学术论坛》2006年第11期。他指出：儒家之“道”的历史属性表现在两个方面：一是突出表现为儒家倾向于在历史中来探求“道”，以先人的实践即历史作为“道”的论证依据，强调“道”在历史之“统”中的活的生命。二是表现在儒家的历史学重在通过历史的记述来显现自己的“道”，也就是用历史的道说与书写来彰显“道”，来证明“道”。

③ 王玉彬：《“道的突破”与“仁的觉醒”——老子、孔子之哲学突破的理论进路》，《哲学与文化》2017年第2期。

老子哲学的重点是对道体或常道的探讨，老子本人最关心的是人道和自然之道的问题，但他并未排斥古代《诗》、《书》、《易》中对天或上帝的信仰。他至少有6次提到神性义的“帝”、“天”或“天道”，以及上天与“慈”和“善”的关系，也谈到事天、配天的问题。如《老子》第五十九章“治人事天莫若啬”，第六十七章“天将救之，以慈卫之”，第六十八章“是谓配天古之极”，第七十三章“天之所恶，孰知其故？是以圣人犹难之”，第七十九章“天道无亲，常与善人”等。因此，老子仍然袭用了传统文化中以天、帝为神的观念。“但他所重视的不是天的神性义，而是天的自然含义。并且以自然为‘自然无为’，表示万物各自生长，而不是有一主宰者在其中。”①

关于“帝”、“天”与“道”的关系，《老子》第四章中说：“道冲而用之或不盈，渊兮似万物之宗……湛兮似或存，吾不知谁之子，象帝之先。”“道”周流六虚，不受时空限制；“道”博大深远，为万物宗主；“道”深沉难明，隐而未形。实在找不到比“道”更为根本的东西，它先在一切，似乎也在上帝之先。这说明在老子思想的理论脉络之中，“道”的先在性、本根性意味着它的宗主性或主导性，即便是殷商时代至高无上的“帝”，也不能逸出“道”的范围。所以第二十五章说：“周行而不殆，可以为天下母。吾不知其名，字之曰道，强为之名曰大……故道大，天大，地大，王亦大。”“道”遍在万物，无所不至，涵盖天道、人道和自然之道。应当说，这一观点的提出在中国思想史上意义重大，因为“这是先秦学者第一次将这主宰宇宙、至高无上的帝，降到与万物相等的地位，视帝产生于道之后，为道所生”②。庄子与老子一样，对古人所敬事的天或上帝，也心怀敬意。但他的重点是肯定“道”的整体性，整体性包含人道、自然之道和神性义的天道，如《庄子·大宗师》中说：“夫道有情有信……神鬼神帝，生天生地”。因此，老子和庄子谈论神性义的天道时，不看重天道本身，而是看重天道、人道与自然之道的融通。

---

① 李杜：《中西哲学中的天道与上帝》，联经出版事业公司1978年版，第116页。

② 高明：《帛书老子校注》，中华书局1996年版，第243页。

关于"道"这一价值视域下的"德"，老子"以德配道"，将"道"视为"德"的价值根源，要求人们必须以"道"为价值或境界追求，方能蓄养成"大德"或"上德"。《老子》第五十一章说："道生之，德畜之，物形之，势成之。是以万物莫不尊道而贵德。道之尊，德之贵，夫莫之命而常自然。故道生之，德畜之：长之、育之、亭之、毒之、养之、覆之。生而不有，为而不恃，长而不宰，是谓玄德。"天地万物皆由"道"所创生，"道"是生成万物的最后本根，万物因为分别承受了"道"而各有所得，这便是"德"，所以说"德蓄之"。"道"创生万物以后，还要使万物得到培育，使万物得到成熟，使万物得到覆养，说明"道"不仅仅创生万物，还内在于万物，与万物共同成长。因此，"德"之所以能够蓄养万物，持守万物，都是因为分享了"道"，"道"是被分享者。所以，就"德"作为"道"内在于万物来讲，"德"事实上是"道"的另一种型态，二者具有同一性。

不过，前面已提到说，"道"创生万物以后，万物的运动发展就越来越远离"道"。《老子》第三十八章说："上德不德，是以有德……故失道而后德，失德而后仁，失仁而后义，失义而后礼。夫礼者，忠信之薄而乱之首。"在这里，老子提出生命远离"道"而层层降转的历程，随着"道、德、仁、义、礼"一步步下降，一切虚伪祸乱都随之而生。从内容来看，这五者中后者依序是前者的显用与表现，反过来说，前者也就依序是后者的根本。很显然，"道"是"德"的根本。所以《老子》第二十一章说："孔德之容，惟道是从"，人们必须以"道"作为价值或境界追求来蓄养"大德"或"上德"。这样一来，"道"完成了对"德"的价值超越，成为老子思想系统中最高的概念。而且相比于周代"以德配天"的思路，老子是在"以德配道"的哲学进路中对宇宙与世界、价值与本体的关系进行了重整，其"德"不同于周人的以"敬"为品质，体现出"不争"、"无为"的特征①。

① 王玉彬：《"道的突破"与"仁的觉醒"——老子、孔子之哲学突破的理论进路》，《哲学与文化》2017年第2期。

同时，老子也在“道”的价值视域下，对礼乐制度作出了深刻的反省。对于曾为周朝守藏史的老子来说，他对周礼必然是非常熟悉的。余英时认为，《史记·孔子世家》中就有“孔子适周，将问礼于老子”的传说，《礼记·曾子问》引有孔子“昔者吾从老聃助葬于巷党”的话，“这类传说和语录虽已无从证实，但它们都是从先秦辗转流传下来的，至少暗示老子和礼乐传统或有某些渊源”。所以他断言：“《道德经》的作者是否即传说中的礼学大师老聃可以置之不论。但这一对‘礼’的深刻批判恐不能不假定批判者曾受过礼学的透彻训练。”①不过，自礼崩乐坏之后，礼乐的制度、仪文失去亲亲、尊尊精神的支柱，成为精神已亡、形式犹存的空壳。“礼”已演变为桎梏人类生命的繁文缛节，同时为争权夺利者盗用，成为剽窃名利地位的工具，所以老子抨击“礼”是“忠信之薄而乱之首”。所谓“忠信之薄”，就是徒有外在的俛仰周旋威仪之礼的表现，而内心并无忠、信等的自然真实之情。“礼”既然已经成为空文，再用来规范天下人，就只能对世道人心的扰乱更甚，使天下人归真返朴更难，所以说是“乱之首”。因此，在老子这里，“礼”的社会向度和政治功能是受到质疑的，“礼”作为现实的治理方式是急需被超越的。

于是老子一方面以道论来解释周代礼乐的精神价值，另一方面也以礼乐的内在意义来解释形而上的道体落实在人间制度层面的价值内涵。如《老子》第三十一章中说：“夫兵者，不祥之器。物或恶之，故有道者不处……偏将军居左，上将军居右，言以丧礼处之。杀人之众，以悲哀泣之。战胜，以丧礼处之。”在这里，老子将战争与丧礼联系起来。他由道论中的天道自然观以及尊重生命、不忍生命相互残杀的“慈”的精神，来主张“上将军居右，言以丧礼处之”和“战胜，以丧礼处之”，事实上是将其道论中天道自然观与“慈”的

① 余英时：《论天人之际》，中华书局2014年版，第19页。庄子本人也精通礼仪，他曾借颜回之口解为臣之礼曰：“擎跽曲拳，人臣之礼也”（《庄子·人间世》），指出执笏、长跪、鞠躬是臣子上朝觐见君王的礼节；他自己解礼仪之礼曰：“节而不可不积者，礼也”（《庄子·在宥》），指出礼节仪式由一套繁多的节度规矩所构成。参见杨少涵：《“道不远人”的思想实验与证成方案》，《哲学研究》2018年第4期。

内涵，注入到了原本以“慎终追远”为基调的丧礼之中。同时，基于在道论视域下对于丧礼新的意义诠释，老子在礼仪上提出了“战胜，以丧礼处之”的观点，透过丧礼而非嘉礼的仪制，体现了老子对于战争本质的思考。应当说，无论是礼的秩序性还是透过礼来唤起人心中的“道”、“德”，都是将周礼本有的核心精神与“道”连接起来，这代表着老子是以其道论对周代礼乐精神进行新的解释。

王玉彬认为，在老子之“道”对“帝”、“神”的超越之中，中国哲学史才可谓全然走出了“前轴心时代”的神灵世界与迷信思维，而能以一种冷静而理性的态度观察并反思置身于其中的宇宙、社会与人生。在“道”对“德”、“礼”的辩证之中，老子更有意走出周代的“德礼体系”，而在“以德配道”的界定之中试图寻找一条与“礼治”全然不同的“德治”方式。他进而总结说：总之，以“道”对上帝、天命、德礼的超越为突破口，老子在“宇宙王制”、“德礼体系”之外提出了崭新的哲学洞见与迥异的政治学说①。

二、儒家所志之道的历史属性

生逢礼崩乐坏的乱世，自春秋以至战国的诸子百家，都想为自己所处时代寻找出路，以求拨乱反正，变“天下无道”为“天下有道”。尽管“诸家论‘道’都强调其历史性，即与以往的文化传统之间的密切联系”②，但唯独孔子在周代文化流弊百出之时，仍然予以肯定并主张“从周”。而且，孔子“从周”的思想主张，除了《论语·八佾》中的言语外，后来的《中庸》也有记载。《中庸》曾引孔子云：“吾说夏礼，杞不足征也；吾学殷礼，有宋存焉；吾学周礼，今用之，吾从周。”按孔子这段话，他从“学”与“用”的立场来说“从周”，相较于《论语·八佾》仅就称道或赞叹而说“从周”，其意义应该说更为确定也更

① 王玉彬：《“道的突破”与“仁的觉醒”——老子、孔子之哲学突破的理论进路》，《哲学与文化》2017年第2期。

② 余英时：《士与中国文化》，上海人民出版社1987年版，第46页。

为深刻。因为在《论语·八佾》篇中，孔子很容易被视为一个以旁观者的立场与态度对周代礼乐文化的形式之美进行欣赏与赞叹的人。而当他就“学”与“用”的立场来说“从周”时，就不仅仅是承认周代文化的价值功能并给以肯定，而是在实际上参与周代文化活动，周代文化已经进入其生命、精神之中，与其生命、精神不可分割了。

《论语·子罕》篇载有孔子的自述，说：“子畏于匡，曰：‘文王既没，文不在兹乎？天之将丧斯文也，后死者不得与于斯文也；天之未丧斯文也，匡人其如予何？’”这是孔子过匡地、匡人因为孔子“状类阳虎”将其“拘焉五日”的危难情况之下，面对弟子们担心他或将遇难的关切，孔子脱口而出所作的自述。这一章文辞浅近，而意义却极为深刻。首句所谓“文王既没，文不在兹乎”，看起来很像疑问句，实际上却是予以肯定的，肯定以文王以来之文统自任之意。《史记·孔子世家》中，孔安国解读“文不在兹”说：“兹，此也。言文王虽已没，其文见在此。此，自谓其身也。”很显然，这是说孔子公开坦承他已将文王之“文”收于自身。孔子在相当危急之时，直接以文王以来之文统自任，这应该不是临时起意偶然说出的，一定是他平日就自信如此，所以临危之时，才能脱口而出。这正是他强烈的文化意识与文化理想自然而然的具体呈现。下文内容则可以分两层来解：所谓“天之将丧斯文也，后死者不得与于斯文也”，是从反面来说，假定天意将丧斯文，则自己一定被害，于是文统断绝，后死者即无法与于斯文了；而所谓“天之未丧斯文也，匡人其如予何”，则是从正面来讲，假定天意未欲丧斯文，则匡人一定害不了自己，自己即可照常参与斯文活动，而后死者也必能与于斯文。孔子身处危急之际而作出这两层含义的表示，确实是有着极其强烈的宗教性格，好像要将这人世间文化事业的存亡与绝续的契机，提升到超越的天意中去求决定。所以，牟宗三曾以“通体是一文化生命，满腔是文化理想”来称孔子①。

① 转引自陈拱：《孔子在文化上的承先启后》，《东海中文学报》1994年第11期。

而根据朱熹《论语集注》中的解释："道之显者谓之文，盖礼乐制度之谓。"① 因此，孔子以周公以来之文统自任，实际上就是以文、武、周公以来的道统自任。《论语·宪问》记载子路为季氏宰，遭公伯寮毁谤。同为孔子学生的鲁国大夫子服景伯对公伯寮的无耻行为看不惯，就跑去告诉孔子："夫子固有惑志于公伯寮，吾力犹能肆诸市朝。"想要除掉公伯寮，以绝后患。但是孔子不同意这种做法，他说："道之将行也与，命也；道之将废也与，命也。公伯寮其如命何！"这两句话和前面所引"天之将丧斯文"等语不但辞气一致而且含义也相通，足以证明"文"、"道"相通，因为"文"即"道"的载体，两者是分不开的。所以，余英时指出说："马融解'斯文'的原义，说'天未丧此文，则我当传之'；事实上其中'文'字也可以'道'字代之。"② 孔子毅然以传道于天下自任，故曰："鸟兽不可与同群，吾非斯人之徒与而谁与？天下有道，丘不与易也。"这就是说，其最高理想是变"天下无道"为"天下有道"。同时代的人也对他保持有如此期待，所以仪封人说："天下之无道也久矣，天将以夫子为木铎。"

孔子以文、武、周公以来之道统自任，荀子将该道统称之为"道贯"："百王之无变，足以为道贯。一废一起，应之以贯，理贯不乱。不知贯，不知应变贯之大体未尝亡也。"（《荀子·天论》）在这里，荀子既强调"道贯"的不变，也强调其"应变"。因为唯有"从历史的变迁中来探究其中大体不变的道贯，又在知贯的前提下来应变"③，才能使道在历史的统与贯中获得新生。孔子既然以身肩文、武、周公以来之文统与道统自负，自然是于继承中有所创新。

以天人关系来讲，西周之际的"天"仍然具有意志、拥有权力，虽然转向重视以"敬"、"德"为核心的人文精神实践，但只偏重在政治上。所以这一时期的天人关系中，天子依旧是人间唯一承受天命、能够与上天交通者。待到平王东迁，虽然周天子作为天下共主的地位大幅衰退，各地诸侯也相继崛起，与

① （宋）朱熹：《论语集注》，《四书章句集注》，中华书局 2011 年版，第 105 页。

② 余英时：《论天人之际》，中华书局 2014 年版，第 45 页。

③ 徐克谦：《论儒家哲学之"道"的实践属性与历史属性》，《学术论坛》2006 年第 11 期。

天子争权、僭越礼制的行为更是司空见惯，但天命是否已经开始转移，仍是当时诸侯们争权的借口。如《左传·宣公三年》中记载有楚王问鼎之事，王孙满虽然承认天命有转移的可能，但认为周的天命尚未改变，天命仍归于有德者，由此巧妙地阻止了楚王的野心。

孔子接受了这种颇具宗教性格的主宰之天。就杨伯峻的研究来看，《论语》中单言的“天”字出现了18次，孔子自己说了十二次半。在这十二次半中，自然之天出现3次，义理之天出现1次，其余皆为主宰之天[①]。不过，孔子将归之于上天决定的祸福，消融于祖先的祭祀之中。透过后人追思缅怀，表现出报本反始的礼教精神。将巫师沟通神灵时不可言说的心理状态——“诚”与“敬”，转化为祭祀时虔诚的敬意[②]。这一转变彻底瓦解了宗教意味强烈、政治性格浓厚的主宰之天，建立起道德性质的义理之天。政治上的天命从此成为道德性的天命，每个个体经由自己的精进修为，就可上达天道，由此开创出能肩负成仁在己的人文精神。

西周春秋时期，作为众德之一的“仁”已经颇受重视，而且其主要内涵——“爱”也已经在春秋时期渐渐形成[③]。孔子在此基础之上，经过创造性的诠释，将“仁”发展成为人道的主要内涵，亦是对天命的印证。但孔子对“仁”的拔擢，绝不仅仅意味着道德主体的挺立与内在生命的绽放。在礼崩乐坏的时代，孔子把从根本上化解时代性难题的希望寄托在每一个体自身的道德自觉与道德修为之上，期望人人“克己复礼”、“为仁由己”，进而“立人”、“达人”。这既开拓了个体内在的人格境界，也为天人相通提供了人为的主动性与可能性，更透显出他为消除争端、融合群己、安定社会所作的努力。所以，“仁”不仅仅被孔子用来沟通天人之道，更是他为乱世构建出的内圣外王之道。

周代礼乐制度最重要的或根本的涵义，即在“亲亲”与“尊尊”。王国

---

① 杨伯峻：《论语译注》“试论孔子”，中华书局2009年版，第11页。

② 《论语·八佾》中说：“祭如在，祭神如神在。”“子曰：‘吾不与祭，如不祭。’”根据后来《中庸》的发挥，这里强调的，应是“诚”与“敬”在祭祀中的作用。

③ 陈来：《古代思想文化的世界》，北京大学出版社2017年版，第354页。

维在《殷周制度论》中，以为周文之礼、制大多出于亲亲、尊尊、贤贤及男女有别[①]。他所提出的观点，似乎是据《礼记·丧服小记》中的成辞而说。按《丧服小记》云："亲亲、尊尊、长长、男女有别，人道之大者也。"就此来讲，周代礼乐文化应该说是一系列的人道的文化，或者是一系列的体现人道的文化。

而《中庸》尝引孔子云："仁者人也，亲亲为大；义者宜也，尊贤为大。亲亲之杀，尊贤之等，礼之所生也。"朱熹解释说："人，指人身而言。具此生理，自然便有恻怛慈爱之意，深体味之可见。宜者，分别事理，各有所宜也。"[②]朱熹以"仁者，人也"之"人"为"人身"，实际上却是指人自身所具有的"自然便有恻怛、慈爱之意"的"心"。所以，孔子所谓"仁者，人也"，依朱熹所见，正无异于说"仁者，人心也。"而"义者，宜也"，"宜"原本就是"适当"、"合理"之意，落在处理客观的事情而言，自然也可说即是"分别事理，各有所宜"之意。

如此一来，孔子以人心为仁，其表现即以亲亲为大，所以亲亲即是仁；而以宜为义，其表现即以尊尊为大，所以尊贤即是义。而尊贤与尊尊，其本身应该是相同的，可能只是所说场合不同而已。因此在孔子那里，正可说亲亲是仁、尊尊是义。而以亲亲、尊尊为根本涵义的周代礼乐，也就是以仁、义为原理的文化，即一系列的体现人道的文化。

另外，周代文化虽然内容极为繁复，但以礼、乐最为重要。礼、乐是周代文化的灵魂，周代文化以礼、乐为核心。孔子非常重视礼、乐，他以礼、乐为学，同时也以礼、乐为教。依据孔子的体会，礼、乐一定要以仁为本质或原理。由此来看，无论是循着亲亲、尊尊的意义，还是就着礼、乐的意义而言，在孔子的反省与体会中，周代礼乐文化总是以仁为其本质。这可以说是孔子在文化上和道统上的大发现、大创造。

---

① 王国维：《殷周制度论》，《王国维手定观堂集林》卷十，浙江教育出版社2014年版，第250页。

② （宋）朱熹：《中庸章句》，《四书章句集注》，中华书局2011年版，第30页。

孔子置身于礼崩乐坏的时代，通过对礼乐失序的反思，对道产生了自觉意识。《论语·季氏》曰："天下有道，则礼乐征伐自天子出；天下无道，则礼乐征伐自诸侯出。"孔子站在道的高度看，考察历史和现实，一方面对礼乐教化进行本质的反思，一方面兴发因革损益的意识，进行道德理想的重建。孔子在自觉反思后深切体认到：道的失落，意味着文化价值标准的失落。因此，孔子苦心孤诣所要寻回的"道"，就是古者先王之道，亦即尧、舜、禹、汤、文、武、周公一脉相承的文化传统，它代表着儒家的价值理想和最高典范。

第三节　先秦士人所志之道的人间属性

老子说："执古之道，以御今之有。能知古始，是为道纪"（《老子》第十四章）；韩非讲："道也者，生于所以有国之术"（《韩非子·解老》）；荀子云："道也者，治之经理也"（《荀子·正名》）；司马谈曰："夫阴阳、儒、墨、名、法、道德，此务为治者也"（《史记·太史公自序》）。这些都告诉我们，先秦诸子探索研究"道"，目的是要安排人间秩序，寻求解决现实社会问题的方法与路径。徐复观也认为，中国思想的发展，是彻底以人为中心，总是要把一切东西消纳到人的身上，再从人的身上向外向上展开[①]。因此，先秦士人所志之道，具有鲜明的人间属性[②]。

① 徐复观：《中国人性论史》（先秦卷），九州出版社2014年版，第331页。

② 余英时认为，从比较文化史的观点来看，中国古代的"道"在"哲学的突破"过程中，已经实现了由"天道"向"人道"的转变。而且，中国"道"的人间性更强调人间秩序的安排，包括讲"坚白异同"的名家在内，最后都归结到治国、平天下之道上去。参见余英时：《士与中国文化》，上海人民出版社1987年版，第50、51页。

一、道家所志之道的人间属性

老子说:“人法地，地法天，天法道，道法自然。”(《老子》第二十五章)这表明老子提出的普遍而超越的“道”，最终是为了“人”而提出的。老子重自然，教人从大自然的无为无私中学习立身行事上的无为与复归真性，其目的在于提升个人精神和解决社会治乱，是着眼于人生内涵及人间秩序的。杨国荣认为，在老子“道大，天大，地大，王亦大”的“四大”之说中，人被视为域中四大之一，使得世界之在和人的存在开始被联系起来。这使得该意义上的“道”不再仅仅呈现为知行过程之外的本然存在，或者说，不再单纯地具有实在性，而是同时获得了现实的品格①。

《老子》第三十一章说:“夫兵者，不祥之器。物或恶之，故有道者不处……偏将军居左，上将军居右，言以丧礼处之。杀人之众，以悲哀泣之。战胜，以丧礼处之。”从“夫兵者，不祥之器”可以看出，老子站在“天地不仁”的道论角度根本反对建立在任何理由上的战争，因为战争总是杀人盈野、血流漂杵。因此，即便出于不得已而用兵并取得胜利，就战胜而言是吉事，但是这生命相互残杀、相互仇恨的战争本质，却让老子认为应以哀悲的丧礼来处之。在这里，老子的人道精神展露无遗。老子希望透过丧礼中对于死难生命的追悼，唤起人心中无私兼容的慈仁精神。而这无私的慈仁精神，也正是人的珍贵之德，是人受之于“道”的人性内涵。

因此，老子不只重视对于道体的探讨，更是要人努力把握“道”的精神，在个人生活和社会生活中，效法“道”、学习“道”、力行“道”、弘扬“道”，经由德性的生命践履，成就持己爱人、慎事爱物的崇高境界。《老子》第五十二章说:“天下有始，以为天下母。既得其母，以知其子；既知其子，复守其母，没身不殆。”“道”因为是万物的本始，得以成为天下之母，即万物生成的根源。找到根源，便能认知万物。能够认识万物，又能持守万物的根源，便

① 杨国荣:《何为道——老子的视域》,《孔子研究》2021 年第 2 期。

是最高的智慧，也便寻找到了安身立命的途径。那我们如何认知和接近“道”呢？《老子》第十六章说：“致虚极，守静笃，万物并作，吾以观复。夫物芸芸，各复归其根。归根曰静，是为复命。复命曰常，知常曰明。不知常，妄作，凶。”老子在这里指出得道的方法与功夫，显然不是认知上的理论功夫，而是修养与实践的功夫。要接近“道”，心灵必须在生活中下一番功夫，即致虚守静，由浅入深。致虚就是效法道德极虚，抛开世俗自私、私欲的诱惑；守静就是保持内心的安宁，在自我净化中提升精神境界。有了这种修养功夫，就能在万物的生成变化中观察、感知到往与复的道理。如此一来，我们才能达到“归根”、“复命”的修养境界，才能够把握到常道，逐渐做到无为而无不为，进入恒久的光明世界。所以，老子虽然重视“道”，重视自然，但他也极为重视精神生活和道德修养。老子的理想就是把自然无为的精神落实到个人修养和社会生活层面。

《老子》第六十章指出理想的为政之道：“治大国若烹小鲜。以道临天下，其鬼不神。非其鬼不神，其神不伤人；非其神不伤人，圣人亦不伤人。夫两不相伤，故德交归焉。”为政者如果能够持守“道”的精神，做到清静无为，鬼神和圣人也不会侵扰人民，灾祸便不会发生了。也就是说，政治如果能够做到清静无为，不扰民害民，而人民能做到各遂其生，相安无事，行所当行，止所当止，就不必烦扰鬼神降灾干预，圣人也不必以外在刑法干预人民。而这种理想的生活境界，正是圣人之道与大道合一的结果。

《庄子·知北游》中记载：

东郭子问于庄子曰：“所谓道，恶乎在？”庄子曰：“无所不在。”东郭子曰：“期而后可。”庄子曰：“在蝼蚁。”曰：“何其下邪？”曰：“在稊稗。”曰：“何其愈下邪？”曰：“在瓦甓。”曰：“何其愈甚邪？”曰：“在屎溺。”东郭子不应。庄子曰：“夫子之问也，固不及质。正获之问于监市履狶也，‘每下愈况’。汝唯莫必，无乎逃物。至道若是，大言亦然。周遍咸三者，异名同实，其指一也……”

按照世俗的眼光，蝼蚁是最卑贱的动物；稊稗是微不足道的植物；瓦甓根本没有生命，是更下一等的矿物混合体；至于动物的排泄物屎溺腥臭难闻，更是令人避之不及。庄子故意用世俗鄙视的动物、植物、矿物和废物中最卑微的部分也有“道”的存在，来说明“道”的普遍性。而“道”乃“无乎逃物”，任何日用人伦之事，都是不能与“道”断绝的，“道”也必须落实到人间社会，在世俗世界中展现出来。

《庄子·人间世》中说：“子之爱亲，命也，不可解于心；臣之事君，义也，无适而非君也，无所逃于天地之间……知其不可奈何，而安之若命”。人既然来到这个世界，就一定有生身父母，而与生俱来的父子之亲是无法解开的心结。另外，人来到这个世界，也一定要有一个立足之地，而无论栖身何处，总要面对政治，面对法律。所以，人生天地之间，必得投身在某一政治社会的时空背景之中，这是无法逃避的。因此，道家将爱亲、事君看作是无可奈何的存在限制，要求我们“安之若命”，接受这种限制。所以《庄子》中虽然有一些否定现实人生的成分，但那不是为了赞美来世来生，而是对不合理的现实的一种批判。因为他们看到了现实社会对人性、对人生的异化，所以希望通过这种批判来改善现实人生，改变现存社会秩序。他与老子一样，都反对“以物易性”的有为之治，而主张恢复“织而衣，耕而食”的民之“常性”。在庄子那里，凡是有德之人，都已成为与“道”相合的人，被称为至人、神人、圣人。他们虽然生活在此世，却能“乘云气，御飞龙，而游乎四海之外”（《庄子·逍遥游》），甚至“尝相与游乎无何有之宫，同合而论，无所终穷”（《知北游》）。所以庄子心目中理想的人不是想方设法逃离此世，而是生活在这个世界上却能超越这个世界，利用世界上的物质却不为物质所役①。

比如说，关于人与礼之间的紧张关系，庄子在《人间世》中，透过人臣角色进行过深入的阐述。叶公子高作为无数人臣的化身，在完成使命与“苟全性命”的双重要求下，面临了“人道之患”与“阴阳之患”的威胁。前者是人事的惩罚，后者则由于内心对前者的焦虑与忧惧而使自己身心受到伤害。庄子以

---

① 邬昆如：《庄子与古希腊哲学中的道》，台湾中华书局 1972 年版，第 90 页。

此揭示了君臣关系中，人臣难以全身而退的两难处境，将个体生命在面对君臣礼法时内心的紧张与忧虑展现无遗。那么，该如何消除这种紧张性呢？在《人间世》中，庄子用颜回这一角色，阐述了为人臣者试图感化国君并保全一己性命的用心。颜回试图透过“内直而外曲”的方法来保全自己及说服卫君，其中“外曲”又意味着“与人为徒”，具体的内涵就是“擎跽曲拳，人臣之礼也。人皆为之，吾敢不为邪”？意思是说，执笏、跪拜、鞠躬、拱手等礼仪都是一般人臣所行使的，我又怎么敢不为呢？这里，颜回对于人臣之礼的态度似乎倾向于随顺，以随顺的方式来避免自己与礼的冲突。但是，以随顺的方式来面对礼，并不能真正消解人与礼之间的紧张关系。庄子通过仲尼之语探讨了随顺的问题，他说：“夫胡可以及化！犹师心者也。”“师心”一词，表现出颜回越是力求随顺以行人臣之礼，他的内心越是紧张。于是，消解“师心”成为消解人与礼之间紧张关系的关键。

对此，庄子提出了“忘礼乐”之说。《大宗师》中颜回与孔子的对话，对此进行了深入的探讨：

颜回曰：“回益矣。”仲尼曰：“何谓也？”曰：“回忘仁义矣。”曰：“可矣，犹未也。”他日，复见，曰：“回益矣。”曰：“何谓也？”曰：“回忘礼乐矣。”曰：“可矣，犹未也。”他日，复见，曰：“回益矣。”曰：“何谓也？”曰：“回坐忘矣。”仲尼蹴然曰：“何谓坐忘？”颜回曰：“堕肢体，黜聪明，离形去知，同于大通，此谓坐忘。”仲尼曰：“同则无好也，化则无常也。而果其贤乎！丘也请从而后也。”

引文中依次提到“忘仁义”、“忘礼乐”、“坐忘”三个层次，而这三个层次是渐次递进的关系。因此在逻辑上，“坐忘”相对于“忘仁义”与“忘礼乐”来说，不只是另一个阶段，而是它们的最终完成。关于“坐忘”，庄子解释为：“堕肢体，黜聪明，离形去知，同于大通，此谓坐忘。”意思是说不受形体、智巧的左右，而使心灵和大道相通。而这排除形体和智巧的左右，能和大道相通的心灵就是“心斋”。所谓“心斋”即是“虚”，也就是排除形体感官、心智左右而能“虚而待物”的心。心能“虚”，即能“坐忘”，也就包含了“忘仁义”与“忘礼乐”。在这里，“庄子一方面借助于‘坐忘’，以虚灵及本真的身心来‘忘礼乐’，同时又将心灵提升到天地一气的高度，以超越世俗之‘礼’。庄子由这两个方面来解消人与‘礼’之间紧张关系的同时，实际上也赋予了‘礼’以崭新的诠释”①。

因此，老子、庄子最关心的，不是“道”的理论性的探讨，而是透过“道”与作为自由主体的人的接触和关系，去处理个人或社会的安身立命、趋吉避凶的问题。这一根本特质、精神与关怀，源起于《周易》，是中国文化的根本精神。

二、儒家所志之道的人间属性

先秦时期，诸子百家应该说绝大多数都主张以人为本，比如与孔子同时代的子产提出“天道远，人道迩”，孔子更是主张“敬鬼神而远之”，要求把注意力放在人世上。儒家经典《中庸》首章即大谈性、道、教，并提醒说“道不可须臾离”，第十三章又提出了一个“道不远人”的著名命题：“子曰：‘道不远人。人之为道而远人，不可以为道。’”《管子·心术上》也曾讲：“道在天地之间也，其大无外，其小无内”②。对此，朱熹解释说：“君子之道，近自夫妇居室之间，远而至于圣人天地之所不能尽，其大无外，其小无内，可谓费矣。”③应该说，这些都是对儒家所志之道的人间属性最为切肯的揭示。

《礼记·礼运》为我们勾勒出一幅大同理想社会的美妙图景：

大道之行也，天下为公，选贤与能，讲信修睦。故人不独亲其亲，不独子其子，使老有所终，壮有所用，幼有所长，矜、寡、孤、独、废、疾者皆有所养，男有分，女有归。货恶其弃于地也，不必藏于己；力恶其不出于身也，不必为己。是故谋闭而不兴，盗窃乱贼而不作，故外户而不闭。是谓大同。

---

① 林明照：《先秦道家礼乐思想研究》，博士学位论文，台湾大学哲学研究所，2005年，第107页。

② （明）刘绩：《管子》卷十三《心术上》，上海古籍出版社2015年版，第266页。

③ （宋）朱熹：《中庸章句》，《四书章句集注》，中华书局2011年版，第24页。

这是儒家所追求的大道得以实现的结果，它通向的是一个理想的人间世界。应该说，这个理想社会最为打动人心的，并不是它在物质上有多么的充裕与富足，而是它营造出来的那种讲究诚信、重视亲睦、奸邪之谋不兴、盗窃乱贼不作、路不拾遗、夜不闭户的美好社会习俗，深深地吸引着每一个人。儒家先贤绝非坐而论道者，为了实现心目中的最高理想，无论是天下有道抑或天下无道，他们都躬行实践，致力于推动这种理想人间世界的实现。

在儒家先哲看来，君子仅仅成就个体的道德完满是远远不够的。

子路问君子。子曰："修己以敬。"曰："如斯而已乎？"曰："修己以安人。"曰："如斯而已乎？"曰："修己以安百姓。修己以安百姓，尧舜其犹病诸？"（《论语·宪问》）

先秦儒家心目中的"人"，是社会关系的人，是礼乐自觉的人，说到底，是社会角色的人。作为社会性的存在，修己修身以及达至成圣成贤境界固然重要，但对他人、群体与社会的关怀更应纳入君子的考量之中。人只有关注、关心、关爱置身其中的群体与社会，才能更好地发掘和实现自我价值、生命意义。所以，在儒家的思想体系当中，尽管追求君子人格本身就具有独立的价值，但更期待个人德行修养与外部社会治理的统一。因此，成为一个君子，更宏大更深远的意义就是构建一个良好的社会。而实现这一目标的最好路径，就是入仕。

儒家十分看重人对政治的作用，认为"其人存，则其政举；其人亡，则其政息"（《中庸》），政治"得其人则存，失其人则亡"（《荀子·君道》）。因此，儒家要推行其政治主张，使其政治主张得到统治阶级的认可，从而变成一种政治指导思想，就必须首先入世干政，谋取一定的"位"，在这个"位"上干出一番"外王"的事业。当时面对隐者们的批判，孔子曾让子路转述过自己的观点：

不仕无义。长幼之节，不可废也；君臣之义，如之何其废之？欲洁其身，而乱大伦。君子之仕也，行其义也。道之不行，已知之矣。（《论语·微子》）

君子既然怀揣济世理想，又有济世才能，就不能忽视了更大的道义，那就是君臣之义。总要出仕，才能完成君臣之义，做人的意义才算圆满。因此，为了履行社会义务、实现治国平天下的宏伟目标，君子必须出仕。孟子看到的《传记》中也明白地说："孔子三月无君，则皇皇如也，出疆必载质"。离开一国国境就带见面礼物（质），是为求得一官半职，封建时代谓之"策名委质"（《左传·僖公二十三年》）。孔子随时想出仕，以至于三月没有君主任用就非常着急。在孟子看来，这是很自然的，因为"士之失位也，犹诸侯之失国家也"；而且"士之仕也，犹农夫之耕也；农夫岂为出疆舍其耒耜哉？"士做官，如同农民耕田，都是出于自己的本分；农民难道因为离开国界便舍弃他的农具吗？这些话语充分体现出儒者的汲汲求仕，所以当周霄问"古之君子仕乎？"时，孟子斩钉截铁地回答："仕"（《孟子·滕文公下》）。

就先秦儒家的代表人物来说，他们都对从政充满渴望，具有强烈的仕途情结。孔子对仕途怀有强烈的渴望，"如有用我者，吾其为东周乎？"（《论语·阳货》）他的理想，是要把周道行之于东方，这个"周道"就是他梦寐以求的周公之道，也就是他所继承的文王之道。这是孔子的理想，也是所有儒家士人君子的理想。孔子对仕途的渴望如此强烈，以至于不放弃任何可能进入仕途的机会。据《论语·阳货》记载：

佛肸召，子欲往。子路曰："昔者由也闻诸夫子曰：'亲于其身为不善者，君子不入也。'佛肸以中牟畔，子之往也，如之何？"子曰："然，有是言也。不曰坚乎，磨而不磷；不曰白乎，涅而不缁。吾岂匏瓜也哉？焉能系而不食？"

在子路看来，佛肸身为邑宰却叛其主君，是不善之人，君子不当入其地。事实上，孔子与在中牟叛乱的佛肸之间原本也没有什么交情，但面对佛肸之召，他还是打破了自己先前订立的"亲于其身为不善者，君子不入"的交往原则，选择了"欲往"。孔子之所以应召想去，并非出于佛肸的尊敬，而是急于用世，想借助佛肸的势力步入仕途，行仁道于天下，并且坚信自己可以出淤泥而不染。孔子这种曲意而为、委曲求全的做法，与"子见南子"时仿佛如出一辙。面对"好德不如好色"的卫灵公，孔子不惜顶着弟子的质疑和巨大的舆论压力，去见名声不好却是卫国实际掌权者的南子，试图实现曲线出仕。而他在

“道之不行，已知之矣”、“知其不可而为之”的前提下，历时十四载备尝艰辛周游列国的悲壮之旅，更是他渴望步入仕途的一大见证。

士人君子出仕以“行道”为目的，所以他们很注意国君和执政对待自己的态度，因为他们深信自己是“道”的持有者，当权者对待自己的态度实质上就是对待“道”的态度。所以，孟子的信念是：

古之贤王好善而忘势；古之贤士何独不然？乐其道而忘人之势，故王公不致敬尽礼，则不得亟见之。见且由不得亟，而况得而臣之乎？（《孟子·尽心上》）

古代的贤君可以因乐于善言善行而忘记自己的富贵权势，古代的贤士也会因乐于所求之道而忘记别人的富贵权势。所以，当鲁缪公想以子思为友时，遭到了子思的拒绝。在孟子的解读中，子思的理由是：“以位，则子，君也；我，臣也；何敢与君友也？以德，则子事我者也，奚可以与我友？”（《孟子·万章下》）子思执意要为鲁缪公之师，足以表现出士人君子对于“道”的尊严的维护。

孔子表面上在“出世”与“入世”的选择上存在着似乎相互矛盾的说法，比如他曾告诉弟子子路：“道不行，乘桴浮于海。”（《论语·公冶长》）假设社会不可救药，自己追求的“道”无法推行，他将退隐江海。显然，孔子在这里表达的只是一种抽象的可能性，因为他坚信“人能弘道，非道弘人”（《论语·卫灵公》）。曾子也说：“士不可以不弘毅，任重而道远。仁以为己任，不亦重乎？死而后已，不亦远乎”（《论语·泰伯》）。君子了解自己担负的神圣使命，就会修养仁德、博学于礼，以践行上天赋予自己的德性品质为乐，即“乐天”、“乐道”。所以，在先秦儒家那里，退隐充其量只是一种权宜之计，决不意味着儒家士人放弃政治和社会理想。

《论语·季氏》中，孔子说：“隐居以求其志，行义以达其道。吾闻其语矣，未见其人也。”很明显，他是将隐逸视为捍卫与弘扬“道”的一种方式。在张立伟看来，孔子的这个思想中其实内蕴两层含义：一是隐居之后要“不断充实、完善自己”；二是隐居之后要“做适当的事情来推行道”①。孟子主张“穷则独

① 张立伟：《孔子论隐逸三要素》，《江汉论坛》1991年第9期。

善其身，达则兼善天下”（《孟子·尽心上》）。于民雄认为孟子所传达出的意思是：“‘道’的完满实现只能是拯救的结果而不是拯救本身，拯救是永恒的使命；‘独善其身’作为消极守护的策略，只是特定条件下的理性选择，却内在于‘济天下’的目标。”[①] 孟子曾借伊尹之口说：“天之生斯民也，使先知觉后知，使先觉觉后觉。予，天民之先觉也。予将以此道觉此民也。”（《孟子·万章下》）作为百姓中的先觉者，就得拿尧舜之道让这些人民有所觉悟。不由先觉者去唤醒他们，那又有谁呢？应该说，这是孟子假圣人之言来传达儒家君子所应承担的社会责任。所以，儒家君子要以古圣先贤为榜样，“得志，泽加于民；不得志，修身见于世”（《孟子·尽心上》）。所谓“修身见于世”，焦循在《孟子正义》中对它进行了解释，“修身以示于世，亦所以教也”[②]——现身说法，用自己的言行所塑造的典型向世人证明“道”的伟大，从而唤起人们，感化人们，使人们取法典型归向于“道”，臻化于“道”，最终实现化民成俗。

---

① 于民雄：《先秦时代儒家与道家》，贵州大学出版社 2010 年版，第 190 页。

② （清）焦循：《孟子正义》卷二十六，中华书局 1987 年版，第 891 页。

第四章　理想人格与先秦士人的身心修养

理想人格作为对人格模式的理想化设计，是个人基于对自己现状的不满足，基于超越自己、实现自己的内在要求，在自己心目中构想出来的最值得追求、最完美的人格典范，是人格应该达到也可能达到的最高境界，也是关于社会终极理想的一种美好远景。春秋战国时期，先哲们目睹天下分裂，耳闻“礼崩乐坏”，身经伟大的变革，心追美好的治世，开始“观乎天文，以察时变；观乎人文，以化成天下”(《周易·贲卦》)，进而审视作为“天地之心”的“人”，并由此构思出初具轮廓的理想人格，用以安顿自己，激励自己，昭示他人，引导他人，初步奠定了士人们的精神基础。

先秦诸子各有不同的安身立命、安邦治国之道，以解决动荡不安的大时代问题。不同的人生价值和精神修养主张落实在个体生命中，形成不同的生命情态。墨家推崇兼相爱、交相利，爱无差等、不避亲疏的“博大完人”。道家则以形随俗而志清高、身处世而心逍遥的“至人”、“真人”、“神人”为理想人格。“君子”则是先秦儒家最为人所熟知且最有影响力的理想人格，“君子”与“小人”更是先秦诸子中理想人格与现实人格的代表。“君子”作为先秦儒家道德修养的具体形象，时至今日，已然成为中国理想人格的典范。我们这章就以儒家理想人格——君子人格为例，探讨先秦士人对理想人格的追求及成就。

第一节　儒家士人的理想人格

在先秦儒家典籍中，圣人和君子都是儒家追求的人格典范。《论语·雍也》载："子贡曰：'如有博施于民而能济众，何如？可谓仁乎？'子曰：'何事于仁！必也圣乎！尧舜其犹病诸……'"《论语·述而》中，孔子又曰："圣人，吾不得而见之矣。得见君子者，斯可矣。""善人，吾不得而见之矣。得见有恒者，斯可矣。"因此，在孔子心目中，"圣人"具有崇高地位，是儒家最高理想人格的典范。可是，孔子视圣人为望尘莫及之境，既不敢以圣人自居，"若圣与仁，则吾岂敢"，又叹"圣人，吾不得而见之矣"（《论语·述而》）。所以，圣人至善至美，并非现实所能成就的理想人格，正如马振铎所说，它不过是"孔子为激励人们在修己道路上永不停止地进取而设置的终极目标，他并不期待世人真能达到'圣人'的境界"①。

而"君子"在《论语》多种人格概念中出现107次之多，是孔子为先秦士人设定的应当达到而且经过自我努力也能够达到的具有现实性的理想人格②。君子之境是可亲且可行的修养境界，孔子不但言其"可得而见"，而且时时勉励自己与弟子以君子行之③。狄百瑞甚至认为这就是《论语》的中心："虽然《论语》作为一部语录和轶事的集子看起来缺乏系统的结构，叙述也颇为游离，但是它作为一个整体仍然具备自身的焦点——君子。从君子入手十分有利于我们更好地理解《论语》。《论语》的魅力之所以经久不衰，并不在于它阐释了一套哲学或者思想体系，而是在于它通过孔子展现了一个动人的君子形象。"④所

① 马振铎：《孔子君子人格和中庸之道中仁、知并重思想》，《文史哲》1991年第3期。

② 马振铎：《孔子君子人格和中庸之道中仁、知并重思想》，《文史哲》1991年第3期。

③ 孔子要求其弟子"女为君子儒，无为小人儒"（《论语·雍也》），其弟子们也以成为"君子"自励，经常向老师"问君子"。

④ ［美］狄百瑞：《儒家的困境》，黄水婴译，北京大学出版社2009年版，第34页。

以，比起圣人，君子是孔子在现世所期望达成的理想人格，也是先秦儒家最为人熟知且最有影响力的理想人格。因此，余英时评价说："无论是修己还是治人，儒学都以'君子的理想'为其枢纽的观念：修己即所以成为'君子'；治人则必须先成为'君子'。从这一角度说，儒学事实上便是'君子之学'"①。

一、"君子"内涵的演变

"君子"一词，在先秦儒家典籍中频繁出现，但直到汉魏之时，才开始有人对其加以正式解释。据余英时考察，这个名词最早且最正式的定义出现在东汉《白虎通义》中："或称君子者何？道德之称。君之为言，群也；子者，丈夫之通称也。"②可见，至晚于东汉时，君子已经成为"有德之男子"的通称，是当时"道德修养"的典范。

不过，君子并非一开始即是"道德之称"。就已有的研究成果来看，"君子"经历了一个由专指少数身居高位者到上下人等都可用的"道德通称"的漫长蜕变过程③。"君子"一词不见于甲骨文，但甲骨文中有"君"字，从又(手)、执笔，从口，学者们多认为甲骨文中"君"原是指商王左右地位尊崇的官员。不过，由于"子"含义丰富，加之史料欠缺，学界对于单音词"君"与"子"如何演变为专指少数身居高位者的双音词"君子"，目前尚未有统一的解释。但大致观点有三：一是认为"君子"由表"尊"、"治"义的"君"与作为男子通称的"子"连用而生。如丁孝明从《说文解字》入手，认为其解释"君，尊也，从尹口，

① 余英时：《儒家"君子"的理想》，《现代儒学的回顾与展望》，生活·读书·新知三联书店2004年版，第271页。

② 余英时：《儒家"君子"的理想》，《现代儒学的回顾与展望》，生活·读书·新知三联书店2004年版，第272页。

③ 这方面的研究成果很多，可参见林义正：《论孔子"君子"概念》，《文史哲学报》1984年第33卷；余英时：《儒家"君子"的理想》，《现代儒学的回顾与展望》，生活·读书·新知三联书店2004年版，第271—294页；张崛：《先秦"君子"意义的流变》，《哲学与文化》2017年第2期；王国雨：《君子的转身：论中华君子人格的早期嬗变》，《浙江社会科学》2021年第5期。

口以发号”和段玉裁注“尹，治也，尹亦声”，实际上是从“君”的统治地位引申为“尊崇”、“尊贵”之义。“君”有“尊”、“治”之义，“子”是男子的通称，二者连在一起，就是“尊贵男子”、“统治阶级男子”的意思①。二是认为“君子”由同表“有爵者”的“君”与“子”连用发展而来。林家瑜认为，上古到周初，“君”与“子”主要指实质接受封地或爵禄而有可能继承王位或爵位的上层贵族，后来“君”、“子”并称，用以泛称各个受封贵族。所以，上古至周初，判断“君子”身份的主要依据既非“有德”亦非“有位”，而是“封地”或“爵禄”的有无。这一时期，“士”虽然具有贵族的身份，却是贵族阶层的最下层，既没有封地或爵禄也没有实质性的统治权，所以，士阶层并不在“君子”之列②。三是从词源学角度提出，君子即“君之子”，是高级贵族之称。如胡适认为：“‘君子’，本义乃‘君之子’，乃是阶级社会中贵族一部分的通称”③。王国雨也曾发挥金景芳观点，即“‘君子’最早肯定是个阶级概念。就像诸侯之子称公子，天子之子称王子一样，君子就是‘君之子’”，认为“由于周代实行分封建国制度和

---

① 参见丁孝明：《孔子君子之道的思想与历史意涵》，《正修通识教育学报》2006 年第 3 期。

② 参见林家瑜：《先秦儒家的“君子”——“位”与“德”的重心转移》，《东方人文学志》2010 年第 2 期。据他考察，夏商之前，远古部落众多，部落首领的称呼十分杂乱。夏商之时，君王的称号才有较为固定的规范，但诸侯间的称号仍然十分混乱。直至周代，“君号”因为周王王室上升为诸侯之君、天下之君，而有了“王”、“天子”等至高而专有的尊称；“爵号”则因为诸侯接受周王室的分封制度而始有定制，《白虎通德论·爵》曰：“王者之制，禄爵凡五等，谓公侯伯子男，此周制也。”随着君号和爵号的标准化，“君”所代表的身份有二：一是偶指作为诸侯之君、天下之君的周王；二指众多封国之君。他认为，传世典籍中，《尚书·酒诰》已出现“君”与“子”的连用。其言曰：“庶士有正越尔庶伯君子，其尔典听朕教。”这是周公对受封贵族的教典，当时接受教典的贵族并非一特定之人，而是众多受爵而有封地的贵族们，因此周公将“君”、“子”并称，用以泛称各个受封贵族。《仪礼·丧服》中郑玄注曰：“天子诸侯及卿大夫有地者皆曰君。”《左传·桓公九年》也说：“列国之卿当小国之君，小国之君则子男也。”所以，以当时的称谓来看“君子”所指身份，诸侯中爵位较高者方可自称为“君”，诸侯中爵位较低者以及列国卿大夫方称为“子”，而且“君”和“子”应是指周天子外诸侯卿大夫之属的封国之君。因此，“君子”的连用，开始时只是封建制度中一种变通和概括性的称位，在当时仍属周代爵位的称号，只是指称的对象较多也比较复杂。

③ 胡适：《中国古代哲学史》，中国华侨出版社 2013 年版，第 94 页。

宗法世袭制度，随时间推移，在官者基本上均是国君之子孙后裔，数量众多，统称君子”。而根据词汇含义演变的一般规律，该意义上的君子范围不断扩大和下移，遂成身居高位者的专称。① 应该说，以上三种观点的提出，为我们了解君子的原初含义开阔了思路。不过，由于上古史料的阙如，各家所引例句均来自“君子”已定型为少数身居高位者的语料，缺乏语义演进中早期例句的有力支撑，无法真正追溯其历史演变过程。

就目前学术界的考察来看，“君子”在《周易·卦爻辞》、《诗经》中开始大量出现，并且逐渐产生不同的意涵。《周易·系辞下》曰：“易之兴也，其当殷之末、周之盛德耶？当文王与纣之事耶？是故其辞危”。又说：“《易》之兴也，其于中古乎？作《易》者，其有忧患乎？”由此可以看出，卦爻辞应当作于殷周之际。据林义正考察，“君子”在《周易·卜辞》中尚未发现，但《周易·卦爻辞》中不只出现了20例，而且多次出现君子与小人对举的情形②，如：《周易·乾卦》曰：“君子终日乾乾，夕惕若，厉，无咎”；《周易·坤卦》曰：“元，亨，利牝马之贞。君子有攸往，先迷；后得主，利。西南得朋，东北丧朋。安贞吉”；《周易·谦卦》曰：“亨。君子有终”；《周易·观卦》曰：“童观，小人无咎，君子吝”；《周易·遯卦》曰：“好遯，君子吉，小人否”；《周易·大壮》曰：“小人用壮，君子用罔”；《周易·革卦》曰：“君子豹变，小人革面”等。这些例句显然是以社会地位高下来区分身份，其中“君子”为处于上位的贵族男子，“小人”为处于被役使地位的平民。不过，在这些主要指称上位者的语境中，君子之“德”也开始受到重视。例如《周易·乾卦》曰：“君子终日乾乾，夕惕若，厉，无咎”，九三爻位于内卦的最高位，属阳，象征君子以纯阳至健至刚的乾德自期，思虑忧患而警觉预防，这也就是《周易·系辞下》中引孔子的话所指出的“君子安而不忘危，存而不忘亡，治而不忘乱。”又如《周易·谦卦》曰：“谦谦君子，用涉大川，吉”；《周易·谦卦》曰：“劳谦，君子有终，吉”等，都是对君子行为、

① 参见王国雨：《君子的转身：论中华君子人格的早期嬗变》，《浙江社会科学》2021年第5期。

② 林义正：《论孔子“君子”概念》，《文史哲学报》1984年第33卷。

道德的肯定。或许，在西周力倡“敬德”、“明德”的贵族统治者看来，“尊贵”与“有地位”的君子同时也就是或至少应该是“道德高尚”的人。因此，在较早出现“君子”一词的典籍中，同时对君子提出了道德品行要求。

《诗经》中，“君子”含义得到进一步发展，大抵有三：一指人君或在位者，如《小雅·桑扈》载：“君子乐胥，万邦之屏障”①；二指有德之在位者，如《国风·淇奥》载：“有匪君子，如切如磋，如琢如磨”②；三是由有位者引申出的其他称呼，如《小雅·出车》载：“未见君子，忧心忡忡”③，诗中君子是女子对丈夫或情人的尊称。《小雅·瓠叶》载：“君子有酒，酌言尝之”④，君子当是宾客对主人的敬称。这些应是“君子”词义的又一次引申，引申的出发点还是“尊贵”与“官位”。屈万里说：“《诗经》中之君子，多指有官爵者言，与后世专指品德高尚之人言者，异。”⑤萧公权也说：“惟《诗》、《书》‘君子’殆悉指社会之地位而不指个人之品性。即或间指品性，亦兼地位言之。离地位而专指品性者绝未之见。”⑥两人都认为《诗经》的君子仍以“有位者”为主，尚未有纯粹“有德者”的情形。不过，指称贵族统治者的一类中，出现了要求君子应有德行的内容。如《小雅·巧言》中“君子屡盟，乱是用长。君子信盗，乱是用暴”⑦，《小雅·青蝇》中“恺悌君子，无信谗言”⑧，《小雅·小弁》中“君子信谗，或如酬之。君子不惠，不舒究之”⑨；等，出现了谴责君子“信盗、信馋、不惠”的内容。这都表明，此时君子的主要含义只是“在位的统治者”，原本含有的“尊贵”、“尊崇”之意已经开始淡化。由此可见，君子已经由单纯的贵族身份

① （清）王先谦：《诗三家义集疏》卷十九，中华书局1987年版，第773页。

② （清）王先谦：《诗三家义集疏》卷三下，中华书局1987年版，第267页。

③ （清）王先谦：《诗三家义集疏》卷十四，中华书局1987年版，第588页。

④ （清）王先谦：《诗三家义集疏》卷二十，中华书局1987年版，第815页。

⑤ 屈万里：《诗经诠释》，联经出版社1983年版，第4页。

⑥ 萧公权：《中国政治思想史》，辽宁教育出版社1998年版，第65页。

⑦ （清）王先谦：《诗三家义集疏》卷十七，中华书局1987年版，第706页。

⑧ （清）王先谦：《诗三家义集疏》卷十九，中华书局1987年版，第781页。

⑨ （清）王先谦：《诗三家义集疏》卷十七，中华书局1987年版，第703页。

之位，慢慢演变为有位之官员，并且加入了德的内涵，表现出当时社会期许统治阶层不只是有位者，还要有较高的道德水平，应是德位兼备之人。

二、孔子重塑君子人格

“君子”逐渐从身份地位的概念取得道德品质的内涵，自然是一个长期演变的过程。这一过程虽在孔子之前早已开始，但却完成于孔子。在《论语》中，“君子”概念共出现107次①，其中与“小人”对举者19次。就其用法来看，大致可以分为三类：一是专指有位者，约9次，如《阳货》中：“君子学道则爱人，小人学道则易使也。”二是专指有德者，约91次，如《学而》中：“学而时习之，不亦说乎？有朋自远方来，不亦乐乎？人不知而不愠，不亦君子乎？”《季氏》中：“陈亢问于伯鱼曰：子亦有异闻乎？……陈亢退而喜曰：问一得三。闻诗、闻礼、又闻君子远其子也。”三是指兼有德位者，约7次，如《公冶长》中：“子谓子产有君子之道四焉：其行己也恭，其事上也敬，其养民也惠，其使民也义。”从《论语》中的这些用法分类来看，很明显，“有位与否”已经不再是判断君子的标准，“有德”才是成为君子的必要条件，亦是“君子”概念的关键内涵。即便是在“君子”与“小人”对举并称的情况中，除了显示两者身份地位的不同，主要用意还是要以“小人”之“无德”来反衬“君子”之“有德”，如《子路》中：“君子易事而难说也：说之不以道，不说也；及其使人也，器之。小人难事而易说也：说之虽不以道，说也；及其使人也，求备焉。”

春秋时期，周天子与诸侯间因血缘而生的自然之情日渐消失，爵禄之位成为诸侯失德而争利的主要诱因。在这样的时代背景下，孔子提出：“礼云礼云，

---

① 杨伯峻《论语译注》和林义正《论孔子“君子”概念》中的统计皆为107例。杨伯峻将“君子”的用法分为两类：一是有道德的人，二是在高位的人。林义正则将“君子”的用法分为四类：第一类专指孔子，第二类指有位者，第三类指有德者，第四类指有德位者。参见杨伯峻：《论语译注》，中华书局2009年版，第238页。林义正：《论孔子“君子”概念》，《文史哲学报》1984年第33卷。

玉帛云乎哉？乐云乐云，钟鼓云乎哉？”（《论语·阳货》）希望以“摄礼归仁”的主张，重新找回宗法礼制下血缘远近关系之“位”所深藏的周初敬天之德。所以，在《论语》中，孔子淡化君子概念中“位”的爵禄之意，转而寻求精神修养的内涵——“德”。正如史华兹所言：“它（君子）已经获得了自身应有的道德含义，但这并不意味着孔子否定了世袭的等级制。与此相反，他仍然怀有这样的深切希望，即那些出身高贵的人会受到熏染，成为真正的君子。”当然，孔子最大的贡献是以道德作为君子的核心准则，提出“以德致位”的主张①，从而使得“君子”一词完成了从“在位者”到“有德者”的意义转折。

孔子对“君子”一词的创造性诠释，打破了宗法制度下贵族与平民的阶级隔阂。“有德”成为君子的必要条件后，君子不再是遥不可及的上位者，而是可亲又可敬的典范。“君子”概念所强调的德行内涵，意味着人的价值不再由先天的身份地位来决定，而是以后天的道德修养重新界定。由此可知，德行内涵是把握“君子”概念的核心要素，也是先秦文化高度精神自觉的表现。至此，“君子”正式被作为一种理想的人格典型且被具体、具象地加以规范，君子之风也随之被儒家大力倡导。

第二节　君子人格的心理状态

《论语》中有三篇，对于理解和把握孔子所推崇的君子人格应当具有或者说应当达到的心理状态，非常重要。

子曰：“知者不惑，仁者不忧，勇者不惧。”（《论语·子罕》）

① 萧公权在《中国政治思想史》中说：“孔门之教，意在以德取位。”又说《论语》中之君子指有地位者，乃因袭《诗》、《书》；指有品行者，是孔子自创；兼言地位与品格者，则是沿用旧式而略变其旨。基本上，君子一词的旧义倾向于就位以修德，孔子本人则重修德以致位。参见萧公权：《中国政治思想史》，辽宁教育出版社1998年版，第49、50、66页。

司马牛问君子。子曰："君子不忧不惧。"曰："不忧不惧，斯谓之君子已乎？"子曰："内省不疚，夫何忧何惧？"（《论语·颜渊》）

子曰："君子道者三，我无能焉：仁者不忧，知者不惑，勇者不惧。"子贡曰："夫子自道也。"（《论语·宪问》）

在这三篇中，我们如果把《子罕》和《宪问》结合起来看，可以推知《子罕》篇也是孔子答复时人询问君子之语，只是略去了何人发问而已。这两章都是孔子从"君子道"告知发问者，一个品德良好的君子所必须具有的三种修养品质，一是具有仁德，故能不忧虑；二是具有智慧，故能不迷惑；三是具有勇气，故能无所畏惧。尽管孔子谦称自己尚未完全具备这三种修养品质，孔子的弟子子贡却明确肯定它们正是孔子已达到的境界。君子应当具备知、仁、勇三种人格修养，这正与《中庸》中所推崇的"三达德"①相同，也可相互印证。《颜渊》篇是针对司马牛问君子的实际情境，特别从仁与勇的效验上加以指点，而孔子的重点放在了"内省不疚"上。

在我们看来，所谓"仁者不忧，知者不惑，勇者不惧"，正是孔子对君子人格应该具有的心理状态或者说所能达到的精神境界最生动、最形象也是最全面的表述。《中庸》中将仁、知、勇视为"三达德"，可说明这三者正是孔子君子人格学说中最为重要的三个德目，也是君子人格最主要的特征。

一、仁者不忧

仁的发现，是儒家思想史上最大的事件；仁的观念，是孔子思想的核心②。

① 《中庸》曰："天下之达道五，所以行之者三。曰：君臣也，父子也，夫妇也，兄弟也，朋友之交也。五者，天下之达道也。知、仁、勇三者，天下之达德也，所以行之者一也。或生而知之，或学而知之，或困而知之，及其知之，一也。或安而行之，或困而行之，或勉强而行之，及其成功，一也。子曰：好学近乎知，力行近乎仁，知耻近乎勇。知斯三者，则知所以修身；知所以修身，则知所以治人；知所以治人，则知所以治天下国家矣。"

② 王博：《中国儒学史》（先秦卷），北京大学出版社 2011 年版，第 68、69 页。

因此，在儒家所追求的理想人格——君子人格的构成中，仁是一个根本因素①，于“仁者不忧，知者不惑，勇者不惧”的君子之道中，具有优先地位②。那么，仁者或者说君子为何能够达至“不忧”的心理状态呢？有学者借助西方美德伦理的基本框架，揭示其中所蕴含的道德行为者形象及其道德心理状况③；也有学者基于现代精神性和认知神经科学的相关研究成果，论证儒家伦理有利于人的身心健康④。其实，回到儒学本身，借助自身资源，以“儒家最高的价值标准”⑤——“和谐”进行观照，会发现仁者在内省不疚、欣然爱人与乐天知命中，获得身心和谐、人际和谐以及天人和谐，故而能够达至“不忧”的心理状态。

（一）内省不疚与身心和谐

“和谐”是“儒家最高的价值标准”⑥。《周易》中有“太和”观念，《中庸》中讲“中和”原则，《论语》中提出“和为贵”命题，孟子、荀子尤为重视人

---

① 孔子说：“君子去仁，恶乎成名？君子无终食之间违仁，造次必于是，颠沛必于是。”（《论语·里仁》）在孔子看来，君子之所以拥有“君子”之名，就在于他时时刻刻与仁相依存，没有仁之实，就不能称其为君子。

② 《论语·子罕》：“子曰：‘知者不惑，仁者不忧，勇者不惧。’”《论语·宪问》：“子曰：‘君子道者三，我无能焉：仁者不忧，知者不惑，勇者不惧。’子贡曰：‘夫子自道也。’”在这两篇中，如果把《子罕》和《宪问》结合起来看，可以推知《子罕》篇也是孔子答复时人询问君子之语，只是略去了何人发问而已。这两章都是孔子从“君子道”告知发问者，一个品德良好的君子必须具有的三种修养品质。三者之中，“仁”具有优先地位。因为“知及之，仁不能守之，虽得之，必失之”（《论语·卫灵公》），“择不处仁，焉得知”（《论语·里仁》），“仁”比“知”更具主体性；“仁者必有勇，勇者不必有仁”（《论语·宪问》），“勇”需置于“仁”的规约之下。

③ 李义天：《仁者不忧——美德伦理视野中的儒学问题》，《吉首大学学报》2012 年第 6 期。

④ 郭斯萍：《仁者何以不忧——试论儒家伦理与心身健康》，《南京师大学报》（社会科学版）2018 年第 3 期。景怀斌：《儒家式应对思想及其对心理健康的影响》，《心理学报》2006 年第 38 卷第 1 期。

⑤ 张岱年、程宜山：《中国文化精神》，北京大学出版社 2015 年版，第 163 页。

⑥ 张岱年、程宜山：《中国文化精神》，北京大学出版社 2015 年版，第 163 页。

和。作为事物在生存与发展过程中达至的均衡与协调状态，儒家和谐思想主要涉及个体身心和谐、人际和谐与天人和谐等方面的内容[①]。其中所谓“身心和谐”，按照黎红雷的观点，就是“关于人自身的形体与精神之间的和谐”。他以庄子在《天运》篇中的“东施效颦”寓言为例，分析说：西施动作之美，在于举手投足皆是内心情感的自然外现，“从而使形体动作与精神状态达到了完美的和谐”；而东施“弄虚作假，是为不善；装模作样，是为不真。这就破坏了和谐，也就无所谓美了”[②]。因此，身心和谐是内心情感之真与外在行为之善的内在统一。

《论语·颜渊》中，司马牛问君子：“子曰：‘君子不忧不惧。’曰：‘不忧不惧，斯谓之君子已乎？’子曰：‘内省不疚，夫何忧何惧？’”司马牛之所以会有如此一问，朱熹注释为“向魋作乱，牛常忧惧”[③]。司马牛一家本是宋国贵族，兄长桓魋为宋景公宠臣，因恃宠而骄最终发展到谋反作乱。结果叛乱失败，害得全族背井离乡，四处逃亡，司马牛也随家人逃到了鲁国。因此，兄长的不义之举及其必然身首异处的悲惨下场，是司马牛常忧常惧者。对于孔子的回答，朱熹解释说：“言由其平日所为无愧于心，故能内省不疚，而自无忧惧，未可遽以为易而忽之也。”[④]君子平日为人处事光明正大，坦坦荡荡，无一事不可对人言，所以在内省时能做到没有一丝一毫的愧疚，自然能不忧不惧。《论语·述而》记载：“子曰：‘二三子以我为隐乎？吾无隐乎尔。吾无行而不与二三子者，是丘也。’”对于这则记载，朱熹注释说：“诸弟子以夫子之道高深不可几及，故疑其有隐，而不知圣人作、止、语、默无非教也，故夫子以此言晓之。”[⑤]所以，学者们通常将其解读为孔子身为老师，自言在教学过程中将其知识对学生们倾囊相授，无所隐瞒。这种解读当然有其合理之处。但是，我们也不妨将其

① 参见汤一介：《儒学与“和谐社会”建设》，《中国社会科学》2010年第6期。

② 黎红雷：《“和谐观”中西合论》，《中国哲学史》1999年第4期。

③ （宋）朱熹：《论语集注》卷六，《四书章句集注》，中华书局2011年版，第126页。

④ （宋）朱熹：《论语集注》卷六，《四书章句集注》，中华书局2011年版，第127页。

⑤ （宋）朱熹：《论语集注》卷四，《四书章句集注》，中华书局2011年版，第95页。

所涵范围由知识层面扩展延伸出去，理解为孔子本人一生光明磊落，所作所为皆对弟子们没有任何可隐瞒之处[①]。事实上，纵观先秦典籍中所载孔子言行，无一处不彰显君子风范，其立身处世坦坦荡荡，心地光明不有隐曲匿藏。因此，孔子教导司马牛君子的不忧在于自我的“内省不疚”，要他不可忽视“内省不疚”的重要性，可谓是以身说法，经验之谈。

“内省不疚”，即是“心安”。孔子论“仁”，是依于“心”来谈的，所以有所谓“回也，其心三月不违仁”（《论语·雍也》）之说。因此，对于《论语·里仁》中的“仁者安仁”一语，杨伯峻将其解释为“有仁德的人安于仁（实行仁德便心安，不实行仁德心便不安）”[②]。在孔子与宰我关于“三年之丧”的讨论中，便显示出人之“仁”或“不仁”的主观基础或判断标准，那就是“心安”。面对宰我对“三年之丧”的质疑，孔子所作的回应十分简约：“于女安乎？”丝毫不究其他，而是直指其心。应当说，这个简洁的回应在一定程度上指出：人事上的所作所为，无论如何困难或复杂，始终有一真实而简单的依据，那便是心之“安”否。

所作所为若在自己之心能无愧于人、无愧于己而安，便是事情能够真实推动实行延续下去的根本原因。否则，这种行为便值得怀疑与商榷。比如说，依据当时礼法要求，父亲攘羊、儿子举告是为大义，不过，它有悖于“仁者人也，亲亲为大”（《中庸》）的伦理情感认识，不利于自我内心真情实感的发抒，会导致行为者心生愧疚与不安，所以，孔子加以反对，要求尊重人与人情，主张“父为子隐，子为父隐”（《论语·子路》）。孔子将这种“父为子隐，子为父隐”的行为称之为“直”，对此，冯友兰解释说：“直者内不以自欺，外不以欺人，心有所好恶而如其实以出之者。”[③]这种“直”，就是内心情感的真实呈现。

---

① 李泽厚就解释说：“孔子表明，作为老师，自己的言行、思想都可以公开，自己的知识、学问、道德、文章，都可以向学生传授，没有什么可以隐瞒的。”李泽厚：《论语今读》，生活·读书·新知三联书店 2004 年版，第 210、211 页。

② 杨伯峻：《论语译注》，中华书局 2009 年版，第 34 页。

③ 冯友兰：《中国哲学史》，华东师范大学出版社 2000 年版，第 58 页。

正如有的学者所言："内心之仁表现于外的形式往往是情感，情感的展现贵在真实。"①孔子曾将"刚毅木讷"之人与"巧言令色"之人作过鲜明对比，认为前者"近仁"，后者"鲜矣仁"。冯友兰解释说："前者是以自己为主，凭着自己的真性情、真情实感做事的老老实实的人。后者是以别人为主，做事说话，专以讨别人喜欢的虚伪的人。"②也正是从这个角度出发，孔子反对"以德报怨"，力主展现真实、可信、可亲的自我，提出"以直报怨，以德报德"（《论语·宪问》）。孔子以"匿怨而友其人"、"巧言、令色、足恭"（《论语·公冶长》）行径为耻，并将那种虚情假意、伪善欺世之人斥为乡愿，认为他们是"德之贼也"（《论语·阳货》）。"唯仁者能好人，能恶人。"（《论语·里仁》）身为仁者，孔子本人敢爱敢恨、爱憎分明，喜怒哀乐形之于色。比如，对于司马桓魋劳民伤财制作石椁三年不成，他咒其早腐："若是其靡也，死不如速朽之愈也"（《礼记·檀弓上》）；对于季氏僭越礼制以"八佾舞于庭"，他忍无可忍："是可忍也，孰不可忍也"（《论语·八佾》）；对于以木偶人殉葬这种罪恶而反人道的观念，他破口大骂："始作俑者，其无后乎"（《孟子·梁惠王上》）；对于颜渊的英年早逝，他悲痛欲绝："噫！天丧予！天丧予"（《论语·先进》）；对于知天命之年被委以重任，他喜不自禁："由大司寇行摄相事，有喜色"（《史记·孔子世家》）……这种种记载，将孔子丰富的情感世界一一展现于世人面前。"只有在一种真实生动的情绪之中，人才能获得其本己性。人的本己性中也必然伴随着某种情绪"③。"可见，从情感这一角度来说，君子应当是具有真实道德情感的大爱之人。"④

孔子也努力将道德秩序建立在真实的情感基础之上。他在答林放问礼之本时说："礼，与其奢也，宁俭；丧，与其易也，宁戚。"（《论语·八佾》）在谈到礼的时候，又说："礼云礼云，玉帛云乎哉"（《论语·阳货》）、"人而不仁，如

① 冯晨：《孔子的"天命"与"仁"》，《道德与文明》2016年第4期。

② 冯友兰：《中国哲学史新编》，人民出版社1998年版，第149页。

③ 赵振羽：《论孔子"里仁"思想》，《孔子研究》2016年第1期。

④ 吕本修：《先秦儒家修身思想述要》，《理论学刊》2016年第6期。

礼何”（《论语·八佾》），这些都说明真正的礼不在于外在形式的仪文，而是奠基于真实的道德情感之上。所以，当内在于人的德性养成之后，便可以做到“从心所欲，不逾矩”（《论语·为政》），“不勉而中，不思而得，从容中道”（《中庸》）。因为这是内心真情实感的自然呈现，既不做作，也无伪饰。在荀子那里，依礼义而行为，也“不仅仅局限于‘消极地’不与客观的社会规范相违背，而更在于其本身也正是完善的内在德性之养成的必要条件”①。按照《荀子·劝学》中“目非是无欲见”、“耳非是无欲闻”、“口非是无欲言”、“心非是无欲虑”等种种说法，礼仪道德显然不只是一种外在于人的社会规范，更是“内化于人心，成为人内在的德性”②，以至于人不再出于外在他律的勉强而是按照内心的真实情感而行动。

《孟子·尽心上》提出：“仰不愧于天，俯不怍于人，二乐也”，这是君子三乐中的第二乐，很明显，这是一种道德之乐。人的行事皆由诚而发，无愧于天地人我，此时之乐便如《尽心上》另一处所言：“反身而诚，乐莫大焉”。这种乐自然不是感性欲望的满足，而是精神性的“大乐”，在这种精神性的“大乐”之中，实是洋溢着道德的自由之感。然而，作为这种精神性的大乐的中心，则在于“诚”。当内心真实光明、无愧于天地人我时，产生的道德情感是最高的愉悦之情，这也是实现其本心善性的愉悦之情。仁者内心之真实情感与其外在的言行表现高度契合，达至个体身心的和谐，自然能够做到乐而无忧。

（二）欣然爱人与人际和谐

儒家高度重视人与人之间关系的和谐，而“爱人”正是儒家仁爱思想的核心。《论语·颜渊》记载：“樊迟问仁。子曰：‘爱人。’”孔子以“爱人”来定义“仁”，自然是要求“仁者爱人”（《孟子·离娄下》）。在《论语》中，孔子关于

① 王楷：《从“知者利仁”到“仁者安仁”——荀子道德论证的两层结构》，《哲学与文化》2008年第35卷第10期。

② 王楷：《从“知者利仁”到“仁者安仁”——荀子道德论证的两层结构》，《哲学与文化》2008年第35卷第10期。

仁的说法虽然多种多样，但都包含有同他人之间某种肯定的关系。如《阳货》中："孔子曰：'能行五者于天下为仁矣。''请问之。'曰：'恭、宽、信、敏、惠。恭则不侮，宽则得众，信则人任焉，敏则有功，惠则足以使人。'"这里所谓的"恭、宽、信、敏、惠"五者，皆存在于与他人的关系之中。《论语·子路》曰："樊迟问仁。子曰：'居处恭，执事敬，与人忠。虽之夷狄，不可弃也。'"《论语·卫灵公》曰："子贡问仁。子曰：'工欲善其事，必先利其器。居是邦也，事其大夫之贤者，友其士之仁者。'"这里的"执事"、"与人"、"事贤者"、"友仁者"，也都关联和指向他人。因此，董仲舒在《春秋繁露》中明确指出：仁者之爱，不在"爱我"，而在"爱他人"。"春秋之所治，人与我也；所以治人与我者，仁与义也；以仁安人，以义正我……是故春秋为仁义法，仁之法在爱人，不在爱我；义之法在正我，不在正人；我不自正，虽能正人，弗为义；人不被其爱，虽厚自爱，不为仁。"① 在董仲舒看来，仁者之"爱"是爱他人而非爱自己，自爱而不爱人，算不得仁；义者之"正"是正自我而非正他人，正人而不自正，算不得义。所以，陈来认为，在董仲舒的论述当中，"仁的实践必须是他者取向的"②。

这种"爱人"的品德为人本身所具有。《中庸》引孔子的话说："仁者人也"，"仁"是人的内在本质。孟子提出人性善的观点，为孔子的仁爱思想提供了更多的理论支撑。孟子之所以坚持人性善，既非依靠科学论证亦非通过逻辑推理，而是在对日常生活的观察中体悟到的。孟子发现，每个人都有"不忍人之心"。他以"乍见孺子将入于井"的具体情境进行了说明：

孟子曰："人皆有不忍人之心……所以谓人皆有不忍人之心者，今人乍见孺子将入于井，皆有怵惕恻隐之心——非所以内交于孺子之父母也，非所以要誉于乡党朋友也，非恶其声而然也。由是观之，无恻隐之心非人也，无羞恶之心非人也，无辞让之心非人也，无是非之心非人也。"（《孟子·公孙丑上》）

① （清）苏舆：《春秋繁露义证》，中华书局2015年版，第243—245页。

② 陈来：《"仁者人也"新解》，《道德与文明》2017年第1期。

当突然看到懵懂无知的孩童将要掉入井里时，任何人都会产生“怵惕恻隐”即惊恐与伤痛之心。而这种瞬间生出的惊惧伤痛，并非出自功利性的利害考量、名誉算计，而是真心流露出的悲悯之情。它证明了恻隐之心是人人皆有、不学而能的本性，是源自自然的内心本然的善心善意，不受外在环境的影响。孟子认为，这种“恻隐之心”即是“不忍人之心”，也就是人不忍看到他人遭受痛楚而内心自发涌现出的深切关爱之情，它是人之为人的本质，也是道德的根源。在孟子看来，“恻隐之心”与“羞恶之心”、“辞让之心”和“是非之心”一起，构成了人一生下来就具有的怜悯同情、羞恶不善、辞谢退让、分辨是非善恶的本性，是每个人的天赋资质。

《郭店楚墓竹简·性自命出》指出：“道始于情，情生于性。”[①] 这里的“道”是指“人道”，即处理人与人之间关系的规律，或者说是处理社会关系的准则。“道始于情”是说人与人之间关系的建立是由感情开始的，而“情生于性”，这种感情又生于人的本性。所以，《中庸》说：“仁者人也，亲亲为大”；《孟子·离娄上》讲：“仁之实，事亲是也”。“血缘的亲子之爱乃是‘仁’的最深沉的心理基础，因此，‘仁’作为道德意识，首先要爱亲，从爱自己的父母兄弟做起，然后推而广之。”[②]《孟子·离娄上》中有这样一段话：“仁之实，事亲是也；义之实，从兄是也……乐之实，乐斯二者，乐则生矣”。很显然，这里所谓的“二者”，是指“事亲”和“从兄”。在孟子看来，“事亲”和“从兄”是人伦之始，因为正如《尽心上》所言：“孩提之童无不知爱其亲者，及其长也，无不知敬其兄也。”不过，两者虽然只是家庭内部的私人情感，但这种血亲之爱中有天理存留。孟子提出，亲亲即是仁，敬长即是义，仁义便在人人皆有的家庭伦常中得到了表现。“君子有三乐，而王天下不与存焉。父母俱存，兄弟无故，一乐也”（《孟子·尽心上》），在家庭中能够做到以事亲之孝和从兄之悌的实践为“乐”，显然是最为根本的一种快乐。不过，文中两个“乐”字，其“乐”的意

① 荆门市博物馆：《郭店楚墓竹简·性自命出》，文物出版社 1998 年版，第 179 页。

② 李素英：《先秦儒家孝道思想的意蕴解读》，《理论学刊》2014 年第 1 期。

义却有所不同。“乐斯二者”的“乐”是道德自发性的快乐，“乐则生矣”的“乐”则是由“事亲”、“从兄”的实践结果所产生的快乐之感。前者为道德本有之乐，后者则是道德结果之乐。

以自我为主宰，本心自发地乐于实践事亲、从兄的孝悌之行，这里面所产生的快乐的道德情感是无穷的。这种快乐因为是从自我本心的自发性实践中来，所以不受外在条件的决定。以舜为例，父母“顽、嚚”，弟象傲慢，几次要置其于死地，舜却孝亲不辍，竭尽心力侍奉双亲，终使父亲成为慈父并获得了真正的喜悦和快乐，“舜尽事亲之道而瞽瞍厎豫”（《孟子·离娄上》），所以，孟子称其为“大孝”。而舜之所以能够做到“大孝”，是因为他“明于庶物，察于人伦，由仁义行，非行仁义也”（《孟子·离娄下》）。

从这个意义上来看，韩非子对老子“上仁”的解释用来解读儒家“仁者爱人”也许更为恰切。他说：“仁者，谓其中心欣然爱人也。其喜人之有福，而恶人之有祸也。生心之所不能已也，非求其报也。”①之所以说它恰切，是因为“欣然”一词所描摹出的那种“自然而然地发自内心”的愉悦情态，正可用以表现仁者道德的自主性与主动性。而这种高超的境界，恰恰能够与儒家的“为仁由己，而由人乎”（《论语·颜渊》）、“求仁得仁，又何怨”、“我欲仁，斯仁至矣”（《论语·述而》）等相呼应。因此，韩非子“中心欣然爱人”的描摹，相较于单纯的“仁者爱人”的界说，更为生动形象，也更为恰当贴切。

由于道德实践本身即是目的，而且能够带给人无尽的悦乐，所以“仁”的精神就不能也不会仅仅停留在爱自己亲人的家庭层面。《郭店楚墓竹简·五行》中说：“亲而笃之，爱也。爱父，其攸爱人，仁也。”②就是说，对自己亲人即便爱到极点，那也只能称之为“爱”而非“仁”；不仅爱自己的父亲，而且能够将这种爱扩大到爱别人，才能叫作“仁”。因此，孔子要求弟子“入则孝，出则悌，谨而信，泛爱众，而亲仁”（《论语·学而》）。孟子则更为明确地提出把

---

① （清）王先慎：《韩非子集解·解老》，中华书局1998年版，第131页。

② 荆门市博物馆：《郭店楚墓竹简·五行》，文物出版社1998年版，第150页。

施爱对象从家人向大众过渡，将血缘宗族中的“亲亲之爱”——孝悌不断扩大，从而获得一种爱的拓展：“老吾老，以及人之老；幼吾幼，以及人之幼。天下可运于掌。《诗》云，‘刑于寡妻，至于兄弟，以御于家邦。’言举斯心加诸彼而已。故推恩足以保四海，不推恩无以保妻子。古之人所以大过人者，无他焉，善推其所为而已矣。”（《孟子·梁惠王上》）借助于这种“推己及人”的方法，孟子把“仁爱”思想分为了三个层次和三种境界，即“亲亲”、“仁民”与“爱物”（《孟子·尽心上》）。可以说，顺遂着自然亲情，儒家得以实现人生社会远大理想。

仁者本心自发地乐于道德实践，从事亲、从兄的孝悌之行做起，推己及人，将个人之爱拓展至家庭以外的其他社会成员，自然会在社会上构建出一种和谐友爱、良性互动的人际关系。“爱人者，人恒爱之；敬人者，人恒敬之”（《孟子·离娄下》），在自发性的道德实践中，感受着人际交往中的爱与敬以及相伴而来的快乐，仁者当然不忧。

（三）乐天知命与天人和谐

孔子自言“五十而知天命”（《论语·为政》），又说：“不知命，无以为君子也”（《论语·尧曰》），“君子有三畏：畏天命，畏大人，畏圣人之言”（《论语·季氏》），将“知命”、“畏天命”视为成就君子人格的内在要求。《周易·系辞上》中说：“乐天知命，故不忧”，这里的“命”主要是指一种人力无法决定与掌控的客观限制，而“天”则主要指道德天或者说德化天，它是人类道德的根源①。

那么，何谓“知命”？人生在世，生命有限而易失，不仅个体立德、立功、立言的事业必然要受到诸多主客观因素的影响和制约，而且也难免遇到贫富、

① 何谓天与命？蔡仁厚认为，孔子所言之“天”可分为（一）意志天：即具有主宰意义的人格神；（二）德化天：即天命、天道、天德、天理，是儒家所强调的；（三）气化天：是阴阳自然的变化。至于儒家所言之“命”，蔡仁厚认为可分为“命定义”和“命令义”两种，其中“命定义”之命也可称之为命运、命遇、命限，是人注定要面对承受且自身无法改变、无法突破的客观限定与限制；而“命令义”之命亦即天命、性命，它是至高无上的善的命令、道德的命令。蔡仁厚：《孔子的生命境界——儒学的反思与开展》，吉林出版集团 2010 年版，第 5、6、7 页。

贵贱、吉凶、祸福、得失、荣辱、顺逆、穷达、死生、寿夭等等命运的困扰。《论语·卫灵公》记载，孔子在陈绝粮，子路愠见。子路的质问带有愤愤不平之气，孔子以“君子固穷”作答，意在说明君子没有免于窘境的特权，但君子与小人的分别正在于对待这一困境时的不同态度。这件事后来在不同文本中有了扩充与改写。《荀子》中，对孔子及其弟子厄于陈、蔡的事迹作过一番铺陈①。荀子笔下的子路相信善恶报应、德福一致，所以他不理解为何夫子“累德、积义、怀美”却处于如此困境。孔子就以比干、伍子胥为例，说明个人的穷达祸福是由时命决定：“夫遇不遇者，时也；贤不肖者，材也；君子博学深谋不遇时者多矣。由是观之，不遇世者众矣，何独丘也哉？”（《荀子·宥坐》）所以，君子必须要意识、正视并接受自身的局限性，即“知命”。可以说，正是认识到了人世间存有不为个人所控制的不可抗拒的外部力量，孔子才会有“道之将行也与，命也；道之将废也与，命也”（《论语·宪问》）的无尽伤感，才会对冉伯牛之病发出“亡之，命矣夫！斯人也而有斯疾也！斯人也而有斯疾也”（《论语·雍也》）的连连哀叹，子夏也才产生“死生有命，富贵在天”（《论语·颜渊》）的深刻体悟。

“知命”之后，便可知何者该为，何者不该为，以及如何行为。《郭店楚墓竹简·穷达以时》中说：“有天有人，天人有分。察天人之分，而知所行矣。”②了解了天人各有其职分、作用、范围，就可以对命运有一种达观的理解，“既

① 《荀子·宥坐》中讲道：孔子南适楚，厄于陈、蔡之间，七日不火食，藜羹不糂，弟子皆有饥色。子路进问之，曰：“由闻之：为善者天报之以福，为不善者天报之以祸。今夫子累德、积义、怀美，行之日久矣，奚居之隐也？”孔子曰：“由不识，吾语女。女以知者为必用邪？王子比干不见剖心乎？女以忠者为必用邪？关龙逢不见刑乎？女以谏者为必用邪？吴子胥不磔姑苏东门外乎？夫遇不遇者，时也；贤不肖者，材也；君子博学深谋不遇时者多矣。由是观之，不遇世者众矣，何独丘也哉？且夫芷、兰生于深林，非以无人而不芳。君子之学，非为通也；为穷而不困，忧而意不衰也，知祸福终始而心不惑也。夫贤不肖者，材也；为不为者，人也；遇不遇者，时也；死生者，命也。今有其人不遇其时，虽贤，其能行乎？苟遇其时，何难之有？故君子博学、深谋、修身、端行以俟其时。”

② 荆门市博物馆：《郭店楚墓竹简·穷达以时》，文物出版社1998年版，第145页。

承认‘命’对个体的影响，又不是消极地为‘命’所限制，而是要在有‘命’时有所作为，在没有‘命’时，做自己能够做的事情，特别是提升内在修养以达‘仁’”①。这也就是《荀子·宥坐》中“君子博学、深谋、修身、端行以俟其时”之意。唯有如此，才可以消解因吉凶、祸福、顺逆、穷达等带来的种种困扰。

何谓“乐天”？孔子说：“天生德于予”（《论语·述而》），“不怨天，不尤人，下学而上达。知我者其天乎”（《论语·宪问》），意即人的德性为上天所赋，只要修德践仁便可上达天道。孟子继承这一思想，提出“存心”、“养性”以“事天”：“尽其心者，知其性也。知其性，则知天矣。存其心，养其性，所以事天也。”（《孟子·尽心上》）这里的“天”为德化之天或者说是道德之天，所谓知天，某种程度上讲就是要了解仁、义、礼、智等德性品质来自天，认识“天”是万物运行的法则与人类生活价值的依据。不过，仁、义、礼、智等道德情操虽然与口之于味、目之于色等感官需要生理欲求一样，都由上天赐予，是人与生俱来的本性，但它的实现并不完全取决于命，而是在于人后天“求则得之，舍则失之”（《孟子·尽心上》）的主观道德选择，其主宰性在人自身。

“仁之于父子也，义之于君臣也，礼之于宾主也，知之于贤者也，圣人之于天道也，命也，有性焉，君子不谓命也。”（《孟子·尽心下》）所以，孟子将其称为性而不谓之命，突出了人的道德主体性。因此，所谓尽心、知性、知天、存心、养性、事天，不但要知道仁、义、礼、智等德性品质来自天，而且还要将其上达天道，提升至宇宙的普遍本质。这样一来，仁、义、礼、智等人道便与天道统一起来。《中庸》中说：“诚者，天之道也；诚之者，人之道也。”“诚”是天道的根源，同时也是人道的根本。如此，人生存在的最高价值与自然化成的宇宙便有了共通之处，都属于先验的纯粹至善。天地的变化、宇宙的生成等，无不是“诚”的贯通流行，人生的存在便当以复归“诚”的纯粹至善为己任。

《孟子·告子上》提出：“有天爵者，有人爵者。仁义忠信，乐善不倦，此

① 景怀斌：《孔子“仁”的终极观及其功用的心理机制》，《中国社会科学》2012年第4期。

天爵也；公卿大夫，此人爵也。古之人修其天爵，而人爵从之。今之人修其天爵，以要人爵；既得人爵，而弃其天爵”。李正治分析说：孟子所说的“天爵”，是由“乐善不倦”所规定者，其“乐”完全属于道德自觉方面的事，与公卿大夫的“人爵”势位本质上并不相干，因此不受这些外在条件的决定。但今人以“天爵”为手段来追求“人爵”，其“乐善”已经夹杂有人欲，其乐自然不再是由本心而发，至于实践仁、义、忠、信的快乐之情，更是受到所追求的人爵得失之影响。很显然，这里孟子所要指出的是，道德实践不能沦为手段，其本身就是目的，既然是目的，自然不是外在条件可以决定的。所以，李正治认为：“从此而言，当可明白为何在自发性实践中的悦乐是无穷的悦乐，‘生则恶可已也’，以至于‘不知足之蹈之，手之舞之’，因为这里透漏出践证天理之道德的自由，这是‘礼乐’之‘乐’的最高悦乐，也是其中的甚深密旨。”①

君子乐天知命，所以无论贫富、贵贱、吉凶、祸福、得失、荣辱、顺逆、穷达，都能安之若素，无所忧虑：“君子素其位而行，不愿乎其外……君子无入而不自得焉。”（《中庸》）肖群忠解释说：“君子无论处于何处地位都能怡然自得，不假外求，居心平易以待天命。”这正与《孟子·尽心下》中的思想遥相呼应：“君子行法，以俟命而已矣”。君子立身处世，只是行其当行，为其当为，至于最终结果，则交于命运去定夺。这里的“俟命”，并非无所用心、被动等待人生结局的到来，而是君子“已觉解大化流行之真谛，明达人之一生中所应该及必须做之事，故而能够在世间孜孜努力，而不在意于人生的结局于何时何处降临”②。

总之，先秦儒家借助“仁者不忧”这一著名论断，为世俗人生构建出高远宏大的生活意义及其相应的精神境界，使行为者通过个体积极的道德实践、自我德行的完善，实现身心和谐、人际和谐与天人和谐，彰显出儒家德性的光辉。先秦儒家还把它与君子人格相结合，树立起儒家君子达观进取的人生态度，丰富了君子的价值内涵。从这个意义上来看，先秦儒家倡导的“内省不

① 李正治：《孟子“礼根于心”型的礼乐思索》，《鹅湖月刊》1997 年第 22 卷第 8 期。

② 郑晓江：《“乐天知命”与“安之若命”——儒家生死智慧之现代诠释》，《杭州师范大学学报》2008 年第 3 期。

疚”、“欣然爱人”与“乐天知命”，对当代人们确立生命方向，获得心灵安顿，化解人生挫折，仍然具有重要的借鉴与启示价值。

二、智者不惑

“智”古代作“知”。《说文解字·矢部》说：“知，词也，从口从矢。”徐灏《说文解字注笺》解释说：“知，智慧即知识之引申，故古只作知。”① 在中国哲学思想史上，最早将“智”视为一种道德规范与道德德行进而加以倡导与强调者，是儒家学说的创始人——孔子②。据杨伯峻统计，《论语》一书中，“知”出现了116次，其中有25次与“智”相通，意为“聪明”、“有智慧”③。其余大概91次的“知”，用为动词，意为“认识”、“知道”、“了解”；用为名词，意为“知识”。到了战国时期，《孟子》一书中的“知”与“智”已有较为明确的区分。其中，“智”出现了32次，基本上为“聪明”、“智慧”④。而“知”共计114次，

① （清）徐灏：《说文解字注笺》卷五下，《续修四库全书二二五·经部·小学类》，上海古籍出版社2002年版，第551页。

② 潘小慧：《中西“智德”思想比较研究：以先秦孔、孟、荀儒家与多玛斯哲学为据》，《哲学与文化》2003年第30卷第8期。

③ 杨伯峻：《论语译注》，中华书局2009年版，第252页。例句如《论语·宪问》中，子路问成人。子曰：“若臧武仲之知，公绰之不欲，卞庄子之勇，冉求之艺，文之以礼乐，亦可以为成人矣。”曰：“今之成人者何必然？见利思义，见危授命，久要不忘平生之言，亦可以为成人矣。”《论语·公冶长》中，子曰：“宁武子，邦有道，则知；邦无道，则愚。其知可及也，其愚不可及也。”《论语·里仁》中，子曰：“里仁为美，择不处仁，焉得知？”

④ 例句如《孟子·梁惠王下》：“惟仁者为能以大事小，是故汤事葛，文王事昆夷。惟智者为能以小事大，故大王事獯鬻，勾践事吴。”《孟子·万章上》：“百里奚，虞人也。晋人以垂棘之璧与屈产之乘假道于虞以伐虢。宫之奇谏，百里奚不谏。知虞公之不可谏而去之秦，年已七十矣；曾不知以食牛干秦穆公之为污也，可谓智乎？不可谏而不谏，可谓不智乎？知虞公之将亡而先去之，不可谓不智也。时举于秦，知穆公之可与有行也而相之，可谓不智乎？相秦而显其君于天下，可传于后世，不贤而能之乎？自鬻以成其君，乡党自好者不为，而谓贤者为之乎？”《孟子·告子上》：“恻隐之心，仁也；羞恶之心，义也；恭敬之心，礼也；是非之心，智也。仁义礼智，非由外铄我也，我固有之也，弗思耳矣。”

只有 2 处与“智”相通，出现在《孟子・尽心上》中，孟子曰：“知者无不知也，当务之为急；仁者无不爱也，急亲贤之为务。尧、舜之知而不遍物，急先务也；尧、舜之仁不遍爱人，急亲贤也。”其余 112 次的“知”，为通常意义上的“认识”、“了解”、“知道”或“知识”。到了荀子，他高度重视“知”与“智”。《荀子》全书中，“智”虽然仅有 8 例，但在出现频率高达 479 次的“知”中，与“智”相通者至少超过 50 次①。

智者知人与自知。孔子对知(智）有过一个简单而直接的解读。《论语・颜渊》中记载：

樊迟问仁。子曰：“爱人。”问知。子曰：“知人。”樊迟未达。子曰：“举直错诸枉，能使枉者直。”

在孔子看来，“仁”为“爱人”，“知(智)”为“知人”。《郭店楚墓竹简》“五行”篇中对“不智”的解释是：“见贤人而不知其有德也，谓之不智”②，也从反面揭示了“知人”是“知（智)”的核心意涵。而知人的首要任务在于辨别人之枉直，孔子以“把直的东西放到弯曲的东西上面，弯曲的东西就自然变直”为喻，说明智德可以辅助成就仁德。在孟子那里，“仁之实，事亲是也。义之实，从兄是也。智之实，知斯二者弗去是也”(《孟子・离娄上》)，“智”成为在判断是非时，能以仁义作为标准，反问自己这样做心安不安的智慧。

《郭店楚墓竹简》中讲：

知己所以知人，知人所以知命，知命而后知道，知道而后知行。(《尊德义》)

---

① 参见潘小慧：《〈荀子〉中的“智德”思想》，《哲学与文化》2003 年第 30 卷第 8 期。例句如《荀子・不苟》：“君子，小人之反也。君子大心则敬天而道，小心则畏义而节；知则明通而类，愚则端悫而法……小人则不然，大心则慢而暴，小心则淫而倾；知则攫盗而渐，愚则毒贼而乱”。《荀子・君道》：“故知而不仁不可，仁而不知不可，既知且仁，是人主之宝也，而王霸之佐也。不急得，不知；得而不用，不仁。无其人而幸有其功，愚莫大焉。今人主有大患：使贤者为之，则与不肖者规之；使知者虑之，则与愚者论之；使修士行之，则与污邪之人疑之。虽欲成功，得乎哉？”

② 荆门市博物馆：《郭店楚墓竹简》，文物出版社 1998 年版，第 150 页。

知己而后知人，知人而后知礼，知礼而后知行。(《语丛一》)①

就这两条材料来看，知己是知人、知礼、知命、知道、知行的前提、根据和根本。荀子继承了这一思想，在此基础上做了进一步的延伸与拓展，提出“自知”为“智”德之基础，是“知人”与“使人知”的先决条件。《荀子·王霸》称引夫子所言：“孔子曰：审吾所以适人，适人之所以来我也。”就是说，对自己对待别人的行为方式有了清楚的了解和反省，也就知道了别人会以什么样的行为方式来对待自己。荀子进一步阐发说：“圣人者，以己度者也。故以人度人，以情度情，以类度类”(《荀子·非相》)。圣人君子通过反躬自省修身，对自我达到透彻了解，进而洞悉和把握人性，在此基础上，就可以做到将自己之心当作他人之心和将他人之心当作自己之心，实现自知与知人的统一。

《荀子·子道》中，有孔子问弟子们“知（智）者若何？仁者若何”的记载：

子路入，子曰：“由！知者若何？仁者若何？”子路对曰：“知者使人知己，仁者使人爱己。”子曰：“可谓士矣。”子贡入，子曰：“赐！知者若何？仁者若何？”子贡对曰：“知者知人，仁者爱人。”子曰：“可谓士君子矣。”颜渊入，子曰：“回！知者若何？仁者若何？”颜渊对曰：“知者自知，仁者自爱。”子曰：“可谓明君子矣。”

从子路、子贡、颜渊三人的回答来看，“知（智）”关涉“识人”，“仁”关涉“爱人”；“知（智）”从使人知己、知人到自知，“仁”从使人爱己、爱人到自爱。针对他们的不同回答，孔子分别以“士”、“士君子”和“明君子”进行了不同层级的评价，显示出高明君子之“知（智）”在于“知人”与“自知”。他人知不知己是他人“智”的问题，主导权并不在自己手中，所以孔子要人不必介意，“不患人之不己知，患不知人也”，也无需动怒，“人不知而不愠，不亦君子乎”(《论语·学而》)。孔子提醒人们，若要他人知道自己，就必须设法使自己拥有足以让人知道的才能、本领或价值，而这种才能、本领或价值的培养和获取，先决条件就是个体先有“自知之明”，了解自己的不足之处，然后

① 荆门市博物馆：《郭店楚墓竹简》，文物出版社 1998 年版，第 173、194 页。

才有可能寻求达至目标的方法与路径。

知人与自知，首先要建立在“闻见之知”即对事实、常识或知识的认知基础之上。孔子提出“多闻阙疑”、“多见阙殆”（《论语·为政》），要人多听多看，保留疑虑，谨言慎行。不过，“多闻，择其善者而从之；多见而识之，知之次也”（《论语·述而》），这些闻见之知，其根本目的是为了“择善而从”，而不仅仅是为了获得某种知识。要择善而从，就要先分别善恶，善者好之，恶者恶之，这才是闻见之知的主要目的。后来孟子将“是非之心”作为“智”之端，荀子也提出“是是、非非谓之知，非是、是非谓之愚”（《荀子·修身》），将对于正确行为或事理的肯定以及对于错误行为或事理的否定视为“知（智）”的表现。这充分显示了知是知非、是是非非进而好是恶非是儒家智德的重要面向。

而君子之所以能够做到“知人”与“自知”，《郭店楚墓竹简》“五行”篇中提出，那是因为“智之思也长，长则得”①。这里所谓的“长”，并非单纯地指考量谋划事情时思虑周详面面俱到，而是说能够见微知著，看到贤人便知道其所以为贤人的原因。这种知其然且知其所以然的智慧，其特色是能够掌握事物背后的规律，对儒家而言，这个规律便是天道，“智”就是以天道为根据来考虑和谋划人间事物。

“见贤人而不知其有德也，谓之不智。”②对于这句话，马王堆帛书《说》的解释是：“见贤人而不色然，不知其所以之，故谓之不智。”③由此可知，所谓“不智”是指见贤人行出合理且正确的行为，却不知道这些行为背后所依据的原则及其形而上的依据。从这个角度来看，《郭店楚墓竹简》“五行”篇中“不智”所要讨论的问题与前一句“不圣”非常相似，都是讨论君子道所赖以存在的原则和原理。“闻君子道而不知其君子道也，谓之不圣”，马王堆帛书《说》给予的解释是：“闻君子道而不色然，而不知其天道也，谓之不圣。”对此，涂艳秋

① 荆门市博物馆：《郭店楚墓竹简》，文物出版社 1998 年版，第 149 页。

② 荆门市博物馆：《郭店楚墓竹简》，文物出版社 1998 年版，第 150 页。

③ 庞朴：《竹帛五行篇校注及研究》，万卷楼图书公司 2000 年版，第 61 页。

认为，马王堆帛书《说》的解释清楚表明："不圣"强调的不是闻君子道之后"色然"、"不色然"的问题，而是明不明白君子道与天道之间的关系，也就是君子道存在的形上依据。在她看来，所谓明白君子道的形上依据就是明白天道授命于人时，将其丰富内涵降临于人的身上，人因此分享了天道并从而拥有了与天道等同的人性，这种人性就是君子道所赖以成立的形上基础①。

后来的孟子体认并把握到了这一点，提出："恻隐之心，仁也；羞恶之心，义也；恭敬之心，礼也；是非之心，智也。"（《孟子·告子上》）孟子认为，恻隐、羞恶、辞让、是非等道德情感都是"心"发动后的情形，而"仁"、"义"、"礼"、"智"则是其尚未发动之前的状态。换句话说，"心"尚未发动之前即拥有"仁"、"义"、"礼"、"智"等本质，"仁"、"义"、"礼"、"智"是人的本然之性。因此，他说："仁义礼智，非由外铄我也，我固有之也"（《孟子·告子上》），"君子所性，仁义礼智根于心"（《孟子·尽心上》）。既然人之性受之于天，那么，通过天所命于人的性进行反本溯源，便可以知天："尽其心者，知其性也。知其性，则知天矣。"（《孟子·尽心上》）总之，君子只要存心养性，自然可以做到自知、知人乃至知天。

荀子同样认为，具有作为认知主体的"心"，是君子能够做到"自知"与"知人"的根本原因。荀子指出说：

心者，形之君也，而神明之主也，出令而无所受令。自禁也，自使也，自夺也，自取也，自行也，自止也。故口可劫而使墨云，形可劫而使诎申，心不可劫而使易意，是之则受，非之则辞。（《荀子·解蔽》）

心居于人体最为尊贵的地位，不但具有管治五官的功能，而且支配着四体百骸，是自主的精神意识功能的真正主宰。外在形体可以受外部强力的逼迫，口可以被人封闭不说话，手足可以被人胁迫而屈伸，只有心不会受外力、外物的强迫而改变，具有完全自主的能力。

这种拥有完全自主能力的"心"不仅具有"征"、"知"之用，能够主动地

① 参见涂艳秋：《战国中期儒家"仁义礼智"内涵的转变》，《兴大中文学报》2009年第25期。

征召万物将其作为自己认知对象，而且其最大特色在于具有“虚”、“壹”、“静”三大功能。对此，《荀子·解蔽》中说得明白：

人何以知道？曰：心。心何以知？曰：虚壹而静……不以所已臧害所将受谓之虚……不以夫一害此一谓之壹……不以梦剧乱知谓之静。未得道而求道者，谓之虚壹而静。

“虚”则“不以所已臧害所将受”，可以超越已有知识，化除既有成见之蔽；“壹”则“不以夫一害此一”，兼备“专一”与“整合”之功；“静”则“不以梦剧乱知”，可摆脱内在及外在的各种干扰。人心如果能够同时发挥虚、壹、静这三大功能，就可达至“大清明”的境界：“虚壹而静，谓之大清明。”人心如果达至大清明的境界，那么作为主体，人坐在屋里而能认识整个天下，身处现代而能评判远古，通观万物而能看清其真相，考核社会治乱而能通晓其界限，治理天地而能善利万物，整个宇宙就都了如指掌。这种智慧的光芒可与日月之明相媲美，这种智慧的广大充满整个宇宙天地。荀子把这种人称为“大人”，也就是达至“大清明”境界的人。这种人哪里还会有被蒙蔽的呢？

不过，君子不可能也没有必要无所不知。荀子明确表示说：“君子之所谓知者，非能遍知人之所知之谓也”（《荀子·儒效》）。君子的才能与知识是有限度的。而止于所当止，正是君子眼中的贤者、知(智）者、辩者、察者的表现。就知（智）者来讲，关键在于能够做到“万物得其宜，事变得其应”；“言必当理，事必当务”（《儒效》）。所以，“知不务多，务审其所知”（《哀公》），知识并不求多，但一定要审慎地对待自己的知识。孟子也讲：“知者无不知也，当务之为急……尧舜之知而不遍物，急先务也。”（《孟子·尽心上》）

智者作为一个明智之人，关键不在于“无不知也”，而在于知道事情的先后缓急。即便是尧、舜这样的古圣先贤，他们的仁与智均超越于常人却不遍爱人、遍知物，原因何在？正是因为懂得“急亲贤”、“急先务”。如能做到“急先务”、“有所止”，那么，“知莫大乎弃疑”（《荀子·议兵》），真正智者一定能够摆脱疑惑，认识正确。

三、勇者不惧

《说文解字·力部》："㔶勇，气也。从力甬声。戜勇或从戈、用。恿，古文勇从心。"① 据潘小慧考证，中国哲学中，"勇"字最早出现于《诗经》和《尚书》，各有2次②，都意指勇敢之德。郭店竹简和上博竹简中，"勇"字的写法是上"甬"下"心"，也表明当时特别注重心态上的勇敢。

孔子在解释君子之道为"知（智）者不惑，仁者不忧，勇者不惧"的同时，也在一定程度上揭示出"不惧"正是勇的重要特性。孔子在观东流之水时告诉学生子贡，君子喜欢欣赏大水的原因在于它是诸多美好品质的象征，其中之一就是"赴百仞之谷不惧"的勇敢意志品质。他还进一步诠释了这种"不惧"的意涵："若有决行之，其应佚若声响，其赴百仞之谷不惧，似勇……是故君子见大水必观焉。"（《荀子·在宥》）如果突然打开缺口让它通行，它马上奔流而去且发出很大的声响，一路冲破层层阻塞奔腾向前，穿越无数峡谷、撞击重重高岸却了无恐惧，充分彰显出那种勇敢无畏的品格。由此可以看出，在孔子那里，所谓"勇"就是一种百折不挠的坚定意志，就是一种不论遭受何种磨难也决不退缩的刚毅品格。《左传·昭公二十年》中讲："知死不辟，勇也。"《孟子·滕文公下》中说："志士不忘在沟壑，勇士不忘丧其元。"有志之士不怕弃尸山沟，勇敢之人不怕丢掉脑袋。所以，不惜性命、不畏死亡也是勇者不惧的

① （清）徐灏：《说文解字注笺》（三）卷十三下，《续修四库全书二二七·经部·小学类》，上海古籍出版社2002年版，第41页。

② 潘小慧：《儒家哲学中的"勇德"思想》，《哲学与文化》2007年第34卷第1期。这4例分别出自《诗经·小雅·巧言》：彼何人斯？居河之麋。无拳无勇，职为乱阶。既微且尰，尔勇伊何？为犹将多，尔居徒几何？《诗经·商颂·长发》：受小共大共，为下国骏厖。何天之龙，敷奏其勇。不震不动，不戁不竦，百禄是总。《尚书·周书·秦誓》：番番良士，旅力既愆，我尚有之。仡仡勇夫，射御不违，我尚不欲。惟截截善谝言，俾君子易辞，我皇多有之！《尚书·商书·仲虺之诰》：惟天生民有欲，无主乃乱；惟天生聪明时乂，有夏昏德，民坠涂炭，天乃锡王勇智，表正万邦，缵禹旧服。不过需要指出的是，其中第4例不见于《今文尚书》，属于《孔传古文尚书》，而此书的伪书性质，前人早有定论，所以此例有值得商榷之处。

题中应有之义。

勇者将不惧的态度或心理外化出来，便是果敢的行动。孔子认为勇者一定要敢作敢为，他指出："见义不为，无勇也"（《论语·为政》），要求勇者力担责任。不过，敢作敢为并不是无所顾忌，也不是胆大妄为，而是既需要有勇亦需要有谋。《论语·述而》记载：

子谓颜渊曰："用之则行，舍之则藏，惟我与尔有是夫！"子路曰："子行三军，则谁与？"子曰："暴虎冯河，死而无悔者，吾不与也。必也临事而惧，好谋而成者也。"

孔子常赞弟子子路好勇，但同时也告诫他，即使在战争中为了正义事业赴死，如果不讲究方式方法，不进行周密详细谋划，就如同那些空拳斗猛虎、徒步过深河，纵然身死也无悔意的勇猛之人一样，并不值得赞赏。所以，他说："暴虎冯河，死而无悔者，吾不与也。必也临事而惧，好谋而成者也。"意思是，我是不会和这类人一起共事的；我要共事的，一定是遇事谨慎冷静、考虑周详、善谋良策去成就事业之人。《左传·成公八年》中亦讲："勇夫重闭"，勇敢的人也要层层关闭好内外门户。因此，真正的勇者既胸怀大义，藐视困难、无惧挑战，又在具体行事时，心怀敬畏、殚精竭虑。

作为一个德目的勇，绝不会有"乱"之蔽，因此，真正的勇必将合义。子路曾经问："君子尚勇乎？"孔子没有正面回答这一问题，而是告诉他："君子义以为上"（《论语·阳货》）。这是因为孔子深知子路鲁莽好斗①，于是因材施教，告诉他应该把义视作最为高尚的品德，用道义来约束个人之勇。《礼记·聘义》中把那些将勇敢坚强有力用于私人间争强斗胜的人，称之为"乱人"。在荀子

---

① 在孔门弟子中，子路可谓是武功了得，但也最为好勇。《史记·仲尼弟子列传》曰：子路性鄙，好勇力，志伉直，冠雄鸡，佩豭豚。雄鸡、豭豚均为勇猛之物，子路佩戴这些饰物，以示自己有勇、好勇。未入孔子之门的子路平日"冠雄鸡，佩豭豚"，好长剑，孔武有力，粗鲁直率，十分张扬。所以，据《孔子家语》记载，他初见孔子，即"戎服见于孔子，拔剑而舞之"，试图以武力来镇服孔子。而当孔子被围于匡地，"匡人简子以甲士围之。子路怒，奋戟将与战"。子路自恃武功了得，不顾敌强我弱，就要与匡人拼命，其鲁莽好斗可见一斑。

那里，这些乱人之勇大致可以分为三类，即“狗彘之勇”、“贾盗之勇”和“小人之勇”：

有狗彘之勇者，有贾盗之勇者，有小人之勇者，有士君子之勇者。争饮食，无廉耻，不知是非，不辟死伤，不畏众强，恈恈然唯饮食之见，是狗彘之勇也。为事利，争货财，无辞让，果敢而振，猛贪而戾，恈恈然唯利之见，是贾盗之勇也。轻死而暴，是小人之勇也。义之所在，不倾于权，不顾其利，举国而与之不为改视，重死、持义而不桡，是士君子之勇也。（《荀子·荣辱》）

在他看来，“狗彘之勇”不过是为了争吃抢喝，毫无廉耻、不辨是非；“贾盗之勇”也是唯利是图，不事辞让、凶悍贪婪；“小人之勇”更是连死都不在乎、恣意暴虐。为此，荀子对它们进行了严厉批评，认为他们仅从自身利害出发，置国家、社会与他人利益于不顾，毫无道义可言，根本算不得勇。《左传·哀公十六年》中说：“率义之谓勇”。唯有与义相融，因循大义、迎难而上，方为真勇。当年齐、鲁两国夹谷会盟，孔子不顾个人安危，为国家大义怒斥强势傲慢的齐景公，迫使他向鲁定公道歉，并使鲁国不费刀枪收回失地。可以说，孔子本人生动演绎了“勇者不惧”、“义以为上”的品格。

儒家历来讲究“通权达变”，自然也就倡导将“义”作为准绳来确定“勇”的取舍和评价标准。《孟子·离娄下》中说：“可以死，可以无死，死伤勇。”孟子在这里提醒我们，生命至为珍贵，如果可以死也可以不死，那就表明死并非绝对必要，此时若执意去死，反会伤了勇。《后汉书·寇恂列传》记载，东汉名将寇恂文武双全，被刘秀视作自己的“萧何”，曾经勇平颍川叛贼，智取高平敌将，可谓战功赫赫；但当大将贾复因为手下将士犯法被寇恂处以极刑，便对其心生不满，想杀掉他时，寇恂却能为新立未稳的政权考虑而甘受个人委屈，处处躲着贾复。《左传·文公二年》中讲：“死而不义，非勇也。共用之谓勇。”为不义之事而死，算不得勇；为国家所用而牺牲生命，才是真勇。所以，当为不当为是君子必须要加以考量的重点，也是尚勇的原则尺度。

真正的勇也必将合礼。《论语·阳货》中说：

子贡曰：“君子亦有恶乎？”子曰：“有恶，恶称人之恶者，恶居下流而讪上者，恶勇而无礼者，恶果敢而窒者。”曰：“赐也亦有恶乎?”“恶徼以为知者，恶不逊以为勇者，恶讦以为直者。”

在孔子看来，身为君子，应以无礼之勇为恶。这一思想为荀子所继承，《荀子·大略》说：“疏知而不法，察辨而操僻，勇果而亡礼，君子之所憎恶也。”《论语·泰伯》又说：“勇而无礼则乱”。由引文来看，无论是孔子还是荀子，都认为不能徒有勇气或勇力，君子之勇必须受到“礼”的约束，否则就会坠入不逊或为非作乱。勇与恭、慎、直诸德一样，如果没有“礼”作为尺度加以衡量，那么无视国法就会叛乱，动辄较劲就会惹出乱子，如车匪路霸、杀人贩毒，肆无忌惮，无恶不作，也是因为徒有勇力而无礼的约束的后果。《荀子·乐论》更是明言：

乱世之征：其服组，其容妇，其俗淫，其志利，其行杂，其声乐险，其文章匿而采，其养生无度，其送死瘠墨，贱礼义而贵勇力，贫则为盗，富则为贼。治世反是也。

荀子认为，乱世与治世存有截然相反的情况，乱世的征象之一便是“贱礼义而贵勇力”，将勇力对反于礼义，以至于非盗即贼，无所成就。

勇者不惧，贵在养勇。养勇即是培养勇气。《说文解字·力部》曰：“勇，气也。”清代学者段玉裁解释说：“勇者，气也。气之所至，力亦至焉，心之所至，气乃至焉。”①“勇”是一种能激发起人行动的“气”，这种“气”到达的地方，“力”就会到达。如何培育这种气呢？孟子提出“持志养气”说：“夫志，气之帅也；气，体之充也。夫志至焉，气次焉。故曰：‘持其志，无暴其气。’”(《孟子·公孙丑上》)所谓“志”，简单来讲，就是一个人的远大志向，它是人们追求和固守的对象，引导并决定着气的方向。孟子认为，远大志向如同三军主帅，能驱动“浩然之气”贯充主体全身，从而使得主体行动获得一种持续性的内驱动力。

① (清)徐灏：《说文解字注笺》(三)卷十三下，《续修四库全书二二七·经部·小学类》，上海古籍出版社2002年版，第41页。

养勇也要加强学习，重视师、法的重要性。孔子曾说："好勇不好学，其弊也乱。"(《论语·阳货》)希望具有勇敢的品行，就必须认真地学习，不学习就会走向反面。学习内容与学习目的相适应，根据颜渊的体会，"夫子循循然善诱人，博我以文，约我以礼，欲罢不能"(《论语·子罕》)。孔子要求弟子们一是要广博地学习各种文献，二是要时时以"礼"约束自己的行为。学习文献可以增长知识，遵守礼仪可以培养道德。唯有充分掌握了与处理道德问题相关的知识，明确懂得了义与不义、当为与不当为的界限，在危重险急环境中进行行为选择时，才能当机立断、毫不犹豫。夹谷之会时，孔子无所畏惧的勇气，很大程度上来自他长期研习礼乐、精通礼制，所以敢于据理力争，并做到了以"礼"服人。荀子同样强调学习对养勇的重要性。他说："凡治气养心之术，莫径由礼，莫要得师，莫神一好。"(《荀子·修身》)意思是说，凡是调理血气、修养思想，捷径莫过于遵循礼义，重要莫过于得到良师，神妙莫过于专一致志。所以，唯有通过持续性的学习，不断提升主体自身的道德修养水平，方可逐渐成就君子之勇。

第三节　君子人格的行为模式

"'行为模式'是主体基于自己的心理特征，根据对社会文化行为准则的理解和发挥，形成的比较稳定的行为方式和行为特征。"①先秦儒家理想人格——君子人格的"行为模式"，植根于自身"心理特征"，有着稳定且鲜明的特性，在历史上影响颇大，为历代读书人所信奉。对于君子人格的行为模式，孔子、孟子、荀子三人都有过极为精到的概括。孔子说："笃信好学，守死善道。危邦不入，乱邦不居。天下有道则见，无道则隐。邦有道，贫且贱焉，耻也。邦

① 周光庆：《中国读书人的理想人格》，湖北教育出版社 1999 年版，第 35 页。

无道，富且贵焉，耻也。”（《论语·泰伯》），“用之则行，舍之则藏”（《述而》）。孟子的表述更为我们熟知：“古之人，得志，泽加于民；不得志，修身见于世。穷则独善其身，达则兼善天下。”（《孟子·尽心上》）荀子也持有相同的观点：“儒者在本朝则美政，在下位则美俗。”（《荀子·儒效》）归纳来看，作为理想人格的行为模式，包含有两个层面：“无道则隐，乐道美俗”和“有道则见，泽民美政”。

一、无道则隐，乐道美俗

作为一种文化现象，“隐”在历史上的情态呈现颇为复杂。据《史记·伯夷列传》记载，帝尧曾将政权让与许由，结果他“耻之逃隐”。商汤也曾有心让政权与卞随、务光，结果两人同样加以拒绝，逃隐山林。这种生逢圣明君王却无意理治天下之人，可以说与庄子极力推崇的不以天下为累的“至人”与“神人”，有着许多相通之处①。不过，这种完全否定现实社会，将“隐逸”视为人生最好追求的避世观，并非儒家所主张者。

（一）天下无道，君子退隐

儒家君子隐逸的前提是天下无道。就孔子言论来看，他所认定的无道，大致涵盖失德和失礼两个方面。所谓失礼，就是统治阶层的伦理纲常、权力运转失序，表现出来就是臣子弑君、父子争权、僭礼乱乐、陪臣执国命等。对此，孔子有过经典论述：

孔子曰：天下有道，则礼乐征伐自天子出；天下无道，则礼乐征伐自诸侯出。自诸侯出，盖十世希不失矣；自大夫出，五世希不失矣；陪臣执国命，三世希不失矣。天下有道，则政不在大夫。天下有道，则庶人不议。（《论语·季氏》）

---

① 赵彩花：《试论孔子“儒家之隐”的文化义蕴》，《湖南师范大学社会科学学报》2004年第2期。

我们在第一章第二节中讨论过，孔子的这个说法历来为人们所称道，其间的道理就在于它抓住了自西周至春秋政治形势发展的基本特征。在西周前期人们的心目中，周天子受命于天，王权神授，为天下的共主，是全国的中心。周代通过分封制和宗法制，构筑起宗法层面的“天子——诸侯——卿大夫——士——庶人”等级和行政层面的“周王——公、侯——大夫——士——皂役”等级，彼此结合紧密。周天子对各诸侯国有绝对的控制权力，各诸侯国对周天子有绝对的服从义务。“礼乐征伐自天子出”，周天子具有无上的政治权威。不过，分封制和宗法制本身的发展，从西周后期开始逐渐走上了它的设计者愿望的反面。进入春秋时期，王权、霸权与卿权的交替演变，形成了那个时代社会政治发展的主要线索。概括来说，从“礼乐征伐自天子出”的西周时代到“礼乐征伐自诸侯出”的春秋时代，再到“陪臣执国命”的春秋晚期，反映出来的是权力中心的不断下移。而“权力中心下移到某个层次，可能正是那个层次无道的体现”①。

这种失礼主要是由于社会结构的重组，同时也因为统治者本身道德的沦丧。应该说，失礼总是与失德相伴而生，失礼必失德，失德亦必失礼。所谓失德，就是统治阶层破坏人类基本价值（善）的行为，表现出来就是父子相残、聚财敛货、重刑轻礼、发动不义战争、盘剥残害百姓等种种暴行暴政。拿周厉王来说，他秉性暴虐专制，任用荣夷公为卿士，实行专制政策，弄得民怨沸腾，谤语大起。后来厉王得到一个“卫巫”，就命他“监谤”，凡有诽谤王的人，就加以刑杀，逼得国人不敢出言，在道路上只能以目示意。三年之后，国人作乱，厉王出逃到彘地，于是造成所谓“共和行政”的局面②。“共和行政”虽然说法不一，但无论是周、召二公还是共伯和，厉王失位后由诸侯代行王政，却是一个不争的事实。这种失德、失礼的行为，自然是一种社会失序、天下无道的表现。因此，孔子所谓的“天下无道”，既体现为统治阶层对纲常秩序的破

① 陈少明：《君子与政治》，《中山大学学报》2005 年第 4 期。

② 童书业：《春秋史》，《童书业著作集》第 1 卷，中华书局 2008 年版，第 20 页。

坏，也体现为统治阶层对人类基本价值的践踏。

面对政治，“有道则见，无道则隐”，是君子的重要选项。众所周知，政治参与并非单独的个体所能左右，它常常受制于一定的条件、机会或价值立场。由于种种原因，一个有道德、有理想、有抱负的儒家士人在政治博弈中最终处于边缘化地位，是常有的事情，但这并不意味着他放弃了自己的信念。如果在经验范围内，外在事功的可能性选择趋近于零不仅是一个理性的结论，同时也是客观的事实，那么，“独善其身”就是一种非常明智的策略。

孔子曾经评价过古今的隐逸之士：

子曰：“不降其志，不辱其身，伯夷、叔齐与！”谓：“柳下惠、少连降志辱身矣，言中伦，行中虑，其斯而已矣。”谓：“虞仲、夷逸隐居放言，身中清，废中权。我则异于是，无可无不可。”(《论语·微子》)

大意是说，伯夷、叔齐能够不动摇自己的志向，不辱没自己的身份；柳下惠、少连降低了自己的志向，辱没了自己的身份，但言谈符合伦理道德，行为经过思虑；虞仲、夷逸则避世隐居，放肆直言，保持自身清白，废弃官位而合乎权宜变通。孔子关于隐士的分类和对隐士的评价表明，他对隐士是刮目相看的，对隐士的洁身自爱是赞赏的。孔子之所以有保留地认同隐士的行为选择，其根本原因不是孔子自己也认同有条件地、策略性地进行隐逸，而是他相信隐逸作为一种自主的选择，一种个人判断的实践，无论是消极的避世还是悲愤的抗世，都表现出一种鲜明的政治立场，那就是无须在一个险恶的环境中捞取人之所欲的东西，无论这些东西是财富、功名还是利禄。孔子曾说：“富与贵，是人之所欲也”(《论语·里仁》)，“富而可求，虽执鞭之士，吾亦为之”(《论语·述而》)，所以在物质的诱惑、权势的吸引面前，一般人很难加以抵抗。不过，在一个无道的世界里，隐者能够做出自己的自觉选择：“富与贵，是人之所欲也；不以其道得之，不处也。贫与贱，是人之所恶也；不以其道得之，不去也”(《论语·里仁》)。“邦无道，富且贵焉，耻也。”(《论语·泰伯》) 隐者坚持行为的独立，维护人格的尊严。在他们看来，一个没有希望的世道不值得去掺和，因为任何掺和都逃脱不掉同流合污之嫌，都隐藏着攫取私利的动机。

在一个无道乱世，隐士敢于凭借自己的意志同政治决裂，能够克服一己之私利来实践“礼”的价值观，保持个人名节，做到洁身自好，显然“超越了关心个体一己的利害得失，而对维护人类基本价值作出了贡献”①。孔子尊重隐士，原因就在这里。对此，荀子说得非常明白：

夫仰禄之士犹可骄也，正身之士不可骄也。彼正身之士，舍贵而为贱，舍富而为贫，舍佚而为劳，颜色黎黑而不失其所，是以天下之纪不息，文章不废也。(《荀子·尧问》)

表面看“仰禄之士”往往容易得势，“正身之士”总是壮志难酬。然而，真正于国于民有益，能使天下治国纲纪流传不息、古代文献典籍经久不废而值得珍惜的，乃是“正身之士”。

儒、道都清高，而他们的清高同样都表现在对待功名利禄的态度上，就这一点来讲，他们反对瞧不起的东西是一致的。孔子批判“小人”，根本原因在于“小人”患得患失的利禄取向：“小人喻以利”(《论语·里仁》)，“小人长戚戚”(《述而》)。“小人”的视野是被遮蔽的，无论如何与清高无缘。但道家隐士之清高，只是清高在自己的精神世界，于浊世无补，即便其隐退对世俗利禄具有一定的消解作用，那也只是它的客观结果而非主观动机。以伯夷为例，孟子曾评价说：“伯夷，目不视恶色，耳不听恶声。非其君，不事；非其民，不使。治则进，乱则退。横政之所出，横民之所止，不忍居也。思与乡人处，如以朝衣朝冠坐于涂炭也。当纣之时，居北海之滨，以待天下之清也。”(《孟子·万章下》)意思是说，伯夷眼不看丑陋之物，耳不听邪恶之声。不是他理想的君主，不侍奉；不是他理想的百姓，不使唤。天下太平就出来做官，天下混乱就隐退不出。施行暴政的国家，住有暴民的地方，他都不愿居住。和没有教养的人相处时，如同穿戴朝服朝帽坐在泥涂或炭灰上一样不自在。当殷纣王暴虐施政之时，他隐居在渤海边，坐等天下太平。对此，郭象在《庄子·让王》篇注中批

① 张立伟：《孔子论隐逸三要素》，《江汉论坛》1991年第9期。

评说："伯夷之风，使暴虐之君得肆其毒而莫之敢亢也。"[①]隐逸之士如果只是洁身自好，却于世事无所作为，那么，政治与社会永远得不到改善。孔子同时代的隐逸之士，无论是退守田园的长沮、桀溺、荷蓧丈人、楚狂接舆，还是守门为业的司门者，他们都是既有文化又对时局有着清醒而深刻认识的士人，但他们不只远离污浊，也都远离世事，主动放弃了自己的责任与担当。对此，刘宝楠有着深刻的论述：

春秋之末，贤人多隐，故长沮、桀溺、接舆、丈人，皆洁己自高，不复求其所志，夫子"未见"之叹，正缘于此。然夫子处无道之世，周游诸侯，栖栖不已。而又言"天下有道则见，无道则隐"，隐者，即此隐居求志之谓，非如隐而果于忘世也。[②]

因此，道家式的退隐是自救，而儒家君子退隐依然心系天下，"隐居以求其志，行义以达其道"（《论语·季氏》），这是儒、道二者的区别所在。

（二）卷而怀之，安贫乐道

这是大道不行、个人穷处时的行为范式。所谓"卷而怀之"，就是在出仕碰壁的情况之下，坚持对"道"的信念，暂时收起自己的见解和本领，以待天命与时机。我们前面讨论君子乐天知命时提出，君子意识、正视并接受自身的局限性，对命运有一种达观的理解，就会通过"博学、深谋、修身、端行以俟其时"（《荀子·宥坐》），自觉地在困难和逆境中增强自己的才学，磨炼自己的心性，锤炼自己的品质，端正自己的行为，消解因吉凶、祸福、顺逆、穷达等带来的种种困扰。

孟子的一段话脍炙人口，影响深远：

舜发于畎亩之中，傅说举于版筑之中，胶鬲举于鱼盐之中，管夷吾举于士，孙叔敖举于海，百里奚举于市。故天将降大任于斯人也，必先苦其心志，

---

① （唐）成玄英：《庄子注疏》卷九，中华书局2011年版，第515页。

② （清）刘宝楠：《论语正义》卷十九，中华书局1990年版，第665页。

劳其筋骨，饿其体肤，空乏其身，行拂乱其所为，所以动心忍性，曾益其所不能。(《孟子・告子下》)

上天要把重大使命降临到古圣先贤这样的人身上，必定要先使其意志受到磨炼，筋骨受到劳累，身体忍饥挨饿，备受穷困之苦。这样来动摇他的心志，坚韧他的性情，增长他的才能，让他可以去完成自己从前不能完成的事情。孟子的这番话，可以说正是儒家君子面对困厄磨难时的真实写照。

所谓“安贫乐道”，则是“不怨天，不尤人，下学而上达”(《论语・宪问》)，加深对“至道”的认识，加强对礼乐的把握，加厚对诗书六艺之文的积累，从而丰富自己，提高自己，使自己显现出“文质彬彬”的风度。我们讨论“乐天知命”时说，孔子认为人的德性为上天所赋，只要修德践仁便可上达天道。孟子继承这一思想，以性善论为基础，提出“尽心”、“知性”、“知天”，“存心”、“养性”以“事天”，要求认识“天”是万物运行的法则与人类生活价值的依据。不过，德性品质尽管为上天所赋，但它的实现离不开每个人后天的努力：“凡有四端于我者，知皆扩而充之矣，若火之始然，泉之始达。苟能充之，足以保四海；苟不充之，不足以事父母。”(《孟子・公孙丑上》) 四心只是仁、义、礼、智的发端与源头，“恻隐之心”需要扩充之后，才能成为“己所不欲，勿施于人”、“推己及人”的仁；“羞恶之心”需要扩充之后，才能是堂堂正正的合宜之义；“辞让之心”需要扩充之后，才能称为诚敬以待之礼；“是非之心”也须扩充之后，才可成为追求真知之智。因此，所谓尽心、知性、知天、存心、养性、事天，不但是要知道仁、义、礼、智等德性品质来自天，而且还要将其上达天道，提升至宇宙的普遍本质。朱熹也说：“人之始生，得于天也；既生此人，则天又在人矣。”[①] 天有道，而人最为灵秀，所以“天道”需要由人来体现[②]。

《论语・雍也》中记载说：

---

① （宋）朱熹：《朱子语类》卷十七，中华书局 1986 年版，第 387 页。

② 汤一介：《论中国传统哲学中的真善美问题》，《中国社会科学》1984 年第 4 期。

子曰："一箪食，一瓢饮，在陋巷，人不堪其忧，回也不改其乐。贤哉回也！"

富贵名利是人人所喜爱与追求的，但颜回却不爱不求，且乐居于人不堪其忧的陋巷中，过着一箪食、一瓢饮的清苦生活。颜回之所以乐于过这样的生活，一定有其超越物质生活之上的精神道德抉择，所以孔子赞其"贤哉"。那么，这样抉择的道德内涵是什么呢？《论语·述而》载：

子曰："饭疏食，饮水，曲肱而枕之，乐亦在其中矣。不义而富且贵，于我如浮云。"

"饭疏食"、"饮水"、"曲肱而枕之"等是孔子所乐之事，但非孔子之"乐"的所乐之处。"不义而富且贵"为孔子所轻视，"义"的拥有才是孔子最为重视的。"饭疏食"、"饮水"、"曲肱而枕之"等之所以有"乐"，乃是在于从事这些事情的当下，为"义"之所当行者。《孟子·离娄上》言："仁，人之安宅也"，《礼记·儒行》曰："立义以为土地"，仁与义的道德，是人的安宅与土地。就是说，君子安身立命，当以道德为本为要。"利用安身，以崇德也"（《周易·系辞下》），"夭寿不贰，修身以俟之，所以立命也"（《孟子·尽心上》）。如此一来，"道德本身便成为儒者安身立命之处"①。

《论语·述而》中的一则记载，也有助于我们理解孔、颜之乐。

叶公问孔子于子路，子路不对。子曰："女奚不曰：其为人也，发愤忘食，乐以忘忧，不知老之将至云尔！"

有学者认为，孔子的乐道乃是超越于"物质的清贫"（饭疏食，曲肱而枕之）、"心理的负担"（乐以忘忧）、"时间的觉知"（不知老之将至）等②。由此，我们便可以理解为什么在人不堪其忧的生活环境下，孔子、颜回还能做到"不改其乐"，还能认为"乐亦在其中矣"的道理了。

---

① ［德］罗哲海：《轴心时代的儒家伦理》，陈咏明、瞿德瑜译，大象出版社2009年版，第340页。

② 林佳蓉：《如坐春风中——论程明道所体证之"孔颜乐处"》，《国文学报》2004年第36期。

（三）修身见世，行义美俗

儒家的担当精神，无关世道好坏。孟子要求“得志，泽加于民；不得志，修身见于世”（《孟子·尽心上》），荀子要求“儒者在本朝则美政，在下位则美俗”（《荀子·儒效》），都已明确指出：儒家君子即便不能从政，也应一如既往地对现实社会抱有深切关怀，通过各种方式影响、感染、教化民众，实现化民成俗。

儒家力主“知行合一”，纵观孔子一生的所作所为，可以说他正是这种“修身见世，行义美俗”的伟大实践者。

一是独善其身，修身见世。在一个无道的社会中，儒家君子独善其身，安贫乐道，获取的不仅仅是一己的身心安顿。荀子说：“君子之学也，入乎耳，箸乎心，布乎四体，形乎动静。端而言，蠕而动，一可以为法则。”（《荀子·劝学》）君子作学问，把所学听入耳中，记于心间，融会贯通到整个身心，表现在一举一动上，即使是极细小的言行，都可以作为别人效法的榜样。因此，据《荀子·儒效》记载，孔子赋闲在家居于阙里时，那里的子弟们就会“罔不分，有亲者取多”，将网获的鱼兽多分给有父母的人，而那正是孔子的孝悌感化的结果，“孝弟以化之也”。

孟子说：“君子所过者化，所存者神，上下与天地同流，岂曰小补之哉？”（《孟子·尽心上》）君子无论居于何处，身所经之处，无人不为所化；心所存之处，神奇莫可测知。君子以德化人，可与天地同功。因此，儒家君子以合乎道德标准的一言一行，示范、演绎着各种礼节与仪式，践行和诠释着孝、悌、忠、信、礼、义、廉、耻等人伦规范，在社会上树立起做人的典范、行事的准则，进而在不知不觉中影响着民众的思想情感与行为方式，于潜移默化中实现成风化人。

二是述作典籍，以文化人。孔子以继承夏、商、周三代文化为自觉，“述而不作，信而好古”（《论语·述而》）。他所“述”、所“好”的，是古代典籍文献，即“六经”。“六经”是中国文化的源头。

其中，《诗》是中国最早的诗歌总集，据说经过孔子删订，“诗三百篇，一言以蔽之，曰思无邪”（《论语·为政》），《诗经》里面的所有篇章，都是用于帮助人们回归情性之正的；《书》是上古历史文件和追述古代事迹著作汇编，相传孔子从中选出100篇进行编纂并为之作序，要旨就是“明仁君治民之道”、“明贤臣事君之道”，其“德治”主张对后世影响深远深刻；《礼》原是规范各阶层人们交往的行为规则的书，孔子为其中的各种行为规范注入了“仁”的精神内核；《乐》原是陶冶人的性情和进行教化的书，由于遗失，我们无法窥见孔子所做的工作，不过在《汉书·艺文志》中，班固将《乐》的作用界定为“仁之表也”；《易》是我国最古老重要的一部大书，《汉书·儒林传》记载：孔子“盖晚而好易，读之韦编三绝，而为之传”，使得它由卜筮之书发展成为一部会通天道、人道的“天人合一”之作，为无数中国人注入了“天行健，君子以自强不息”、“地势坤，君子以厚德载物”的精神内涵；《春秋》，记载的是春秋时期的历史，孟子说：

世衰道微，邪说暴行有作，臣弑君者有之，子弑父者有之。孔子惧，作《春秋》。《春秋》，天子之事也。是故孔子曰：“知我者其惟春秋乎！罪我者其惟春秋乎！”（《孟子·滕文公下》）

孔子是否作过《春秋》，我们存而不论。不过，孟子在这里要告诉我们的是，孔子通过《春秋》梳理过去242年的历史，确定了礼仪纲常、君臣之道、父子之道，树立起是非、善恶、贤不肖的标准，让世人知道了什么是对、什么是错。

因此，正如饶宗颐认为的那样，经书不但“是我们的文化精华的宝库，是国民思维模式、知识涵蕴的基础”，同时“亦是先哲道德关怀与睿智的核心精义、不废江河的论著……‘经’的重要性，由于讲的是常道，树立起真理标准，去衡量行事的正确与否，取古典的精华，用笃实的科学理解，使人的文化生活与自然相调协，使人与人之间的联系取得和谐的境界”①。可以说，孔子通过述作典籍、授徒讲学、创立学派等方式，创造与传播中华文化，保存和弘扬人类

① 饶宗颐：《〈儒藏〉与新经学》，《光明日报》2009年8月31日第12版。

基本价值，在中国历史中以文化人的影响不可磨灭。

三是教化英才，转移风气。孔子创立儒家学派，聚徒讲学，门人众多。《史记·孔子世家》说“弟子盖三千焉”，其中有名有姓、身通六艺者，有70多人。孟子曾以“得天下英才而教育之”作为君子三乐之一。这种快乐并不单纯地来自师徒间在知识授受、德行养成等方面的交流切磋、相互促进。《礼记·学记》说：“古之教者……九年知类通达，强立而不反，谓之大成。夫然后足以化民易俗，近者说服，而远者怀之，此大学之道也。”大致意思是说，学子们经过循序渐进、日积月累的学习，达至触类旁通、遇事不惑、不违师训的“大成”阶段之后，便可教化民众，改易风俗，最终使近者悦服，远者来归。儒家教育的终极目的，是通过广泛培育社会英才，实现化民成俗、经邦济世的理想。

孔门弟子中，既有颜渊、冉耕、仲弓、闵子骞等品行高洁者，子路、冉有等政治才干卓越者，亦有子贡、宰我等善于外交者，子游、子夏等精于文献者。孔子活着时，这些弟子同受夫子教导，同门之谊深厚；孔子去世后，他们散居各方，有的贵为诸侯之师，有的返乡授徒。其中，子夏曾居于西河，为魏文侯所礼遇，曾子责备他“退而老于西河之上，使西河之民疑女于夫子”（《礼记·檀弓上》），可见他在当时名声之大。孔门四科之中，文学有子游、子夏，而子张也自成一派，设帐教书，所以《荀子·非十二子》中有“子张氏之贱儒”、“子夏氏之贱儒”、“子游氏之贱儒”。姑且不论荀子的批评，但他们聚徒讲学，是一个不争的事实。他们通过这种开自孔子、行于孔门的教育模式，培养出无数心慕儒家之道、“仁以为己任”者。这些人不但传承、发展中国传统文化，而且将儒家重视德行修养与践履躬行的特质发扬光大，有力地推动了平民社会的道德教化。

二、有道则见，泽民美政

《大学》中说：

古之欲明明德于天下者，先治其国；欲治其国者，先齐其家；欲齐其家者，先修其身；欲修其身者，先正其心；欲正其心者，先诚其意；欲诚其意者，先致其知；致知在格物。物格而后知至，知至而后意诚，意诚而后心正，心正而后身修，身修而后家齐，家齐而后国治，国治而后天下平。

《大学》中这段广为人知的“八条目”告诉我们，政治责任与道德发展相互关联，儒家的终极关怀是治国平天下。因此，儒家的道德——政治论决定君子之德必须指向政治。以“格物、致知、诚意、正心、修身”的自我完善为基础，通过“齐家”，实现“治国”、“平天下”，是儒家先哲为君子这一理想人格确立的人生最高理想。

（一）邦有道，用之则行

士人阶层是从古代各部门掌事的中下层官吏发展而来，君子也经历了一个由专指少数身居高位者到上下人等都可用的“道德通称”的漫长蜕变过程，所以，儒家士人君子绝不会否定政治伦理。正如萧公权所说：君子的旧义倾向于就位以修德，而孔子本人却重视修德以致位①。所以，早期儒者为学的一大目的就是要出仕为官：“仕而优则学，学而优则仕”（《论语·子张》）。

孟子以孔子的私淑弟子自居，不但追寻着孔子的足迹周游列国、极力寻找进入仕途的机遇，而且一再表明自己治国平天下的理想抱负和高度自信。他宣称“五百年必有王者兴，其间必有名世者”，而自己恰逢王者兴起之世，于是以救世王者自居，喊出了“夫天未欲平治天下也；如欲平治天下，当今之世，舍我其谁也”（《孟子·公孙丑下》）的豪迈之语，既有自信自负的流露，又有天下兴亡的担当。荀子同样游走于列国之间，一生到过齐、秦、燕、楚、赵等五国，三次职掌齐国稷下学宫“祭酒”，两度出任楚国兰陵令，这也在一定程度上暗合了他对仕途的渴望。应当说，孔子、孟子、荀子为谋取仕途所付出的努力，给人们留下的印象难以磨灭。

不过，儒家的仕途情结尽管浓郁而又强烈，士人君子仍然有着自己的底

① 萧公权：《中国政治思想史》，辽宁教育出版社 1998 年版，第 66 页。

线，某些基本原则是不能放弃的。比如说，古代以与宦官交往为丑事，但据《孟子·万章上》记载，当时有一种传说，孔子在卫国，住在为卫灵公宠幸的宦官痈疽家中；在齐国，接受宦官瘠环的招待。万章便问孟子，这是否是实情？孟子断然否定。他说，孔子到卫国，要找关系不难，当时卫灵公的幸臣弥子与子路互为连襟（即两人的妻子是姊妹），而且弥子告诉子路，“孔子主我，卫卿可得也”。意思是只要孔子住进他家，便可轻易获取卫国卿相一职。不过，孔子拒绝了这个建议，认为能不能出仕，自有天命，不必强求，最后决定接受颜仇由的邀请，住进了颜家。因此，孔子的进退，有着自己的原则。这在孔子与子贡的隐喻式对答中表现得非常清楚。

子贡曰：“有美玉于斯，韫椟而藏诸？求善贾而沽诸？”子曰：“沽之哉！沽之哉！我待贾者也。”(《论语·子罕》)

美玉虽然急于求售，但是在等待商人来我家买，而不是自己出去兜售，底线就在这里，士人君子进退的准则也在这里。

颜回曰：“夫子之道至大，故天下莫能容。虽然，夫子推而行之，不容何病，不容然后见君子！夫道之不修也，是吾丑也。夫道既已大修而不用，是有国者之丑也。不容何病，不容然后见君子！”(《史记·孔子世家》)

儒家兴起于礼坏乐崩之际，其历史使命不是适应社会，而是改造社会，因此，必须尽其在我，付出最大努力。但决不可为了求得成功，而降低其“道”。孔子对颜渊的见解十分赞赏，给予了充分的肯定，说明他们在这一点上是完全一致的。

孟子也持有与孔子相近的态度与原则。前文谈孔子进退问题时，曾讨论孟子引述文献中的记载：“孔子三月无君，则皇皇如也，出疆必载质”。无君三月就惶惶不安，而去国谋职，必定携带合乎身份的见面礼，对方如果接受，自己成为其臣，就有职业了。以前的公明仪也说过：“古之人三月无君，则吊。”(《孟子·滕文公下》）对于三月无君任用之人，要加以安慰，给予同情。由此来看，出仕是通则，对士人而言有其急迫性。但急迫归急迫，孟子还是有着自己的坚持。当周霄再问：“仕如此其急也，君子之难仕，何也？”找官位既然如此急迫，君子却又不轻易做官，是何道理呢？孟子回答说：青春男女急于结婚，父母同样有此心愿，但如果“不待父母之命、媒妁之言，钻穴隙相窥，逾墙相从”（《孟子·滕文公下》），那么所有人都会轻视他。而出仕“不由其道”，就和钻穴逾墙的私奔没有什么两样。

他们既然认定“行道”是出仕的目的所在，个人的价值所在，当然就会在出处受辞之际持有一种极为谨慎的态度。多年周游列国的政治生活经验告诉他们：出仕之后能够得行“大道”，关键在于国君能够诚心“向道”，执政能够支持“行道”。在此情况之下，他们常常将观察的目光投向国君和执政身上。如果了解到某位国君有“向道”之心，他们就“君命驾，不俟驾行矣”（《论语·乡党》）。相反，如果发现某位国君或执政失礼、失德抑或自己的大道不能推行，他们就毅然决然地启程离去。孔子 35 岁时，愤慨于季氏家祭时以八佾舞于庭，并且逼走了鲁昭公，就离开了鲁国。当年孟子千里见宣王，不遇而去。当他辞职而归时，齐宣王依然礼貌地“就见孟子”，并客气地探询“不识可以继此而得见乎”(《孟子·公孙丑下》)？而孟子毅然决然地离开了齐国。在昼县留宿时，还有人想要替王挽留他，他也不加理会，伏在靠几上睡起来。

不过，我们知道，依据孟子的说法，士人君子一旦失去官职，就如同诸侯失去国家，农夫失去土地一般，日子很难过下去。何况，出仕是士人君子推行自己理想的最好途径，那么，为什么不可以稍微委屈一下呢？于是，陈代问孟子：

不见诸侯，宜若小然；今一见之，大则以王，小则以霸。且《志》曰：“枉尺而直寻。”宜若可为也。(《孟子·滕文公下》)

士人君子是不是可以不拘求仕之小节而以成就王霸大业为重呢？因为正如古人所言：曲尺而可以伸丈，这也算不得丧失做人的原则。不过，孟子的回答非常干脆：“枉尺而直寻者，以利言也。如以利，则枉寻直尺而利，亦可为与？”如果专从利益的角度考虑，委曲小的以得到大的，算是合算的话，那么委曲大的以求小的，也可以做吗？孟子的言外之意是，进退出处的礼遇是原则问题，不能讨价还价，何况“枉己者，未有能直人者也”（《孟子·滕文公下》）。

总之，在士人可以高尚其志、进退自如的战国中期，孟子得以享受一份特殊自由、尊严的空气。这是一时的偶然，并非社会结构的必然。但是，正如杜正胜所言："儒士面对政治权威，姿态这么孤高，心志这么超拔，是否可以推始于春秋战国之际的曾子、子思，今已难考，但以礼遇的矜持，有意识地提高士人的地位，塑造儒者的人格，则非孟轲莫属。"①

（二）**兼善天下，泽加于民**

对于仕而达的士人君子来说，"道"的实现就在"兼善天下"，就在"泽加于民"。"行道"可以"善天下"，可以"泽于民"，即重整伦理纲常，重建社会秩序，赓续华夏文化传统，维护人类基本价值，让"道"显示出它的伟大，让人确立起自己的价值。因此，士人君子参政，不为谋求个人富贵显达，不为效忠某一君王，而是为了充分地利用天时地利人和的各种条件去"行道"，这种目标非常明确。以晏婴为例，在齐庄公通奸被弑之后，他闻讯赶来，立于崔氏门外，既不为君死，又不流亡，也不回家。他说：

君民者，岂以陵民？社稷是主。臣君者，岂为其口实，社稷是养。故君为社稷死，则死之；为社稷亡，则亡之。若为己死，而为己亡，非其私暱，谁敢任之？且人有君而弑之，吾焉得死之？而焉得亡之？将庸何归？（《左传·襄公二十五年》）

晏婴的话说得很清楚，国君治民，不是凌驾在人民之上就算国君，要为社稷之主才称得上君。臣属国君之人也不是为讨一口饭吃，而是为了保养社稷。一切以社稷为准则。庄公私行不检而死于非命，只有"私暱"那种贴身护卫之家臣才该为他死，社稷之臣既不会为他而死，也不会为他而流亡出国。晏婴身上体现出来的，就是一种大有为的君子人格。

以出仕的方式直接参政，是"行道"的最佳方式。不过，时势造英雄，能否出仕，常常受制于多种因素。据《史记·孔子世家》记载，孔子一生从政时

① 杜正胜：《古代世变与儒者的进退》，《长庚人文社会学报》2011年第4卷第1期。

间很短，仅在“父母之邦”鲁国有过几年短暂的为官生涯。鲁定公九年（公元前 501 年）孔子被定公任命为中都宰。一年以后，被任命为司空（掌管工程的长官），接着又被任命为大司寇（掌管司法的长官）。自此，孔子便以大司寇的身份，辅助鲁定公治理政事。这是孔子从政生涯中最为辉煌的几年。孔子在鲁国从政几年，颇有政绩。在中都为宰期间，据《史记·孔子世家》记载，“四方则之”，即周围各地都把它作为效法的榜样。任大司寇期间，则在齐鲁夹谷之会上表现出了非凡的胆识与才干。齐鲁夹谷之会，乃两国国君会盟于夹谷。当时，由于齐强鲁弱，齐君傲慢无礼，欺侮鲁君，企图乘献奏四方之乐的时机劫持鲁君。面对这种情况，以“相礼”的身份随鲁君出席夹谷之会的孔子挺身而出，大义凛然，直斥齐君为无礼。齐君自知理亏，于是有所收敛。在订立盟约时，孔子又毫不妥协，坚决抗争，迫使齐国归还了以前侵占鲁国的“郓、灌、龟阴之田”，取得了这场外交的重大胜利，从而避免了两国兵戎相见、生灵涂炭。另外，据《荀子·儒效》说：“仲尼将为司寇，沈犹氏不敢朝饮其羊，公慎氏出其妻，慎溃氏踰境而徙，鲁之粥牛马者不豫贾，必蚤正以待之也。”在得知孔子就要担任鲁国司寇一职后，商人们不敢再欺骗买主、漫天要价，淫乱奢侈、胡作非为之人也都被鄙弃离开。这说明在孔子任职期间，市场秩序大为好转，社会风气也得以改善。

在内政方面，孔子的重大举措是“堕三都”。三都，指季氏的费邑、叔孙氏的郈邑和孟孙氏的郕邑。当时，鲁国的实际权力操于“三桓”之手，礼乐征伐“自大夫出”；不久，“三桓”家臣势力坐大，他们以费、郈、郕三都为据点，不但控制了“三桓”的家政，甚至干预国政，一时出现了“陪臣执国命”的现象。在这种情况下，孔子巧妙利用鲁君与“三桓”、“三桓”与其家臣的矛盾，提出了“堕三都”的建议，并很快得到鲁君与“三桓”的支持。据《史记·孔子世家》记载，“堕三都”的目的是强公室、弱私门，即加强鲁国国君权力，削弱“三桓”的实力。不过，也有学者认为这种认识有问题。杜正胜就提出：当时鲁国国君早已丧失直接领地，生活花费和礼仪排场只能靠“三桓”的进“贡”维持，所以孔子不至于无知到想以堕贵族之都城来振兴公室。但他之所以附和子路堕都，大概因为都城容易沦为家臣兴兵割据之丛薮，引起兵戎之争，最终导致百姓受害。所以，孔子的堕都之议，是为了纾解人民之困，以人民福祉为依归①。

孔子直接出仕时间很短，一生中多是处于不仕状态。在不能直接参政的情况之下，孔子以议政的方式实现着自己在政治上的责任与担当。一方面褒贬历史，高扬尧、舜、禹、汤、文、武、周公等古代君王的政治风范，向往上古三代的政治传统，臧否子产、管仲、臧文仲、宁武子等人的所作所为，给儒者们树立了富有深厚历史感的典范，借此倡立政治理想和政治人格；另一方面批评时政，骂桓魋，批季氏，反对暴政，同情人民，借此维护人类基本价值。当然，孔子的这种议政行为，正是“处士横议”、“不治而议论”的春秋“士风”的真实反映。

无论是褒贬历史，还是批评时政，孔子都以“兼善天下”、“泽加于民”作为最高标准。以孔子对管仲的评价为例，管仲“不死君难”，常常受人诟病，但孔子却以“仁”赞许管仲。管仲原系公子纠的家臣，子纠与小白（齐桓公）争君位，失败而死，另一家臣召忽自杀殉身，管仲却不为此而死。按照封建家臣伦理，管仲这个人的所作所为是很不足取的，所以子路对此有过质问，孔子却说：“桓公九合诸侯，不以兵车，管仲之力也。如其仁！如其仁！”面对子贡的进一步质疑，孔子则说：“管仲相桓公，霸诸侯，一匡天下，民到于今受其赐。微管仲，吾其被发左衽矣。岂若匹夫匹妇之为谅，自经沟渎，而莫之知也？”（《论语·宪问》）关于管仲的政绩，太史公说：“管仲既用，任政于齐，齐桓公以霸，九合诸侯，一匡天下，管仲之谋也。”（《史记·管晏列传》）《国语》载有他的为政次第：一曰比校民有道者以任用之。二曰除阶级行四民平等之制。三曰于周法择善而用，养民振穷而敬百姓，富而教之，采舆情以补官之不善政。四曰使民有产，并使国内商业流通。五曰修兵甲，行兵农合一之制。管仲以武力维持和平之后，以尊王攘夷为号召，最终使得“大国惭愧，小国附

① 杜正胜：《古代世变与儒者的进退》，《长庚人文社会学报》2011 年第 4 卷第 1 期。

协”(《国语·齐语》)。《孟子·告子下》曾载齐桓公葵丘之会的盟约，其中有“尊贤育才”、“无曲防，无遏籴”等规定，并且说：“凡我同盟之人，既盟之后，言归好。”孟子还说他那个时代的诸侯都触犯了葵丘的禁令。可以说，“王纲解纽”之后，春秋之战没有流于混乱，就在于他以一种道义原则作出了示范。因此，管仲更关切的是人民，而且超出国界，着眼于整个华夏民族和文化的存亡。所以，孔子认为他虽然德行有亏，但能够帮助齐桓公使天下有一个较长期的(齐桓公在位 43 年)、较安定的局面，这是大有益人民的事，而这就是仁德。由此可见，依孔子意见，谁能够使天下安定，保护大多数人的生命，就可以许他为仁。

至于孟子，钱穆曾考订其一生重要游历：先游齐，约公元前 333 年，正值齐威王时期（公元前 356—公元前 320 年在位），停留了大概七八年；约公元前 324—公元前 321 年之间游宋，过薛，过邹，至鲁，至滕，然后到魏国，看到魏惠王（公元前 369—公元前 319 年在位），因早在 30 年前，魏已迁都大梁，所以《孟子》一书称作梁惠王；不久，惠王卒，孟轲又返回齐国，这时他看到的是威王的儿子宣王（公元前 319—公元前 301 年在位）。钱穆判定孟子大约生于公元前 390 年，那么，他首次游齐时已经是五十几岁，六旬下半阶段在薛、滕等小国间游走，见梁惠王时已是 70 岁的老人，故被称作叟，待到见齐宣王时，则已 70 开外①。

面对孟子周游列国的这份履历表，我们不禁要问，一个六七十岁的老人，终日栖栖遑遑，席不暇暖，所为者何呢？根据《孟子》一书的记载，我们看到他劝梁惠王，国君要行仁义，不要动则言利，利益在心，上下交征，只会带来战争。他告诫惠王独乐不如与民偕乐，息战罢兵使人民回归生产。在他看来，只要不违农时，斧斤以时入山林，五亩之宅树之以桑，数口之家可以无饥，

① 参见《先秦诸子系年》第九八条“孟子在齐威王时已先游齐考”，第一一〇条“孟子至宋过薛过邹考”，第一一一条“孟子游滕考”，第一一五条“孟子游梁考”，第一一七条“孟子自梁返齐考”。钱穆：《先秦诸子系年》，商务印书馆 2005 年版，分别见第 363—367、399—402、402—404、411—412、415—417 页。

五十者可以衣帛，七十者可以食肉，百姓闲暇之余学习孝悌之义，天下之人自然会来归附。他对齐宣王同样苦口婆心，鼓励他为民制产，“使仰足以事父母，俯足以畜妻子，乐岁终身饱，凶年免于死亡”，并在自己好色、好货以及耽于园囿游猎享乐的同时，做到“与民偕乐”（《孟子·梁惠王上》）。

孟子不仅对大国有着这种期待，对待小国亦是如此。滕文公向孟子请教治国之道，孟子首次提出“民事不可缓”，认为只要人民有恒产，就必有恒心，否则“苟无恒心，放辟邪侈，无不为已”。而要想让人民获得恒产，最好的方法是推行井田制度，使得家家有私田，并以助耕公田的方式取代赋税，这样一来，人民就可以“乡田同井，出入相友，守望相助，疾病相扶持”（《孟子·滕文公上》）。

通读《孟子》一书，我们会发现，如何使百姓过上好日子，如何维护底层社会的和谐安定、怎样促进天下的太平等关系普通民众切身利益的问题，才是孟子最为关切的。换句话说，他是把“博施于民而能济众”（《论语·雍也》）的孔门之教作为自己终身奋斗的首要目标。由此一来，他也将孔子开启的士人君子用世之志提升到了一个新的境界。

第四节　君子人格的养成方法

余英时认为，面对“礼坏乐崩”的时代，先秦时期儒、墨、道各家皆以“修身”作为成就理想人格与“求道”的不二法门①。不过，“身”虽然与身体相关，但却不仅仅是作为形躯结构的身体，“身”的概念中通常都内含有“心”的意义。在传统文本中，如《尚书》中的“慎厥身”与“修厥身”、《左传·成公十三年》中的“礼，身之干也；敬，身之基也”，这些“身”的观念都同时统合了心理

① 余英时：《论天人之际》，中华书局2014年版，第189页。

与生理的双重意义。在《论语》中，“身”共出现17次，其内涵指向具有主体性的“亲身”、“亲自”与象征自我的范畴，而且这些概念都代表人的“言行举止”需要与“道德”保有一致性，所以其“身”实为“身心”，论“身”的目标主要在于彰显身心修养的功能。据周与沉研究，先秦典籍中，“身”所指者包举形躯与心灵，且尤重心灵之德性、情意；活泼、整全是其特点，生机、机能为其动源，思智、德性乃其关键①。在“身”的这一观念之下，黄信二认为，中国哲学中的身心修养观的内涵主要有二：一是指出统合身心的“身”是一特殊观念，它先于各种概念存在，具有根源性，所以比较可能避免形成主客对立，使中国传统心性哲学的发展走向不至于因过于抽象而远离现实世界。二是它可以融合“知”与“行”两个层次，使得“礼”的落实必须回归个体行动者内在身心的理想状态，此理想同时又涉及个体与社会和谐运作的目标②。

《中庸》提出：“故君子之道：本诸身”。要成为君子，要具备君子的品格，就要从自己的身心修养开始。那么，如何修身？《中庸》又提出修身的三项德行工夫：

子曰：“好学近乎知，力行近乎仁，知耻近乎勇。知斯三者，则知所以修身；知所以修身，则知所以治人；知所以治人，则知所以治天下国家矣。”

如何获得智慧、仁爱、勇敢的君子品德？《中庸》提出好学、力行、知耻三项具体方法。《大学》则提出三纲领、八德目，作为修养德行的工夫次第，强调：“欲修其身者，先正其心。欲正其心者，先诚其意。”君子要修身，必须自正其心开始，欲正其心，则必须先诚其意。参考《大学》、《中庸》的观点，我们从治气养心、博学慎思、践礼力行三个方面，重点考察先秦儒家的身心修养思想对君子人格的成就。

---

① 周与沉：《身体：思想与修行——以中国经典为中心的跨文化观照》，中国社会科学出版社2005年版，第87页。

② 黄信二：《论实践“礼”之“内在张力的历史考察”与其解决之道》，《哲学与文化》2020年第47卷第8期。

一、治气养心

在余英时看来，“修身”就是一种精神修养，而荀子的“治气、养心之术”（《荀子·修身》），可以看作是对先秦时期“修身”相当精确的界说①。不过，先秦各家对于“气”与“心”有不同的理解，对于如何“治气养心”也意见不一。就先秦儒家而言，孔子体认到道德根源乃内在于人的生命之中。他说：“我欲仁，斯仁至矣”（《论语·述而》），“为仁由己”（《颜渊》），这说明他充分认识到“仁”不是从外部植入、引入的，而是内在自生的。那么，“仁”的落脚处和生长点在哪里呢？他说：“回也，其心三月不违仁。”（《雍也》）该表述显然假定“仁”内在于“心”。在余英时看来，孔子将作为价值之源的超越世界第一次从外在的“天”移入人的内心，这是中国思想史上的破天荒之举②。孟子更是直截了当地指出，道德根源于人心：“仁，人心也”，“仁义礼智根于心”（《孟子·尽心上》）。所以，孟子论心，总是关联着“仁义”进行界说。《荀子·解蔽》中也说：“心也者，道之工宰也”，道是为治的关键，而心则是道的工宰。又说：“心何以知道？曰：虚壹而静。”这说明荀子很早也认识到心是德性、知识得以成立的根源。因此，《大学》中提出：“欲修其身者，先正其心。”

当然，在先秦儒家学者中，孟子论“心”最为详细，被视为“儒家心学传统的开山鼻祖”③。孟子所谓的“心”是指“四端”，也称为“良心”、“本心”，由天所赋：“非由外铄我也，我固有之也”。不过，这种天赋的良心犹如种子，极为幼小脆弱，很容易受到外在环境的影响而被人放逐：“富岁子弟多赖，凶岁弟子多暴。非天之降才尔殊也，其所以陷溺其心者然也。”（《孟子·告子上》）富岁凶岁导致子弟多赖多暴，并非其本性有何不同，也不是欠缺足以为善的良能之才，而是由于后天环境的影响，使其心陷溺。这其中的道理就如同播种大麦，土地的肥瘠、雨露的多寡、人力的勤惰等，都可能影响相同的种子生出不

① 余英时：《论天人之际》，中华书局2014年版，第188、189页。

② 余英时：《论天人之际》，中华书局2014年版，第206页。

③ 彭国翔：《“尽心”与“养气”：孟子身心修炼的功夫论》，《学术月刊》2014年第4期。

同的结果。这说明，不良的环境可以使心失去自身的作用，不善就是由此产生的。

所以，如何在变动不居的环境中保住本心，守住善端，就成为孟子思想中的一个重要问题，所谓的“养心”、“存心”、“不动心”、“养气”等，都是从不同角度表达的同一主题。关于养心，《孟子·尽心下》中有着很好的论述：

养心莫善于寡欲。其为人也寡欲，虽有不存焉者，寡矣。其为人也多欲，虽有存焉者，寡矣。

在孟子看来，对于良心最大的威胁就是欲望。“存焉者”即“存心”。欲望少的人，其本心就容易存住；而欲望多的人，其本心则容易丧失；所以养心最好的方法即是要寡欲。出于克制欲望的目的，孟子要求确立心在生命中的主导地位。孟子认为，人应当爱惜养护身体的每一部分，但心是最根本、最珍贵的。因此，不能以小害大、以贱害贵。“小”和“贱”是指耳目口鼻等生理器官，而“大”与“贵”便是指“心”。在孟子看来，如果对心无所妨害，那么身体的其他部分也都应该养，但若有了妨害，就要舍小取大，舍贱取贵。

孟子注重“养心”，同时也注重“治气”、“养气”。作为中国哲学史上重要概念的“气”，“本指一种自然的生机流行，或生理生命力，也常被转化提升为精神或道德生命力，也被解释为构成形、神及一切身、心现象的根源”①。先秦儒家关于气的论述，主要偏重于心性修养的层次，而以气对于人格修养的影响及其作用为核心。《论语》不大谈“气”，只在《季氏》的“君子三戒”中谈到过“血气”：“少之时，血气未定，戒之在色；及其壮也，血气方刚，戒之在斗；及其老也，血气既衰，戒之在得。”这里的“血气”，很显然指的是自然的生理生命力。就人格修养与气的关系这点来看，其中以孟子的论述最受瞩目。在彭国翔看来，孟子身心修炼的功夫实践，无论“养心”还是“治气”，都是由内而外扩充固有的本心和德气，使之展现为一种内在德性自我推动之下不断外化

① 陈丽桂：《先秦儒道的气论与黄老之学》，《哲学与文化》2006 年第 33 卷第 8 期。

的过程[①]。

孟子主张人人皆可为尧舜[②]，并肯定仁义礼智根于心[③]、人皆有先天的良知良能[④]；同样的，孟子也肯定人具有找回放失的良知、良能或者说良心的能力。而人的良知良能或者说良心为什么会放失呢？依据孟子的论述，那是因为受到外在环境的影响。那么，人又该如何找回这放失的良知良能呢？《孟子·告子上》中给了我们答案。对此，朱熹在《孟子集注》中解释说：

息，生长也。日夜之所息，谓气化流行未尝间断，故日夜之间，凡物皆有所生长也……平旦之气，谓未与物接之时，清明之气也。好恶与人相近，言得人心之所同然也。几希，不多也。梏，械也。反覆，辗转也。言人之良心虽已放失，然其日夜之间，亦必有所生长，故平旦未与物接，其气清明之际，良心犹必有发见者。但其发见至微，而旦昼所为之不善，又已随而梏亡之，如山木既伐，犹有萌蘖，而牛羊又牧之也。昼之所为，既有以害其夜之所息；夜之所息，又不能胜其昼之所为，是以展转相害。至于夜气之生，日以寖薄，而不足以存其仁义之良心，则平旦之气亦不能清，而所好恶遂与人远矣。[⑤]

朱熹所言可谓是善解。万物生长的力量来自天地之间的气化流行，所以只要气化流行不断，万物也将有所成就。就《孟子》中这一章的论述来看，其论说的主旨无非是透过牛山之木"非无萌蘖之生"，来强调人的本心虽有放失，但在平旦未与物接之际（孟子称这种状态为"平旦之气"、"夜气"），必有良心的发现。在孟子看来，牛山之木之所以濯濯，是因为旦旦而伐之；然而，倘若给予牛山之木生息的机会（日夜之间雨露所润），一定会有恢复丰美的可能。

① 彭国翔：《"尽心"与"养气"：孟子身心修炼的功夫论》，《学术月刊》2014年第4期。

② 《孟子·离娄下》："尧舜与人同耳"；《告子上》："圣贤与我同类"；《滕文公上》："舜何人也，予何人也，有为者亦若是。"

③ 《孟子·告子上》："恻隐之心，人皆有之；羞恶之心，人皆有之；恭敬之心，人皆有之；是非之心，人皆有之。恻隐之心，仁也；羞恶之心，义也；恭敬之心，礼也；是非之心，智也。仁义礼智，非由外铄我也，我固有之也。"《尽心上》："君子所性，仁义礼智根于心。"

④ 《孟子·尽心上》："人之所不学而能者，其良能也；所不虑而知者，其良知也。"

⑤ （宋）朱熹：《孟子集注》，《四书章句集注》，中华书局2011年版，第309、310页。

同理，人的良心之所以放失，是因为受到物欲熏习的影响；然而，倘若给予本心以生息的机会（平旦未与物接之际），即可发现本有的良知良能。很明显，孟子这段论述的关键，应在“平旦未与物接之际所生发出的平旦之气”这点上，它是由“放失良心”到“发现良心”的转折点。

依照孟子的说法，人人皆有道德本心，伴随着体气流行而呈现，只要去除感官欲念上的干扰，就可以确实感受到这股良善之气，只要天地气化流行不断，这种良善之气也必定随之生长。然而现实生活中，感官欲望无时无刻不在干扰着这种良善之气，所以一般人无法察觉到它的存在。而在平旦未与物接之际，泯除了物与物相交引起的干扰因素，个体的心灵状态回归到平和纯一的境界，那么人的良心就会自然而然地萌生出来。良心的这种“自我萌生”的能力，就如同牛山之木一样，只要顺其日夜之所息及雨露之所润，它就会自然而然地萌蘖而出。这种人在平旦未与物接之际所自然萌生出的良心自我生长的动力（或者说不断滋长的潜能），被孟子称之为“平旦之气”、“夜气”。换句话说，所谓“平旦之气”、“夜气”，就是指良心自我生长的无限可能性。陈明恩认为，就此来讲，“平旦之气”、“夜气”与良知在本质上并无太大的差别，它们同样具有“先天性”与“普遍性”。之所以说“平旦之气”、“夜气”具有“先天性”，是因为每个人每天都必然会经历“平旦之境”；说“平旦之气”、“夜气”具有“普遍性”，是因为良心良知这种自我生长的无限可能性是人人都具有的，人只要处于平旦之境，它便会自然而然地萌生出来①。但是平旦之后，白昼之际，人又与物相交接，所以诸缘又起，尘念又兴，清明之气受到干扰又随之梏亡。所以，孟子教人养气，就是要养得平旦清明之气，回复到平和纯一之境。很明显，孟子的论述所侧重的不在于“气”的名义，而在于人在未与物接之际所生发出的良心良知自我生长的能力及其后续的存养工夫。

“平旦之气”虽说相当微弱，但却是良心良知发现的生机，具有无限的可能性。但它本身并不就是善，也非纯粹的中性的存在，而是“一种源自天生本

① 陈明恩：《原始生命的理性化——试谈孟子对于气的理解》，《鹅湖学志》1999 年第 23 期。

然，清纯而没有后天习染的心、性初态，那是成圣成德的基本动源与保证”①。所以，人所要做的，便是在当下把握、操持住这个良心良知生发的生机，并透过存养的工夫，使之不断地滋长。

伴随着孟子养气理论而来的，是不动心，这是孟子与其弟子公孙丑的问答往复中引申出来的重要概念，也是养气与养心所要达至的目标②。《孟子·公孙丑上》记载：

公孙丑问曰：“夫子加齐之卿相，得行道焉，虽由此霸王，不异矣。如此，则动心否乎？”

孟子曰：“否；我四十不动心。”

曰：“若是，则夫子过孟贲远矣。”

曰：“是不难，告子先我不动心。”

曰：“不动心有道乎？”

曰：“有。北宫黝之养勇也：不肤挠，不目逃，思以一豪挫于人，若挞之于市朝；不受于褐宽博，亦不受于万乘之君；视刺万乘之君，若刺褐夫；无严诸侯，恶声至，必反之。孟施舍之所养勇也，曰：‘视不胜犹胜也；量敌而后进，虑胜而后会，是畏三军者也。舍岂能为必胜哉？能无惧而已矣。’孟施舍似曾子，北宫黝似子夏。夫二子之勇，未知其孰贤，然而孟施舍守约也。昔者曾子谓子襄曰：‘子好勇乎？吾尝闻大勇于夫子矣：自反而不缩，虽褐宽博，吾不惴焉；自反而缩，虽千万人，吾往矣。’孟施舍之守气，又不如曾子之守约也。”

曰：“敢问夫子之不动心与告子之不动心，可得闻与？”

“告子曰：‘不得于言，勿求于心；不得于心，勿求于气。’不得于心，勿求于气，可；不得于言，勿求于心，不可。夫志，气之帅也；气，体之充也。夫志至焉，气次焉；故曰：持其志，无暴其气。”

就孟子的论述来看，他所谓的“不动心”，大致可以分为两种类型。第一

① 陈丽桂：《先秦儒道的气论与黄老之学》，《哲学与文化》2006 年第 33 卷第 8 期。

② 匡钊：《论孟子的精神修炼》，《深圳大学学报》2016 年第 5 期。

指的是个人面对富贵名利等世俗社会各种诱惑时的不动心，如文中提到的孟子面对高居卿相之位时表现出的不动心。第二是指生命个体遭受外力逼迫或干扰时，个体的生理本能可以保持不动心的状态。在这一类型下，孟子又具体分析了以北宫黝、孟施舍为代表的以气制心、血气之勇型；以告子为代表的遗世独立、孤明自守型；以曾子、孟子为代表的自反而缩、以直道养其心型[①]。当然，这两种类型的区分，彼此之间并没有一条严格的界限，第一种强调的是道德操守的坚持，第二种则是倾向于内部生理活动的稳定，二者也可以彼此相融，都是强调一种无所畏惧的心理状态。而要做到无所畏惧，必定要超越利害得失与生死关卡，所以北宫黝、孟施舍的不动心，属于无惧、无畏强敌；告子的不动心，属于其意志与行动不受他人左右；曾子、孟子的不动心，属于以道德之勇对抗世俗的权势威吓与宠辱得失。很显然，孟子不同意北宫黝和孟施舍的方法，对于告子甚至曾子也有所保留。在张奇伟看来，“孟子所要求的‘不动心’不是固执偏狭的匹夫之勇，也不是局限于个别事情上的‘小勇’，而是明辨析理、自觉认识、深刻体察基础上的‘不动心’，是深刻的、稳定的、连续的和自然而然的‘不动心’”[②]。

要达至这种“不动心”之境，需要一番养气的方法。《孟子·公孙丑上》又载：

“既曰‘志至焉，气次焉’，又曰‘持其志，无暴其气’者，何也？”

曰：“志壹则动气；气壹则动志也。今夫蹶者趋者是气也而反动其心。”

“敢问夫子恶乎长？”

曰：“我知言，我善养吾浩然之气。”

“敢问何谓浩然之气？”

曰：“难言也。其为气也至大至刚，以直养而无害，则塞于天地之间。其为气也，配义与道；无是，馁也。是集义所生者，非义袭而取之也。行有不慊于心，则馁矣。我故曰，告子未尝知义，以其外之也。必有事焉，而勿正，心

① 参见徐复观：《中国思想史论集》，九州出版社 2014 年版，第 173、178 页。

② 张奇伟：《亚圣精蕴　孟子哲学真谛》，人民出版社 1997 年版，第 160 页。

勿忘，勿助长也。”

按照孟子的说法，养气要“配义与道”，就是以义与道来养护，道义是浩然之气的根源，所以养气就是让心中时时充满道义。具体来讲，一是持志。“志”是“气”的统帅，志到达的地方，气便到达。那么，“志”是什么呢？《孟子·尽心上》说：

王子垫问曰：“士何事？”孟子曰：“尚志。”曰：“何谓尚志？”曰：“仁义而已矣。杀一无罪非仁也，非其有而取之非义也。居恶在？仁是也；路恶在？义是也。居仁由义，大人之事备矣。”

由此可见，在孟子那里，所谓“志”，就是每个人先天就有的“仁义之心”。“持其志”就是要守住每个人所固有的良知良能，凡事不可任性妄为，必须将心守定在义理之上，事情该当如何办便如何办，一切言行作为要合乎仁道。朱熹举例说：“且以喜怒言之：有一件事，这里便合当审处，是当喜，是当怒？若当喜，也须喜；若当怒，也须怒，这便持其志。”① 就是说，该生气时便生气，不能有所顾虑而不敢生气，但也不可过度生气。凡事要审定义理所在，一切依理而行。当然，气对心也会有所影响。气若专一就会带动心志，就像心原本很平静，但是因为身体的飞奔跑跳而跌倒，就会影响心情，整个心随着身体行动的状况而起伏动荡。所以，要“无暴其气”，就是专一守住义理之所在，而不要任随欲望奔驰或从事与义理相悖或不相干的活动。

二是集义。所谓“集义”，朱熹解释说：“集义，犹言积善，盖欲事事合于义也……言气虽可以配乎道义，而其养之之始乃由事皆合义，自反常直，是以无所愧怍，而此气自然发生于中。非由只行一事偶合于义，便可掩袭于外而得之也……所行一有不合于义，而自反不直，则不足于心而其体有所不充矣。”② 依照朱熹的解说，“集义”的工夫就成为一种向外求取的知识活动，与孟子的思想理路并不相符。因为孟子的思想基础是价值意识内在于心，并由此而谈道

① （宋）朱熹：《朱子语类》卷五十二，中华书局 1986 年版，第 1238 页。

② （宋）朱熹：《孟子集注》，《四书章句集注》，中华书局 1983 年版，第 232 页。

德主体的存养扩充。因此，按照蔡仁厚的观点，所谓“集义”，就是“随时表现内心本有之义，以行其所当为之事”[①]。也就是说，培养浩然之气固然要集聚道义善行，但是这个道义必须由内心而发，不能是由外面取来的教条。如果内心对于某些教条式的义理还没有真正理解把握，就急于依照教义规条去践履，这便是“义袭”，是无法养出真正的浩然之气的。而且养浩然之气并非一朝一夕可成，它需要在日常生活中自自然然地行义，以道义为准则做事，以仁爱之心待人，经历日积月累，才能蕴养得成。因此，养气工夫，忌讳揠苗助长式的急于求成。

二、博学慎思

儒家极为重视学习。《论语》首章为“学而”，首句即是“学而时习之，不亦说乎”；《荀子》首篇为“劝学”，首句即是“君子曰：学不可以已”；《礼记》中的“学记”，也是儒家论学名篇。关于学习的目的与意义、目标与方法等问题，先秦儒家论述得非常充分。

人为什么要学习？《荀子·儒效》中说：

我欲贱而贵，愚而智，贫而富，可乎？曰：其唯学乎。彼学者，行之，曰士也；敦慕焉，君子也；知之，圣人也。上为圣人，下为士、君子，孰禁我哉？

有人希望能够由下贱变为高贵，由愚昧变成明智，由贫穷变成富裕，荀子认为，那就只有依靠学习来实现了。我们知道，荀子从自然情欲的角度谈性，明确提出性恶之论。这种人性论的认识使其高度重视后天的人为学习，认为学习是不断地塑造和提升生命、实现“化性起伪”的唯一路径。通过学习，最高可以成为圣人，至少也可以成为士人、君子，谁也无法阻止自己上进。因此，在荀子看来，学习是改变个人命运、使自己成为贵者、智者与富者的唯一

① 蔡仁厚：《孔孟荀哲学》，台湾学生书局1984年版，第269页。

路径。

当然，学习不仅仅是改变自身境遇或充实头脑的一种手段。《荀子》一书中，对孔子及其弟子厄于陈、蔡的事迹作过一番铺陈。荀子笔下的子路相信善恶报应、德福一致，所以他不理解为何夫子“累德、积义、怀美”却处于如此困境。而孔子回答说：“且夫芷、兰生于深林，非以无人而不芳。君子之学，非为通也；为穷而不困，忧而意不衰也”（《荀子·宥坐》）。这里论述孔子的话，直接说到，君子之学，不仅仅是为通达显世，也是要解决如何在困厄不得志的情形下不困惑，遇到忧患而意志不衰、懂得祸福生死的道理，思想上不动摇、有定见的问题。

“闻道”需要学习。士人君子以道自任，孔子本人就以“闻道”为期许：“朝闻道，夕死可矣。”（《论语·里仁》）“闻道”可以说是孔子的终极关怀，在他看来，人就是为了“闻道”而活着的。在《论语·子张》中，子夏曰：“百工居肆以成其事，君子学以致其道。”从这一章的文法脉络来看，“百工居肆以成其事”的“其事”，应是指“百工之事”；因此“君子学以致其道”的“其道”，应为“君子之道”。“百工居肆以成其事”，各种工匠在工作场所努力工作以成其器物，子夏以此为例，说明君子也应在终身学习中来成就“君子之道”。空有理想抱负而不认真学习，是根本无法实现的。据《论语·阳货》记载，孔子告诫弟子子路说：“好仁不好学，其蔽也愚；好知不好学，其蔽也荡；好信不好学，其蔽也贼；好直不好学，其蔽也绞；好勇不好学，其蔽也乱；好刚不好学，其蔽也狂。”希望具有仁爱、智慧、诚信、正直、勇敢、刚毅种种优秀的品行，就必须认真地学习，否则就会走向反面。

在先秦儒家学者那里，学习本身就是一种目的和生活方式。孔子指出，学习的根本目的是为了充实自己、提高自己、成就自己：“古之学者为己，今之学者为人。”（《论语·宪问》）孔子自己就有这样的体验。《论语·述而》中说：

叶公问孔子于子路，子路不对。子曰：“女奚不曰，其为人也，发愤忘食，乐以忘忧，不知老之将至云尔。”

学习能够给予人的，不是普通的感官快乐，而是一种精神上的愉悦。人生活在这种快乐之中，就如同在水中自由游动的鱼，鱼不是乐水，而是在水中自有一种说不出来的快乐，这种快乐能够让人忘掉贫困和忧愁，忘掉衰老和死亡。

怎么样学习？《论语》这部言论集清清楚楚地记录了孔子的为学方法。孔子自称他不是“生而知之者”，而是“好古，敏以求之者也”。他没有“常师”，说：“三人行，必有我师焉。”（《论语·述而》）他“不耻下问”，声称自己“下学而上达”（《论语·宪问》）。“下学”的“下”，其实就是“形而下者谓之器”的“下”。下学就是具体的事物与技术之学。孔子在具体的事物与技术方面，是多能的。大宰问子贡：“夫子圣者与？何其多能也？”孔子听见这话，说道：“大宰知我乎！吾少也贱，故多能鄙事。君子多乎哉？不多也。”（《论语·子罕》）“鄙事”就是乡鄙之事，如农耕、园圃、畜牧等。孟子说孔子曾为委吏，“曰：会计当而已矣。”又曾为乘田，“曰：牛羊茁壮长而已矣。”（《孟子·万章下》）由此可见，孔子“下学”的方面是很多的。孔子所学虽然广博，却不以一艺著名，所以当时的达巷党人曾评价说：“大哉孔子！博学而无所成名。”（《论语·子罕》）

陶圣希认为，时时练习礼、乐、射、御、书、数这六艺，并且“游于艺”，就是“下学”的工夫。他说：“孔子早年教育士人，是以六艺。”但“到了晚年，孔子教导弟子，多依据六经而说明义理。”①因此，孔门早年的弟子，如子路自称能治师旅，使其有勇；冉有自称能治小国，使其足民；公西华自称能在宗庙祭祀与诸侯会同中，为君之小相。孔子早期的弟子大抵都是作公室或大夫之家的宰和邑宰。到了后期，学生曾子、子张、子夏、子游之徒，受老师影响，也多说义理，如曾子所谓“忠恕而已矣”，子张所谓“学以致其道”，等等。不过，这并不是说孔子早年不讲义理，晚年不讲形器。孔子的“道”始终是就“器”来讲求的。由形器而讲求义理，叫作“上达”。上达的“上”，就是“形而上者谓之道”的上。孔子说：“君子上达，小人下达。”（《论语·宪问》）意思是说，

---

① 陶圣希：《孔子论道》，《食货月刊》1980年第10期。

农工商贾等庶民只讲事物与其技术；自士人以上，应当讲求事物之所以为事物的义理。

假如为学不止于道，只是在形器的范围里“博学多识”，这就是不能上达，这只是“器”。孔子说：“君子不器。”（《论语·为政》）他又问子贡说：“女以予为多学而识之者乎？”“非也，予一以贯之。”（《论语·卫灵公》）这是说为学不能止于形器方面的博学多识，必至于“一以贯之”的道。孔子常就事物的形器，讲求义理。例如《诗》是古代流传下来的诗歌，孔子却讲求《诗》三百篇的义理，说：“诗三百，一言以蔽之，曰：思无邪。”他要求学生们加以学习：“小子何莫学夫诗？诗，可以兴，可以观，可以群，可以怨。迩之事父，远之事君；多识于鸟兽草木之名。”（《论语·阳货》）从中体会出“迩之事父，远之事君”的道理。又《诗》三百里有一章说：“巧笑倩兮，美目盼兮，素以为绚兮。”孔子解释为“绘事后素”（《论语·八佾》），再解释为礼以素为质。例如射，孔子既学射的技术，又讲求射的“道”，以为射以命中为主，不以贯革为能。他又讲射是一种竞争，但射礼是“揖让而升，下而饮”，所以义理是“其争也君子”（《论语·八佾》）。到了孔子的门人，子游与子夏诸人，仍有关于器与道的分辨。《论语·子张》记载：

子游曰：“子夏之门人小子，当洒扫应对进退，则可矣，抑末也。本之则无，如之何？”子夏闻之曰：“噫！言游过矣！君子之道，孰先传焉？孰后倦焉？譬诸草木，区以别矣。君子之道，焉可诬也？有始有卒者，其惟圣人乎！”

这一章中，子游批评子夏的学生竟然学习洒扫庭院、应对宾客以及进退的礼节，似乎本末倒置。子夏则加以反驳，认为教授“君子之道”本来就有深浅、先后和种类之分，宜由浅近的事物开始做起，只要有始有终，是必定可以至于大道的。子夏言下之意，似乎认为“洒扫、应对、进退”等生活礼仪，正是“君子之道”的基础，不容蔑视。

“学”需要与“思”并行。《说文解字·教部》云：“斅，觉悟也。从教从冂。冂，尚矇也，臼声。学，篆文斅省。”意思是说，“学”这一汉字是“斅”的缩写，而“斅”有“教”和“觉”的双重意思，因此广义的“学”兼有学习与思考两个方面。“学”的原意是觉悟，而觉悟，必是发挥个人批判性思维用心思考的结果。只是到了后来，也许是随着文化传统的积淀，“学”的意义才侧重于对已有历史知识、经验的学习研究上。郝大维、安乐哲认为：“学习是一种严格意义上的占有——敬重于优秀的文化遗产。它不要求学者改变传统的文化或产生新的思想。”而“思”则是“对某些既定的东西加以批判和评价”。“尽管孔子强调个人占有文化传统，他还是认为，要获得并接受现存的意义，就必须进行思考；为了使这些意义尽量适合并扩展到人们所处的环境中去，创造性的思考就是必不可少的。”① 因此，“学”与“思”这二者是相互联系、无法分割的。

学习当然是多多益善，所以孔子把“学”与“容”相结合：“君子尊贤而容众，嘉善而矜不能。我之大贤与，于人何所不容？”（《论语・子张》）要求以一种宽容开放的胸怀与人交往，从不同的人身上学习他们的优点与长处，因为“三人行，必有我师焉”（《论语・述而》）。而“思”除了要接受学到的东西，还要追求把握学习的条件、意义和目的：“君子有九思：视思明，听思聪，色思温，貌思恭，言思忠，事思敬，疑思问，忿思难，见得思义。”（《论语・季氏》）君子需要在九个方面多加考虑：观看时，考虑看明白了没有；倾听时，考虑听清楚了没有；考虑脸色是否温和；考虑容貌是否庄矜；考虑说话是否忠实；考虑工作是否认真；遇到疑问，考虑如何向别人请教；将发怒了，考虑会有什么后患；看见利益好处时，考虑是否符合道义。孔子要求君子做到“九思”，其实就是要求君子时时刻刻审视自己的一言一行，以求符合“仁、义、礼、智、信、温、良、恭、俭、让”的儒家基本要义。在这一过程中，“学而不思则罔”（《论语・为政》），一个人如果只是“学”而不能对所学到的基本要义进行批判性的思考的话，那么，他就无法真正展现其价值。所以，孔子告诫自己的弟子们，说：“当仁，不让于师。”（《论语・卫灵公》）即便是老师的话，也要加以独立思考，以确定它的正确与否。他还说：“不曰‘如之何，如之何’者，吾未如

① ［美］郝大维、安乐哲：《孔子哲学思微》，蒋弋为、李志林译，江苏人民出版社 2018 年版，第 29 页。

之何也已矣。”（《论语·卫灵公》）对于不肯动脑筋的人，他也不知如何加以教导。这充分表现出孔子对于“思”这种批判性思维的强调。

孟子不仅延续了孔子有关“思”的思想，而且创造性地赋予“思”以丰富而深刻的含义。王夫之认为：“孟子说此一思字，是千古未发之藏，与周书言念，论语言识，互明性体大用。”①高度赞赏其理论价值。“思”与“弗思”经常出现在孟子谈论人如何实践其内在固有的善性或寻回被放失的仁义之心等相关内容中。因此，思的作用是孟子有关性善理论的一个重要环节，尤其在他阐述人性价值的实践方面，具有一种关键的地位。

在孟子看来，我们要使心存而不亡，就必须由“思”而作工夫。《孟子·告子上》说：“耳目之官不思，而蔽于物。物交物，则引之而已矣。心之官则思，思则得之，不思则不得也。此天之所与我者。先立乎其大者，则其小者不能夺也。此为大人而已矣。”耳目等器官没有思维能力，不能分辨是非善恶，只是被外物牵着走，什么东西是它们所喜欢、所需要的，它们就会追逐什么东西。而心不同，它具有思考能力，能够分辨是非善恶。人与动物最大的区别就在于人有心，有觉解，知道什么该做，什么不该做，什么应得，什么不应得。而在此过程中，“思”发挥着决定性作用。可以说，“思”乃是操存的内在动力，也是先立大的所由立者。孟子所强调的各种修养工夫，如操持、存心、养性、推扩其心等等，都是基于“思”而说的。换句话说，如何操、如何持、如何存、如何养，其具体内容只是“思”。所以，张奇伟认为，“思”是“良心、善端向自觉道德意识过程过渡的中介”，其形式是“向内‘思’、反省自身，静观自我”，其实质则是“自我认识、良知体认、人格认同，或者说是道德主体意识的确立过程，道德主体意识由幽微而显现的过程”②。

“思”需要建立在“学”的基础之上。孔子不是空想冥思之人，他对于“思而不学”的方法，有着明确的批评，认为重“思”轻“学”，危害更大：“思而

① （清）王夫之：《读四书大全说》卷十《告子上》，金陵曾刻本。

② 张奇伟：《亚圣精蕴　孟子哲学真谛》，人民出版社1997年版，第147页。

不学则殆”（《论语・为政》）。他说：“吾尝终日不食，终夜不寝，以思，无益，不如学也。”（《论语・卫灵公》）不经过学习而凭空思考，是很难有什么收获的，思考必须以从文化传统中广泛汲取营养作为基础。孔子把“思而不学”视作是无益之举，荀子也批评这种做法：“吾尝终日而思矣，不如须臾之所学也；吾尝跂而望矣，不如登高之博见也。”（《荀子・劝学》）到了《中庸》中，则明确提出：“博学之，审问之，慎思之，明辨之，笃行之。”

“学”与“思”之间的相互作用，可以说是《论语》一书反复强调的主题：“博学而笃志，切问而近思，仁在其中矣。”（《论语・子张》）人们必须勤奋学习，以获得流传至今的传统文化，同时，人们也必须充分利用现有的文化，使它适应自己生活的环境和时代，在实现传统文化的创造性转化和创新性发展方面作出自己的贡献。

三、践礼力行

儒学是门实践性很强的学问。先秦儒家认为，道德不是知识而是内在的情感和品性，道德情感和品性需要在正确的引导之下于实践中不知不觉地培养起来，而非依靠单纯的治气养心、知识学习就能获得。孔子常常要求弟子们“入则孝，出则悌，谨而信，泛爱众，而亲仁”（《论语・学而》），这说明孔子只是引导弟子们怎么做与行，而不是空讲理论与道理。他还说：“诵《诗》三百，授之以政，不达；使于四方，不能专对；虽多，亦奚以为？”（《论语・子路》）一个人熟读《诗》，甚至达到能够背诵的程度，但是交付的政事不会做，出使四方也应对不了，这样的知识又有什么用呢？在孔子看来，只有在不断的实践中才能锻炼能力、增长才干，才能养成良好习惯、增益道德品性。

孟子则提出了“践形”理论：“形色，天性也；惟圣人然后可以践形。”（《孟子・尽心上》）参考孟子所说的另一组概念：“君子所性，仁义礼智根于心，其生色也睟然，见于面，盎于背，施于四体，四体不言而喻”（《尽心上》），“形色”应该等同于“见于面，盎于背，施于四体，四体不言而喻”的“生色”

表现。圣人尽心知性知天，充分扩充其四端之心，此时圣人具备的条件能力是践形。践形对应着形色，而形色又是身心修养后的呈现结果，所以践形必定带有身心修养的实践意涵。对此，王夫之有过十分详尽的解读：

形而上者，非无形之谓也。既有形矣，有形而后有形而上。无形之上，亘古今，通万变，穷天穷地，穷人穷物皆所未有者也。故曰“惟圣人然后可以践形”，践其下，非践其上也。故聪明者，耳目也；睿智者，心思也；仁者，人也；义者，事也；中和者，礼乐也；大公至正者，刑赏也；利用者，水火金木也；厚生者，榖蓏丝麻也；正德者，君臣父子也。如其舍此而求诸未有器之先，亘古今，通万变，穷天穷物而不能为之名，而况得有其实乎？①

依据王夫子的观点，形上之道必定显现于形下形器之中，所以，必有形下之器才有道的存在。如果脱离了这一原则而高谈阔论形上之道，则是异端邪说。所以在他看来，孟子的践形观是要践其下而非践其上，是要在人文世界中成就自己，而非成圣于杳渺虚无的形上世界。王夫之在这里并不是要反对形上思辨，而是认为形上世界必须要有形下基础作为保证。所以，人文价值在形下世界的开展：人、事、礼乐、刑赏、水火金木、榖蓏丝麻、君臣父子，当然还包括我们强调的身体知觉心思等，都是形上世界的保证。

徐复观也持有与此相近的观点，认为孟子的“践形”可以从两方面来说：“从充实道德的主体性来说，这即是孟子以集义养气的工夫，使生理之气，变为理性的浩然之气。从道德的实践上说，践形，即是道德之心，通过官能的天性，官能的能力，以向客观世界中实现……”②可以看出，徐复观与王夫之一样，也强调孟子的践形观是践其下，认为如果没有在人文形下世界中的充分实践，所有的圣贤境界、君子人格都是空谈。

形下世界中的实践，最重要的便是对“礼”的践行。孔子常常教导自己的弟子们：“非礼勿视，非礼勿听，非礼勿言，非礼勿动。”（《论语·颜渊》）他

① 王夫之：《周易外传》卷五第十二章，广文书局1865年版，第45、46页。

② 徐复观：《中国人性论史》（先秦篇），九州出版社2014年版，第167页。

的弟子们也说："夫子循循善诱人，博我以文，约我以礼，欲罢不能。"（《论语·子罕》）因此，冯友兰认为，在孔子的思想中，一个完全的人格，应是"仁"与"礼"统一的体现①。《礼记·礼器》中说："礼也者，犹体也。体不备，君子谓之不成人。"《礼器》以"体"训"礼"，可见"礼"对于君子人格成就的重要意义。王博也提出，礼除了作为政治原则之外，它的另外一个重要意义体现在修身方面。它所具有的"约"与"立"的双重功能，表现出孔子思想中礼与生命之间的关系：从一方面来看，礼是对于血气生命的约束；而从另一方面来看，礼是对道德的生命即儒家"君子"的成就②。这就意味着，作为一个君子，其言行举止的各个方面都必须合乎礼的要求。《论语·颜渊》说：

颜渊问仁。子曰："克己复礼为仁。一日克己复礼，天下归仁焉。为仁由己，而由人乎哉？"颜渊曰："请问其目。"子曰："非礼勿视，非礼勿听，非礼勿言，非礼勿动。"

对于孔子所说的"克己复礼"，当代许多学者，如杜维明、刘述先、何炳棣、孙国栋等都有过讨论。这一观念的内涵在上世纪90年代曾有诸多争议，当时争议的关键在于："克己"是解释为"修身"还是解释为"克制自己的欲望"。前者以杜维明的观点为代表，后者则是何炳棣的见解。杜维明论"克己复礼"，强调无"仁"之"礼"必落入形式主义，想要借此纠正一般仅从社会功能论仁与礼关系的看法。他认为"克己复礼为仁"是修身哲学的问题，是一种精神性的人文主义，而非克制自我的禁欲或无欲的问题③。何炳棣则主张"修身"有其积极与消极意义，认为"克己"的"克"一定非是"约也、抑也"不可，不应做其他解释④。这种对话历程的意义，除了显示不同观点上的差异，更涉及

---

① 冯友兰：《中国哲学史新编》（上），人民出版社1998年版，第164页。

② 王博：《中国儒学史》（先秦卷），北京大学出版社2011年版，第62、64页。

③ 杜维明：《诠释〈论语〉"克己复礼为仁"章方法的反思》，中央研究院中国文哲研究所2015年版，第31—33页。

④ 何炳棣：《"克己复礼"真诠——当代新儒家杜维明治学方法的初步检讨》，《二十一世纪》1991年第8期。

"经学考据"与"经典诠释"两种不同研究方法的差异。不过，从他们的讨论中可以看出，二人都承认"克己复礼"在本质上是一种"修身"的工夫。

践礼对于君子人格的养成之所以如此重要，是因为先秦儒家常常以"礼"来区别人与禽兽。孟子提出："人之有道也，饱食、暖衣、逸居而无教，则近于禽兽。"（《孟子·滕文公上》）他在这里所强调的"教"，乃是圣人为改变人类的自在状态而教以人伦的礼乐文化。人类在长期的群居生活中，自觉地结成了五种基本的社会关系，从而摆脱了动物界的自在性，相应地建立起调节这种种关系的社会行为规范。因此在孟子看来，正是"礼"这一文化规范，将人与动物区别开来。荀子在《王制》篇中也提道："（人）力不若牛，走不若马，而牛马为用，何也？曰：人能群，彼不能群也。人何以能群？曰：分。分何以能行？曰：以义。"这里的"义"就是"礼"。人有礼义，而动物却没有，在荀子看来，这正是二者最主要的区别所在。而且荀子出于性恶论的认识，高度重视后天的人为学习，认为这是塑造和提升生命、实现"化性起伪"的唯一路径。不过，学习到的知识，必须在实践中得到深化、修正和完善，"学至于行之而止矣"（《荀子·儒效》）。由于荀子主张学习的主要内容是礼，"学也者，礼法也。"（《修身》），所以，他所主张的实践也主要是一种礼仪实践和道德实践，"正义而为谓之行"（《正名》）。只有通过对礼仪和道德的实践，才能成为君子与圣人。

因此，荀子看待一切人文现象，都是将它置于"礼"或"礼义"的角度之下。落实到人身上来讲，礼自然是成就人身的实质要素。人身虽然有生物学的基础，但这样的人身不符合荀子的看法。荀子的人身观一定是"礼义的人身观"，礼义作为一种价值原则，它内化于人身之中，两者密不可分。《荀子·修身》中说："礼者，所以正身也……无礼，何以正身……礼然而然，则是情安礼也"。"礼者，正身"，这句话指的是礼由外在的关系变为一种与身体相应相合的习惯，此后人身便可安居于此礼之中。

孔子之后，作为先秦礼制的重要汇编——《礼记》文本中呈现出丰富的有关"身"的资料。据林素玟统计，《礼记》中"身"字共出现127次，其中出现次数最多的语词是“修身”。她在归纳之后发现：“身”的使用，多与生命、人格之德性有关；而与“礼”有关的身体概念，则常以“体”字呈现，表现践礼时人与人互动的行为、容貌、肢体，均为社会化的身体。所以，《礼记》的49篇文本中呈现出的，既有践礼的社会化身体、威仪的生活化身体，也有涵德的艺术化身体，其涵盖面较《论语》、《孟子》、《荀子》更为广大①。

《礼记》同样指出，在践礼的过程中必须符合因时、因地制宜以及相合相称的原则，是制礼五大原则“时为大，顺次之，体次之，宜次之，称次之”（《礼器》）中最受重视者。《祭义》与《玉藻》中说：

（孝子）及祭之日，颜色必温，行必恐，如惧不及爱然。其奠之也，容貌必温，身必诎，如语焉而未之然。

孝子之有深爱者必有和气，有和气者必有愉色，有愉色者必有婉容。孝子如执玉，如奉盈，洞洞属属然如弗胜，如将失之。严威俨恪，非所以事亲也，成人之道也。（《祭义》）

凡祭，容貌颜色如见所祭者。（《玉藻》）

这里是说，孝子在举行祭祖的当天，脸色必须温和，步伐必须戒惧；举行奠基时，容貌必须温婉，形躯必须躬身，务必要将整个身心融入祭礼的氛围当中，才能仿佛见到所祭之祖先与父母。《祭义》与《玉藻》这两篇重点讨论的是祭祀祖先与父母时的容貌表情，而容貌表情是践礼者表达情意时极为重要的身体部位。这充分说明：无论在何种场合、践行何种礼仪，身体的容貌表情和体态展现都应该与当下的对象、空间、情感相称相合。

而由于践礼者全身体、全身心融入仪式当中，此时的空间，便由凡俗空间转化为神圣空间；此刻的身体，亦由凡俗的身体转变为践礼的社会化身体，由此开展出“礼身合一”的文化空间。诚如杨儒宾指出的：“礼安居于身，反过来，身亦安居于礼，身礼同化而一，此种模态的身体即变成了文化的承载体。”②君

① 林素玟：《即身涵德、以体践礼——〈礼记〉的身体美学》，《成大中文学报》2019年第65期。

② 杨儒宾：《儒家身体观》，“中央研究院”中国文哲研究所2004年版，第18页。

子承载文化价值体系的身体以后只要一展现，自然而然地会带出一种意义的空间。换句话说，身体的展现到哪里，空间的意义也就到了哪里，一种人文化、意义化的世界也就形成了。

第五章　流风余韵与先秦士人精神的影响

我们对先秦时期士人精神的研究，偏重于理想型。但正如余英时所指出的那样："也许中国史上没有任何一位有血有肉的人物完全符合'士'的理想典型，但是这一理想典型的存在终是无可否认的客观事实；它曾对中国文化传统中无数真实的'士'发生过'虽不能至，心向往之'的鞭策作用。通过他们的'心向往之'，它确曾以不同的程度实现于各个历史阶段中。"①该章就以点带面，简要讨论"士"的理想典型在中国史上的具体表现，以揭示先秦士人精神对后世的深远影响。

第一节　高度的文化自觉

余英时指出："士在中国史上的作用及其演变是一个十分复杂的现象，决不是任何单一的观点所能充分说明的。但是无可争辩的，文化和思想的传承与创新自始至终都是士的中心任务。"②包弼德认为："在士从门阀向文官，再向地

① 余英时：《士与中国文化》"自序"，上海人民出版社1985年版，第10页。

② 余英时：《士与中国文化》"自序"，上海人民出版社1985年版，第1页。

方精英的转型中，文化和‘学’始终是作一个士所需的身份属性。”① 士人的这种文化自觉，至少表现在两个方面，即文化思想的传承与创新以及文化思想的交流与传播。其中，文化思想的传承与创新侧重于上层士人或者说学术精英的文化创造，而文化思想的交流与传播则侧重于基层士人的文化贡献。当然，这二者之间的区分只是为了论述上的方便。事实上，上层士人或者说学术精英在进行文化创造的同时，往往也通过开设书院、聚众讲学等方式实现了文化思想的交流与传播，特别是在宋明时代，上层士人如范仲淹、朱熹、王阳明等，不但对文化思想的发展贡献巨大，而且在民间教化方面也作出了不菲的成绩。而基层士人在将社会中占据着主导地位的价值系统即大传统或者精英文化广泛传播到中国各地的同时，某种程度上也在以自己的方式实现着文化思想的传承与创新。

一、文化思想的传承与创新

中国士人在文化思想上的传承与创新，主要体现在两个方面。

（一）文化典籍的整理与著述

为了实现文化的薪火相传与知识体系的构建，中国士人就不能不重视作为其载体的文化典籍的整理与注疏。如果我们把孔子看作是儒家的创始人，那么可以说，自孔子起就自觉地继承着夏、商、周三代的文化，而“六经”正是夏、商、周三代文化的结晶。孔子自称“述而不作”，《史记·孔子世家》、《汉书·艺文志》曾叙述孔子和《易》、《诗》、《书》等经书的关系，是孔子“删诗书，定礼乐，修春秋，序易传”之说的较早而完整的记录。尽管后世对此说有争议，但孔子在文化典籍传承上的贡献，却是毋庸置疑的。春秋战国时期，百家争鸣，学派林立，各自著书立说，更是典籍丰硕。

① 包弼德：《斯文：唐宋思想的转型》，刘宁译，江苏人民出版社 2001 年版，第 80—81 页。

待到始皇一统天下，则“秦拨去古文，焚灭《诗》、《书》，故明堂石室金匮玉版图籍散乱”（《史记·太史公自序》）。焚毁《诗》、《书》、百家语和秦纪以外的历史书，带来了文化典籍上的一场浩劫。秦焚书禁学之后，汉初士人所能拥有的文化教育条件相当有限。在汉初学术的恢复中，儒学之士功不可没。在战争中犹讲诵弦歌不绝的邹鲁诸生，被叔孙通讥为不识时务的鲁生，都是齐鲁之士好学修道的悠久传统虽经燔书禁学的横暴及战乱的压力，犹不中辍的表现。由于汉初黄老学说流行，儒学在很大程度上是由民间力量复兴起来的。秦汉之间的一些士人们，或藏书于屋壁，或讽诵于心间，在默默无闻中艰难地保存并传续着典籍。由于除《易经》外，六艺中其他书目都为秦所毁，有幸保存下来的经籍也常朽折散绝，所以汉初儒士们只有从基本、原始的典籍整理入手，补缀句读，训诂章句，传读篇章，通过努力一点一滴地重新积累并复兴传统文化。应该说，在没有什么功利目标诱引和鼓励的情形下，汉初士人们出自真挚的文化热忱和自觉的责任感，对前世经典进行了力所能及的保存、搜求和整理，尽管文本可能不够纯正，但时至今日的我们能够读到这些古老典籍，仍然不能不感激西汉初期那许多不知名姓的儒家士人。

学术基础的薄弱，自然难以成就文化新创造的契机。汉朝历经文景之治，得以世事承平，于是文化复兴。元朔五年（公元前124年），汉武帝下诏“广开献书之路”，“于是建藏书之策，置写书之官。下及诸子传说，皆充秘府”。到河平三年（公元前26年），“书积如丘山”，“天下遗文古事，靡不毕集”。就在这一年，成帝“诏光禄大夫刘向校经传诸子诗赋，步兵校尉任宏校兵书，太史令尹咸校数术，侍医李柱国校方技。”（《汉书·艺文志》）

而在这一校阅和分类整理以往全部文献遗产的过程中，大博学家刘向、刘歆父子作出了巨大贡献。刘向校书，广罗异本，仔细勘对；彼此互参，除去重复；校出脱简，订正伪文；整齐篇章，定著目次；摒弃异号，确定书名。尤其令人称道的是：“每一书已，向辄条其篇目，撮其指意，录而奏之。”（《汉书·艺文志》）刘向每校完一书，都写成《叙录》一篇，介绍该书作者生平行事、思想内容、写作价值、学术源流以及自己校勘的经过，起到“辨章学术，考镜源流”的指导作用。后来，刘向将各书的《叙录》汇编成册，别行于世，称之为《别录》。其子刘歆在此基础之上，删繁就简，编成我国第一部综合性图书分类目录《七略》。“刘向父子的创造性劳动是中国文化史上的壮举，不仅对推动当时学术发展起到积极作用，而且创立了独具特色的中国古典目录学。在其后千余年间，作为中国传统学术的重要分支，目录学有长足的进步，但其基本原则、体例和方法，都离不开《七略》的基础。”①

自此之后，由官方组织士人进行文献典籍的整理与编纂，就成为一种传统。比如在 631 年到 653 年之间，从隋代开始的编纂五经官方定本的计划，由颜师古、孔颖达以及长孙无忌先后组织领导完成，其成果便是《五经正义》的呈现。编纂者从汉代和后汉的注释中，为每一部经书选择了权威注释，加上了疏，这些疏阐明经义，对主要的注释作出疏解，并且大致地考察了围绕每一部经书所形成的注释传统。在 623 年到 636 年之间，唐朝政府还组织士人撰写了齐、周、隋、梁、陈的权威历史，随后又产生了《北史》、《南史》和《晋书》。这些都是成于士人之手的著作。唐代还通过图书编纂，整理出许多重要文学遗产。保存下来的 100 卷的《艺文类聚》，其 46 个大类和 727 个小类覆盖了天、地、人各个领域，在每一个“事”后面辑录了来自经史和其他文献的解释语录，并且提供了来自各种类型的文章的用例。而卷帙更为浩繁、多达 1200 卷的《文思博要》，已经亡佚。武则天朝编纂的大型类书《三教珠英》，更是无所不包。纵观整个中华文化史，应当说，正是这些由士人们所做、同时也是为士人们而作的文化典籍，重建了与上古典范之间的连续性，从而使得中国文化传统垂之不朽。

与官方组织士人进行文献典籍的整理与编纂同步展开的，是士人自发的经典注疏和作品撰述。“六经”是中国学术的源头，到汉代时，《乐经》失传，只余“五经”。汉武帝“罢黜百家，独尊儒术”，并于建元五年（前 136 年）设“五经博士”，使《易》、《书》、《诗》、《礼》、《春秋》在我国确立了“经”的地位。

① 冯天瑜等：《中华文化史》，上海人民出版社 2010 年版，第 330 页。

自此历代士人都十分重视对于“五经”的诠释，使得我国形成了一个十分悠久的经典诠释传统，有了历史上的“七经”、“九经”、“十经”、“十一经”、“十二经”以及“十三经”之设。仅就汉代的古书传授来讲，就有经、传、记、说、章句、解故之分。据李零研究，“大体上讲，它们的区分主要是，‘经’是原始文本，‘传’是原始文本的载体和对原始文本的解说（类似后世所说的‘旧注’）。‘经’多附‘传’而行，‘传’多依‘经’而解……‘记’（也叫‘传记’）是学案性质的参考资料，‘说’则可能是对‘经传’的申说（可能类似于‘疏’），它们是对‘传’的补充（这些多偏重于义理）。‘章句’是对既定文本……所含各篇的解析……‘解故’（也叫‘故’），则关乎词句的解释”①。因此，历代儒学大家无不在“五经”的“注疏”、“论述”、“考订”等方面用力甚勤。

中国自古就是一个非常重视历史传统的国家，故有“六经皆史”的说法。武帝时代，中国史学的皇皇巨著《史记》诞生。作者司马迁怀着“究天人之际，通古今之变，成一家之言”的崇高志向，以一己之力“网罗天下放失旧闻，考之行事，稽其成败兴坏之理”（《汉书·司马迁传》），完成包括十二本纪、十表、八书、三十世家、七十列传共130篇、52万言的鸿篇巨制。《史记》以百科全书式的恢宏眼光观照历史，且“五种体裁各自为用，又相互配合、浑然一体构成一个完整体系，被传统史学奉为‘正史’的固定格局。在历史文学方面，《史记》也达到炉火纯青的境界”②。所以，鲁迅盛赞其为“史家之绝唱，无韵之《离骚》”。不过，两汉时期，史学完全附翼在经学之下。直到魏晋之际，史学才开始冲破经学藩篱，走向本体自觉。东晋荀勖编制《晋中经簿》，将史部从春秋类析出，列为与“六艺”、“诸子”、“诗赋”并立的一大类。其后，阮孝绪以“经、史、子、集”部类命名，最终确立了史部著作在目录学上的独特地位③。从此，中国史家持续辈出，史学体例不断创新，以二十四史为代表的史学著作更是卷帙浩繁。

① 李零：《郭店楚简校读记》，北京大学出版社2002年版，第72页。

② 冯天瑜等：《中华文化史》，上海人民出版社2010年版，第329页。

③ 冯天瑜等：《中华文化史》，上海人民出版社2010年版，第372页。

就文学来讲，在儒学独尊的两汉时期，文学附庸于儒学，以润色鸿业、讽喻教化为其唯一职能。到了魏晋南北朝时期，文学也得到了独立发展。曹丕的《典论·文论》和刘勰的《文心雕龙》在推动文学走向本体自觉的过程中，发挥了巨大功绩。在文学本体观念的影响下，这一时期的士人全力展开了“纯粹性”的文学创作。建安文学直抒胸臆，文风慷慨、雄壮，为后世树立起“风骨”的创作原则；齐梁永明体着意于诗歌形式之美，对声律对偶的研究成为我国诗歌形式发展中的一大关键；以萧纲为代表的“宫体”也致力于创造纯美文学。后来的唐诗、宋词、元曲、明清小说，更是中国士人在文学创作上取得的辉煌成就。

（二）学术思想的传承与发展

中国学术思想的传承与发展是一个层面广大、内容复杂的问题。这里仅就儒学发展历程中的几个重要阶段略作鸟瞰，以揭示中国士人在这一方面的历史贡献。

秦及汉初，学术精神普遍萎缩、堕落。郭沫若在《秦楚之际的儒者》一文中，列举了张良、陈余、郦食其、陆贾、朱建、刘交、叔孙通等人，为汉初之际比较著名的儒者，其中对儒学发展影响比较大者，仅叔孙通与陆贾二人。叔孙通对于儒学的发展，大抵可用司马迁的一句赞语加以囊括：“叔孙通希世度务制礼，进退与时变化，卒为汉家儒宗。”（《史记·叔孙通列传》）叔孙通行事随时随势变化，一生当中服侍多主，常受时人和后人诟病。但他本着“因时世人情为之节文”的精神，为汉朝成功地制定了朝仪、宗庙仪法以及其他各种礼仪，规定了等级制度，将新生的汉政权纳入有礼有序的儒家伦理范围当中，对于汉初政治、社会的稳定起到了积极作用。司马迁应是在此面向上肯定了叔孙通对于儒学的贡献。

不过，叔孙通仅在制度层面对儒学进行变革，同一时期真正在思想层面对儒学发展作出重要贡献的，是陆贾。陆贾对刘邦提出“逆取顺守”的“长久之术”，得到刘邦的认同，并且在现实政治与思想上都成为寻求帝国统治方向的基调。围绕着“逆取顺守”的观念，陆贾提出了许多具体的主张，而其基本立场见之于下面这段脍炙人口的对话：

陆生时时前说称《诗》、《书》。高帝骂之曰：“乃公居马上而得之，安事《诗》、《书》！”陆生曰：“居马上得之，宁可以马上治之乎？且汤武逆取而以顺守之，文武并用，长久之术也。昔者吴王夫差、智伯极武而亡；秦任刑法不变，卒灭赵氏。乡使秦已并天下，行仁义，法先贤，陛下安得而有之？”高帝不怿而有惭色，乃谓陆生曰：“试为我著秦所以失天下，吾所以得之者何，及古成败之国。”陆生乃粗述存亡之徵，凡著十二篇。每奏一篇，高帝未尝不称善，左右呼万岁，号其书曰《新语》。(《史记·陆贾列传》)

林聪舜认为，这段记载至少反映了以下值得注意之处：一是陆贾“逆取顺守”的观念，为刘邦开启了帝国统治“以顺守之”、“文武并用”的思考方向，这是具有创造性与突破性的思考，影响极为深远。也正是在这个意义上，徐复观以“汉初的启蒙思想家”定位陆贾，并将“启蒙”定义为“在文化上启汉室统治集团之蒙”①。二是陆贾将仁义、《诗》、《书》与历史教训结合，将被很多人视为不合时宜、脱离实际的儒学，重新论述为符合大汉帝国需要的思想。三是陆贾将仁义、先圣、《诗》、《书》与“以顺守之”的观念结合，并且承认取天下是凭借武力，是“逆取”，无形中已对仁义、经艺、伦理教化等功能进行重新论述，使其作为稳定帝国统治的深层机制，是将儒学的角色作了彻底的转换。这一转换放弃了以仁义取天下的先秦旧说，反而使儒学变成具有现实感、能对帝国迫切需要的治国方略提供具有竞争力的建言②。由于《新语》一书是汉代的开国文献，对儒学史学的影响很大，陆贾也就被视为“真正汉学之第一人”③。

武帝以后，政治、思想、文化领域都成为儒家经典的一统天下，但是经学

① 徐复观：《两汉思想史》卷二，华东师范大学出版社2001年版，第53页。

② 林聪舜：《建立帝国的深层稳定机制——陆贾“逆取顺守”观念新探》，《先秦两汉学术》2004年第1期。

③ 胡秋原：《古代中国文化与中国知识分子》，中华书局2010年版，第449页。

内部却因学术派别不一，爆发出今古文之争。所谓“今文经”是朝廷搜集流散民间、口头流传的儒家著作写为定本，作为传述的依据。由于这些经书是用当时流行的文字记录整理，遂有“今文经”之称。所谓“古文经”，则是鲁共王刘余、北平侯张苍、河间献王刘德等人通过种种途径所发现的儒家经书，因用古文写成，故称“古文经”。二者不仅在文字上大不相同，而且在篇数上也不一致。比较而言，今文经学的特点是政治的，讲阴阳灾异，讲微言大义；古文经学的特点则是历史的，讲文字训诂，明典章制度，研究经文本身的含义①。从武帝时代到西汉末，今文经学居“官学”正统地位。在今文诸经中，《春秋公羊传》占有重要地位，以治此经起家的董仲舒，在著名的今文经学著作《春秋繁露》中，详尽阐述了“天人感应”、阴阳五行、“三统”（黑统、白统、赤统）循环等学说，从而建构起天人合一图式，对中国传统思想文化产生了极为重要的影响。古文经学在王莽摄政时受到重视，东汉继续发展，大学者辈出，贾逵、服虔、马融、许慎是其中的佼佼者。东汉末年，马融的学生郑玄遍注古、今文群经，成为有汉一代隆盛经学的总结性人物。

“有晋中兴，玄风独振”。②魏晋时期，玄学崛起为一股新的文化思潮。正始年间是玄学的开创时期，核心代表人物为何晏和王弼。玄学之“玄”，出自《老子》一书，按照王弼的解释，它是一个用来指称深奥无极的概念，那么，“玄学”就是研究、探讨涉及深奥无极的学问。所以，玄学的基本特点是对自然现象、社会历史、现实政治、人伦物理等，作超出其具体范畴的形而上学的思辨。所以，玄学不像原始儒学和传统经学那样以探讨实践性很强的社会原则和社会理想为主，而是以自然、社会、人的情性、人的思维为对象，进行哲学的本体论、认识论和方法论的探讨③。玄学促进了儒家经学的改造，并且为儒家的思想体系提供了一个哲学上的本体论的基础。不过，这一时期玄学虽然广为流行，但儒、道、佛等思想也都取得了很大的成就，思想文化呈现出多元

① 张岱年、方克立：《中国文化概论》，北京师范大学出版社 2004 年版，第 71 页。

② （梁）沈约等：《宋书》卷六十七《谢灵运列传》，中华书局 1974 年版，第 1778 页。

③ 刘振东：《中国儒学史》（魏晋南北朝卷），广东教育出版社 1998 年版，第 103 页。

化发展的趋势。钱穆认为，魏晋南北朝士人不仅把印度佛教尽量加以吸收，而且将其加以彻底消化，接续上中国传统文化，使佛学逐渐转为我有，这是他们对中国历史文化贡献的最伟大的功绩①。

宋代士人则创建了中国传统社会后期最为精致、最为完备的理论体系——理学。该思想体系以“理”为宇宙最高本体，以“理”为哲学思辨结构的最高范畴，“是一种以儒学为主体，吸收、改造释、道哲学，在涵泳三教思想精粹之上建立起来的伦理主体性的本体论”②。由于周敦颐、邵雍、张载、程颢、程颐、朱熹等宋代理学诸子自认承尧、舜、禹、汤、文、武、周、孔的道统，并宣称他们的学问以“明道”为目标，所以理学也被称为“道学”。

以上是对儒学重要发展历程的简略概述。从中可以看出，中国士人以高昂的文化主体意识，一方面坚持着自身文化的自主性，一方面吸收和融合着其他民族文化，从而不断推动着中国学术思想的传承与发展。

二、文化思想的交流与传播

文化常道典范的创造者毕竟是少数，他们建立文化常道的理想主义之后，有赖于基层士人有意识地将这一理想主义的存在典范落实于生活世界当中。余英时曾以专题方式详尽讨论过两汉循吏在这一历史进程中的先驱作用③。我们将在已有研究的基础上，简要探讨中国士人是如何致力于异质文化间的交流与乡土社会的文化传播的。

（一）地域间的文化思想交流

在典籍稀缺、交通不便、通信受限的中国古代社会，沟通异质文化或不同

① 钱穆：《国史新论》，生活·读书·新知三联书店 2001 年版，第 132 页。

② 冯天瑜等：《中华文化史》，上海人民出版社 2010 年版，第 434 页。

③ 余英时：《汉代循吏与文化传播》，《余英时文集》第三卷，广西师范大学出版社 2004 年版，第 40—117 页。

地域间文化交流的最有效的方式是人员往来。人是文化传播过程中最活跃的载体。某一地区人口的膨胀或社会的动乱往往会造成人口的迁移，而不同地域间的人口迁移则必然造成异质文化的交流。士人是精神文明、学术文化的结晶，士人的流动必然形成学术文化与思想的交流。

自汉末魏晋以降，中国社会处于不断的内部分裂与动乱状态，这一时期中土士人大量南迁，南方士人纷纷北归，造成了有史以来最广泛深入的文化传播。王永平的《中古士人流迁与南北文化传播》一书，以汉唐之间为中心，分别考叙了两汉时期、汉末、孙吴与蜀汉时期、两晋之际、南北朝和隋唐之际士人群体的流动与文化交流的史实，通过对这一领域内具有重大影响的事件、人物、群体进行专案研究，大体勾勒出了一条南北文化“互动”的线索[①]。我们本着略其所详、详其所略的原则，对这一时期士人群体推动北方政权汉化的情况稍作探讨。

十六国时期，五胡君主对于汉文化多半采取友善的态度，不但在国家制度上学习汉人，还大量任用汉人作为谋士。其中汉化较深的几个政权，因为国内政治稳定，君主倾心汉化，更成为中原士人与庶民的避难场所。如前燕政权的奠基者慕容廆熟知士大夫之礼，又劝以农桑，以晋律为范本制订新律。永嘉之乱后，士人庶民多来此避难，慕容廆甚至专门为流亡汉人设置郡县加以管理：

时二京倾覆，幽冀沦陷，廆刑政修明，虚怀引纳，流亡士庶多襁负归之。廆乃立郡以统流人，冀州人为冀阳郡，豫州人为成周郡，青州人为营丘郡，并州人为唐国郡。[②]

这一举动让各地士族、百姓倾心于慕容政权。士族在迁徙的过程中，特别容易失去既有的权力与地位，这也是士族不轻易迁徙的原因。但是，慕容廆专门为士庶流人设郡治理，给予士族流人维持原有生活与建立地方影响力的机会，与此同时还重用世家大族，让士族得以在新居住地拥有政治资源。慕容廆

① 王永平：《中古士人流迁与南北文化传播》，江苏人民出版社 2019 年版。

② （唐）房玄龄等：《晋书》卷一百八《慕容廆载记》，中华书局 1974 年版，第 2806 页。

提供士族生存空间，士族则服务慕容廆政权，输入汉文化，从而使得辽东地区出现了“路有颂声，礼让兴矣”① 的盛世气象。

十六国末期，慕容政权分为三支，根据地也从辽东扩张到中原地区，因此除了主动投奔者，又征用了更多一直留在居住地没有迁徙的汉人士族，从而使得进入慕容政权中的汉族士人分布更广、人数更多。不仅有清河崔氏、范阳卢氏、荥阳郑氏等高门大族，还有一些地方士族及寒门士人，如渤海高允、封懿、广平宋隐、游明根、张衮、张彝、许彦、晁崇、杨播等人，都成为慕容政权的幕僚。北方汉族士人作为汉文化的继承者，儒家精神中的文化使命感让他们努力从各个层面改造胡人政权中较为野蛮与不似汉人文化礼教的部分，使“夷”能接受文化教养而改变为“夏”。所以，他们一方面与其他汉族士人合作，建立以汉人制度为蓝本的新的国家制度，同时也将汉文化推广到胡人政权，使胡人逐渐受到文化之熏染；又在国家教育体制尚未稳固的十六国时期，以家族教育、地方教育等形式，将传统汉人学术保留在家族门第之中，并且让更多士民能够受到汉文化的教养，从而使得中国学术文化于战乱之世得以不坠。不仅在慕容政权下如此，十六国时期的汉族士人，对中国北方的整体文化传承而言，都发挥着它应有的影响力：一方面保存汉文化于受到战乱、胡族侵扰的北方社会，另一方面则加强胡人汉化的深度。

及至北魏时期，孝文帝元宏成为鲜卑拓跋族汉化的有力推动者。493 年，他以南征为名，把都城从平城(即今山西大同）迁到中原洛阳。冯天瑜等认为，这次的都城迁徙，具有重要的文化转型意义。从处于游牧文化氛围之中的平城迁至古来神州中心洛阳，既能显示北魏政权为中国正朔所在，又有利于加速对汉文化的吸收。正是在古都洛阳，魏孝文帝在经济基础与上层建筑两大领域推行了一系列的汉化改革，从风俗礼制到语言服饰全面割断鲜卑拓跋族与旧有文化的纽带，快速实现了社会体制的汉化与人的观念的汉化②。在北魏全国上下

① （唐）房玄龄等：《晋书》卷一百八《慕容廆载记》，中华书局 1974 年版，第 2806 页。

② 参见冯天瑜等：《中华文化史》，上海人民出版社 2010 年版，第 367 页。

笼罩在汉化的大风气之下时，入北的南人也提供了保存在南方的汉文化养分，让北魏吸收到经过南方士族孕育的精致汉文化。孝文帝的汉化，正是这一时代背景成果的展现。

北方士族在孝文帝汉化政策下，重新建立起士族门第制度，汉化鲜卑贵族的形成与加入，更促使北方政治走上文化礼教的汉人理想政治轨道。江南政权的不断替换，越发衬托出北方的安定以及文明教化的成就。卢渊曾说：

自魏晋以前，承平之世，未有皇舆亲御六军，决胜行陈之间者。胜不足为武，弗胜有亏威德，明千钧之弩不为鼷鼠发机故也。昔魏武以弊卒一万而袁绍土崩，谢玄以步兵三千而苻坚瓦解。胜负不由众寡，成败在于须臾，若用田丰之谋，则坐制孟德矣。魏既并蜀，迄于晋世，吴介有江水，居其上流，大小势殊，德政理绝。然犹君臣协谋，垂数十载。逮孙皓暴戾，上下携爽，水陆俱进，一举始克。今萧氏以篡杀之烬，政虐役繁，又支属相屠，人神同弃。吴会之民，延踵皇泽，正是齐轨之期，一同之会。①

本文是卢渊针对孝文帝议伐萧赜一事提出的表议。从这一段文字中可以看出，卢渊认为胜利的关键在于“威德”而非军容之盛大，以此比拟孝文帝讨伐萧赜，则是认为北魏孝文帝乃是有“威德”之人。这是孝文帝汉化给予北魏士人的观感，而这也正是中国儒家最讲究的“德政”。同时，卢渊也说出了当时北方士族对萧齐政权的看法：“篡杀之烬，政虐役繁，又支属相屠，人神同弃”，正好与北魏作一鲜明对比。

另外，太和中崔僧渊受魏孝文帝看重，萧鸾曾经命其族兄崔惠景以“入国之屈”为由，希望崔僧渊叛魏南返。崔僧渊则复书说：

主上之为人也，无幽不照，无细不存，仁则无远不及，博则无典不究，殚三坟之微，尽九丘之极。至于文章错综，焕然蔚炳，犹夫子之墙矣。遂乃开独悟之明，寻先王之迹，安迁灵荒，兆变帝基，惟新中壤，宅临伊域。三光起重辉之照，庶物蒙再化之始。分氏定族，料甲乙之科；班官命爵，清九流之

① （北齐）魏收：《魏书》卷四十七《卢玄列传》，中华书局1974年版，第1047页。

贯。礼俗之叙，粲然复兴，河洛之间，重隆周道。巷歌邑颂，朝熙门穆，济济之盛，非可备陈矣。加以累叶重光，地兼四岳，士马强富，人神欣仰，道德仁义，民不能名。且大人出，本无所在，况从上圣至天子天孙者乎。圣上诸弟，风度相类，咸阳王已下，莫不英越，枝叶扶疏，遍在天下，所称稍竭，殊为未然。文士竞谋于庙堂，武夫效勇于疆场，若论事势，此为实矣。①

这一篇书信出自清河崔氏中由南入北的家族成员，以士族地位而言，清河崔氏自北魏前期就已经是北方汉人士族之代表，高祖分定姓族后又名列“五姓”。作为入北的崔氏宗族，其地位、处境，确实可代表当时入北南人的想法与心态。从引文中可以看出，崔僧渊论及高祖的汉化政策，以为是“崇隆周道”，这代表着士人对于孝文帝汉化的高度肯定，尤其是在所谓“分氏定族”、“班官命爵”、“礼俗之叙”上，北魏皆可与周公“制礼作乐”之业相提并论。由此可见，高祖的汉化成果让许多北方的汉族士人为之倾慕，使得北方中原旧族与南方入北人士一致推崇并认同其功业。

对北方汉族士人而言，北魏汉化的成果证明胡人君主可以从文化教育上改变，成为符合汉文化中“明主”、“圣君”的标准。而借由政策领导的汉化事业，不再局限于少数鲜卑统治者，而是可以普及北方社会的共同价值。鲜卑贵族的汉化促成北魏文人统治集团的成立，鲜卑贵族与汉族士人都在门第士族的范畴之下活动，汉文化终于成为胡汉间共同遵从的普世价值。全面汉化、气度恢宏的北魏社会以及内斗战乱的南方政权，最终让北魏士族改变了他们对南方号称“汉文化正统”的观点。在他们看来，推行汉文化、实践儒家精神的北魏，才应该被视为“正统”屹立于中原地区。而这，可谓是先秦儒家“用夏变夷”文化观的最好实践与诠释。

（二）乡土社会的思想文化传播

《中庸》中描写儒家的“至圣”时曾说道：

---

① （北齐）魏收：《魏书》卷二十四《崔玄伯列传》，中华书局1974年版，第631、632页。

溥博如天，渊泉如渊。见而民莫不静，言而民莫不信，行而民莫不说。是以声名洋溢乎中国，施及蛮貊，舟车所至，人力所通，天之所覆，地之所载，日月所照，霜露所坠，凡有血气者，莫不尊亲。

这原本不过是《中庸》作者的一种美好想象，但自汉代以后，经过无数士人的努力，儒学在中国甚至东亚世界中几乎已经达到了这个想象的境界。何炳棣就指出说，“公元前二世纪后半，儒家取得独尊地位；于是建立太学，引进推荐人才担任公职的特别制度，这标志着实现儒家社会意识形态的第一步。到了七世纪，当唐帝国将竞争性的科举制度定为选用人才的永久制度，又朝这个发展方向跨了一大步。从十一世纪起，设立了更多的学校和私立书院，明帝国创立后，中国开始建立全国性官学与奖学金制度。明初政府屡次宣谕设置社学，更进一步触及基础教育的难题。中国历史上的确没有一个时代完全实现儒家理想，但将竞争性的科举考试制度化，把它作为社会官僚流动的主要途径，及大量公私立学校的存在，这在产业革命与国家义务教育制度建立之前的世界各主要社会中，可能是绝无仅有的。”①前面提到说，余英时曾以专题方式详尽讨论过两汉循吏在这一历史进程中的先驱作用。下面，我们就简要论述基层士人在将儒家思想文化推广到乡土社会中所发挥的巨大作用。

以晚唐五代来讲，当时不少儒家士人消沉于政治舞台，转而沉潜于社会，有的以治经讲学为职志，有的以教育儿孙为目的，出现了许多“业儒”群体。他们以私人讲学为生，在地方上扮演着传播儒家思想文化的角色，也让社会上更多有志于成为士人的人能够获得启蒙与学习。比如梁朝开国之君朱温就出自士人之家，“家世为儒，祖信，父诚，皆以教授为业”②。汾州平遥的薛融，也曾“以儒学为业”，后才应辟入朝任官③。号称赵郡李氏之后的李愚，

① 何炳棣：《明清社会史论》，徐泓译注，联经出版事业股份有限公司2013年版，第316页。

② （五代）孙光宪：《北梦琐言》卷十七，上海古籍出版社2012年版，笋115页。

③ （宋）薛居正等：《旧五代史》卷九十三《晋书》十九《薛融传》，中华书局1976年版，第1233页。

家里也是世代为儒，父亲应举不第，遇乱之后举家迁徙到渤海，“以诗书训子孙”①。梁唐时期的贾馥喜欢收集典籍，离开官场归隐之后，“结茅于别墅，自课儿孙耕牧为事”②。另外曾为四朝元老的长乐老冯道，也来自“为农为儒，不恒其业”的耕读世家③。诸如此类的例子，在唐宋之间为数不少，“代袭儒素”成为广大新兴阶层的属性之一④，同时也是儒学向下扩散的重要环节。当时不少“小隐”于市的儒家士人，开馆授业，努力在兵戈战火中钻研学问、推广儒学教育。宋初不少人物或其父祖，曾在晚唐五代以讲授为业，论学读书。如宋初史学名家张昭，其祖父楚平担任地方令，因遭遇黄巢寇乱，下落不明；父亲张直则躬耕海滨，青州节度使王师范礼聘署职。后来，张直返回河朔，教授《周易》、《春秋》，“学者自远而至，时号逍遥先生”⑤。

这一时期兴起的学堂讲授只是私人兴学之风中的一环，有能力的家族会兴办家门私学，没有机会通过学堂讲授和家门私学进行学习的人，则会投入寺庙、道观。此外，山林讲学事业也在唐末五代日益壮大，已经可以见到宋代四大书院的雏形⑥。像是楚丘的戚同文，世代为儒，就学于乡里教授杨悫，勤勉读书。因为感怀时世丧乱，便无意于出仕为官。待杨悫过世后，将军赵直礼遇同文，为他“筑室聚徒，请益之人不远千里而至”⑦，顺利科举登第之人高达五六十。戚同文讲学所在之地，在大中祥符二年（1009年）由朝廷诏敕命名

① （宋）薛居正等：《旧五代史》卷六十七《唐书》四十三《李愚传》，中华书局1976年版，第890页。

② （宋）薛居正等：《旧五代史》卷七十一《唐书》四十七《贾馥传》，中华书局1976年版，第941页。

③ （宋）薛居正等：《旧五代史》卷一百二十六《周书》十七《冯道传》，中华书局1976年版，第1655页。

④ （宋）薛居正等：《旧五代史》卷九十三《晋书》十九《曹国珍传》，中华书局1976年版，第1234页。

⑤ （元）脱脱等：《宋史》卷二百六十三《张昭传》，中华书局1977年版，第9085页。

⑥ 严耕望：《唐人习业山林寺院之风尚》，《严耕望史学论文集》，上海古籍出版社2009年版，第886—931页。

⑦ （元）脱脱等：《宋史》卷四百五十七《隐逸上》，中华书局1977年版，第13418页。

为睢阳书院，“聚书数千卷，延生徒讲习甚盛”①。至于其他名山讲肆，有些最早兴起于唐代，到了五代宋初，依旧发达，譬如北方的中条山、南方庐山的白鹿洞等等，都成为士人们汇聚问学之处②。

因此，即便是遭逢乱世，蓬勃的民间教育依然得到了顽强的发展，私人兴学之风如同荒野小草，默默在民间蔓延扎根，进而成为孕育、扩展儒学的文化摇篮。晁公武（1105—1180年）在论及五代禅宗勃兴时，便说这些人“皆出唐末五代兵戈极乱之际。意者乱世聪明贤豪之士无所施其能，故愤世疾邪，长往不返”③。意思是讲，生逢离乱，聪明者明哲保身，将其才识施展于学术、宗教，最终促成了禅学诸宗的勃兴。宋代曾巩（1019—1083年）在《先大夫集后序》中也提道：“方五代之际，儒学既摈焉，后生小子，治术业于闾巷，文多浅近。”④曾巩认为五代儒学受到摒弃、排斥，只有乡里的小人物从事儒学的治学工作，并且文字浅近，缺乏精专。曾巩大概是着眼于儒学学术发展的前沿，给予了基层士人以一般评价。但客观来看，正是有了无数后生小子在闾巷之间进行的儒学研究和传播工作，五代儒学才能历经动乱却始终不绝如缕，甚至在社会底层酝酿、深化，并最终促成宋代理学的兴起。

从11世纪30年代开始，范仲淹集团积极创办地方学校，希望以此作为转变精英之学和使士人自身发生转变的手段。据包弼德研究，在真宗朝，地方和官僚办学的兴趣急剧增长。仅从数字上来看，在960—1021年的60余年间，全国只有16个州学和32个县学；在后来的40年间，又建立了80个州学和89个县学，仅1022—1040年，至少建立了34所学校。范仲淹和他的追随者在

① （元）脱脱等：《宋史》卷四百五十七《隐逸上》，中华书局1977年版，第13419页。

② 关于唐宋之间名山与书院的专题讨论，可参阅严耕望：《唐人习业山林寺院之风尚》，《严耕望史学论文集》，上海古籍出版社2009年版，第886—931页。邓洪波：《五代十国时期书院述略》，《湖南大学学报》2002年第2期。

③ （宋）晁公武：《群斋读书志》。转引自胡云薇：《延续与断裂：唐宋之间北方的士人研究》，博士学位论文，台湾大学文学院历史学系，2014年，第95页。

④ （宋）曾巩：《先大夫集后序》，《曾巩集》卷十二，中华书局1984年版，第194页。

1035—1045年之间，至少参与了16所学校的建设，它们大多数是新建的，且一半以上在南方[①]。欧阳修在庆历四年(1044年）吉州兴学时所作的学记中说：

李侯治吉，敏而有方。其作学也，吉之士率其私钱一百五十万以助。用人之力积二万二千工，而人不以为劳[②]。

吉州兴学过程中，不仅地方官李侯“敏而有方”，积极兴学，吉州士人们也主动出钱、出力。苏轼于徽宗建中靖国元年（1101年）因感动于南安士族感念兴学官吏曹登的德政，特别撰写了《南安军学记》。文中说：

南安，江西之南境，儒术之富，与闽、蜀等，而太守朝奉郎曹侯登，以治郡显闻，所至必建学，故南安之学，甲于江西。侯，仁人也，而勇于义。其建是学也，以身任其责，不择剧易，斯于必成。士以此感奋，不劝而力。费于官者，为九万三千，而助者不赀。[③]

南安军兴学时，太守朝奉郎曹登“以身任其责”，全力加以推动。当地士人深受感奋，不仅“不劝而力”，主动供给人力协助兴学之事，而且主动出钱，且金额极多，无法计量。

到了明清时期，社学和私立书院则得到了蓬勃发展。何炳棣指出，虽然自洪武八年（1375年）起，明太祖朱元璋就屡屡下诏天下各府州县以民间力量设立社学，但其成功相当程度上要靠地方官的倡导。他以吴良和方克勤为例，其中吴良在执行守备长江南岸战略要地江阴任务时，就创办许多社学，延聘地方知名儒生为师讲论经史；方克勤作为明初模范循吏，在山东济宁知府任上设立社学百区。为了节省学校建筑开支，地方官有时会将未经批准兴建的淫祠改建为学校校舍；在浙江，一些地方社学则利用现有的公共建筑的剩余空间，如官仓。他从晚明及清代方志有关洪武八年（1375年）以后社学资料的记载中推断，至少在明代的前半期，社学的地域分布相当广阔，甚至在

① ［美］包弼德：《斯文：唐宋思想的转型》，刘宁译，江苏人民出版社2001年版，第173页。

② （宋）欧阳修：《吉州学记》，载《全宋文》卷739，上海辞书出版社2006年版，第112页。

③ （宋）苏轼：《南安军学记》，载《全宋文》卷1968，上海辞书出版社2006年版，第412—414页。

西南少数民族边区都有社学①。到了明代后期，社学衰落，书院得到成长。书院源于唐代，最初的性质类似公立图书馆，而非学校。到了宋代，书院才成为既是图书馆，又是著名学者讲学的地方。虽有著名理学家朱熹发扬书院的名声，但从11世纪初起至南宋末帝昺祥兴二年（1279年），有记录的书院还不到50所。元代时，由于蒙元政府疏于教育事务，学者与官员增设了许多书院，元代14个省份中新创办和继续维持的新、旧书院达390所之多②。各类教育机构从捍卫儒家文化及道德理想出发，向士子们传播儒家思想、推行儒家教化，以求能够在多元变化的社会生活中统一并确立士人的学术文化与道德形象。

应当说，无论是地方学校的设立，还是社学、私立书院的兴办，都多仰赖地方官员和当地士人的办学积极性。他们大力兴办各类基层教育机构，将以儒学为核心的思想文化传播到乡土社会的各个角落。中国文化流布之广、持续之久和凝聚力之大，是世界文化史上独一无二的现象。而这一文化系统的形成，有赖于无数士人特别是基层士人在乡土社会的文化思想交流与传播方面作出的杰出贡献。

第二节　浓厚的家国情怀

中国传统士人不仅是具有知识与智慧的“智识主体”，还是具有高度的政治和社会关怀以及责任感的“政治主体”和“社会主体”③。这种“政治主体”和“社会主体”的角色意识，使得他们拥有浓厚的家国情怀。他们一方面以内

① 何炳棣：《明清社会史论》，徐泓译注，联经出版事业股份有限公司2013年版，第241—243页。

② 有关社学和书院的探讨，详见何炳棣：《明清社会史论》，徐泓译注，联经出版事业股份有限公司2013年版，第241—245页。

③ 彭国翔：《君子的意义与儒家的困境》，《读书》2019年第6期。

在参与者的身份参政议政，积极谋求现实政治的改善，另一方面又投身于庶民社会化民成俗，竭力实现社会道德的提升。因此，列文森评价说："中国官僚不是保持其与王权的一定距离（或它与王权的紧张关系），而是以官员的身份为王权服务，以儒家的身份为社会思考，无论在事实界还是精神界，他们从来都没有陷入毫不起作用的境地。"①

一、参政议政

入仕为政不单是士人安身立命的职业，同时还是他们道义关怀和天下责任实现的前提。战国之世，各国相互对立、竞争，士人有比较大的活动空间，可以自由来往各国之间，即所谓的"游"。等到秦始皇消灭六国、开创和确立我国中央集权下的大一统局面，就完全改变了士人在先秦时期那种无根的"游士"状态。秦朝建立起了从中央到地方的文官政府，从那时起，士人也就逐渐被纳入这一政体之中。

秦朝"以法为教"，这一时期入仕为官者，多为精通法律条例的法家文吏。法家虽然也从事"著书定律"的知识创造工作，但正如阎步克指出的那样，"他们不是致力于文化本身的发展，而是提出系统的理论作为指南，致力于君主——官僚体制的创建"②。这一时期秦朝文官政府中的士人，主要是经由博士制度选拔任用的博士。而"在中国古代知识阶层的发展史上，博士制度的建立，是一个最具有划时代意义的里程碑"③。

秦在一统天下之前，就已确立了博士制度。余英时根据王国维《汉魏博士考》与钱穆《两汉博士家法考》的研究指出，"博士置于六国之末，而且是嗣

① ［美］列文森：《儒教中国及其现代命运》，郑大华、任菁译，中国社会科学出版社 2000 年版，第 220 页。

② 阎步克：《秦政、汉政与文吏、儒生》，《历史研究》1986 年第 8 期。

③ 余英时：《中国古代知识阶层的兴起与发展》，《余英时文集》第四卷，广西师范大学出版社 2004 年版，第 71 页。

风于稷下"[①]。据历史记载，始皇二十六年即公元前 221 年，秦刚刚统一天下，便召集群臣"议帝号"，当时就有博士议奏秦王为"泰皇"（《史记·秦始皇本纪》），可见秦在统一之前就已有博士一职。不过，在秦王朝时，博士是百家都可担任的。据《史记》、《汉书》中的资料来看，秦朝的博士中既有通习神怪者、为仙真人诗者、占梦求神者，也有名家的黄疵、儒家的淳于越、羊子、伏生、叔孙通等，还有不知归入何家的周青臣、正先、商山四皓等。汉承秦制，西汉初年博士的学术状况一仍旧贯。据《史记》记载，文帝时，公孙臣以明五德终始为博士；贾谊因通习诸子百家书被召为博士："廷尉乃言贾生年少，颇通诸子百家之书。文帝召以为博士"（《史记·屈原贾生列传》），可见贾谊被召为博士，不是因为他能诵《诗》、《书》，精六艺。另外，《汉书》卷三十《艺文志》"杂家类"中列有"博士臣贤对一篇"，班固自注说："汉世，难韩子、商君"[②]，而且它被置于武帝时"臣说三篇"之前，"东方朔二十篇"、司马相如等人所编"荆轲论五篇"之后，可以据此推知：直到武帝初，博士一职尚未限于儒家一家。这在《汉书》卷三十六《楚元王传》所引刘歆《移太常博士书》一文中可以看得更清楚，他说，孝文皇帝时"天下众书往往颇出，皆诸子传说，犹广立于学官，为置博士。"（《汉书·楚元王传》）所以，汉初的博士仍然为诸子百家的博士。

不过，儒家对古典文化的传承，为自己培植了深厚的社会根基。《史记》、《汉书》中的材料揭示出一个事实，那就是儒生占了秦汉两朝博士中的大多数。《史记》卷六《秦始皇本纪》二十八年纪文中说："（秦始皇）与鲁诸儒生议，刻石诵秦德，议封禅望祭山川之事。"卷二十八《封禅书》中，更是明确指出当时从齐、鲁征召的儒生博士多达 70 人。卷九十九《叔孙通列传》又记载，秦二世由于陈胜起兵山东，便"召博士诸儒生问"，"博士诸生三十余人"进对，其中还称引《公羊传》庄公三二年著名的传文作为议论根据。这充分说明，秦

---

① 余英时：《中国古代知识阶层的兴起与发展》，《余英时文集》第四卷，广西师范大学出版社 2004 年版，第 69 页。

② （汉）班固：《汉书》卷三十《艺文志》，中华书局 1999 年版，第 1375 页。

朝时博士一职与儒生有着非同寻常的关系。阎步克更是据此指出："秦始皇时，其博士七十人大抵已为齐、鲁儒生……秦二世之博士诸生二十余人，大抵亦是儒生。秦汉间言文学、诸生，往往就是指儒术、儒生。"①进入西汉，自高祖建立政权至孝景帝时，期间任博士可考者：汉高帝、孝惠、高后时，见于记载的博士官仅叔孙通、孔襄、随何三人，皆为儒生；汉文帝时设置诸子专书博士与儒家专经博士，使博士职向儒家垄断化过渡和儒家博士向官学化演变，博士官贾谊、公孙臣、韩婴、申公、晁错皆为儒生或与儒家有特殊关系，儒家以外的博士官仅见五行家公孙臣一人②。景帝时博士辕固生、董仲舒、胡毋生、张生都以治儒家经典闻名。所以，汉初的博士官尽管诸子百家都可担任，但从整体来看，仍以儒家为盛。待到武帝建元五年春"置五经博士"，博士一职便由研习五经的儒生垄断，使得儒生获得绝佳的附骥管道，在之后的政治、学术思想界独步青云。董仲舒元光元年对策，请"诸不在六艺之科孔子之术者，皆绝其道，勿使并进。"（《汉书·董仲舒传》）罢黜百家、独尊儒术之后，天下学士更是"靡然鄉风"（《汉书·儒林传》）。不仅世代农家子弟弃耕习经，而且兵戎之士、将门虎子，甚至游侠走马之徒，也往往更张向学。

博士官的职掌不断变化，但到武帝元朔五年兴立太学时，博士除了教授弟子、掌典藏书，还具有议政、参政等职能。我们前面已经指出，秦朝博士制度是齐国稷下学宫制度的延续。杨宽指出，当年的稷下先生在汉人著作中可以易名为博士，汉人的博士可以用早期的稷下先生作代称③，由此可见稷下先生与博士在汉人心目中实是同一指谓。就职掌而言，《史记·田敬仲完世家》说："（齐）宣王喜文学游说之士，自如驺衍、淳于髡、田骈、接予、慎到、环渊之徒七十六人，皆赐列第，为上大夫，不治而议论。""不治"就是不司理实际政治事务的意思。稷下先生的主要功能在于议论，议论的重点则在政治层面上，

① 阎步克：《士大夫政治演生史稿》，北京大学出版社 1996 年版，第 334 页。

② 张汉东：《论秦汉博士制度》，载安作璋、熊铁基：《秦汉官制史稿》"附录"，齐鲁书社 2007 年版，第 412、414 页。

③ 杨宽：《战国史》，上海人民出版社 2019 年版，第 464 页。

所以卷七十四《孟子荀卿列传》说稷下先生们“各著书言治乱之事，以干世主”。而秦朝与汉初的博士同样不负有实际政务的职责，但常常参与朝议，因此余英时认为：“博士制度则是稷下学宫的新发展”①。张汉东根据历史记载，整理出两汉博士议政共43例，其中议宗庙等礼仪12例，因为宗庙礼仪是汉代国事，内中常常包含有强烈的政治内容②。从他所举诸例来看，博士的议政内容非常广泛，包括内外政策、刑法、教育等内容，也涵摄处罚大臣、废立诸侯王乃至废立皇帝等大事，这反映出汉代统治者对博士的注重和博士政治地位的重要。除了参与这些重大朝政决策，汉初的博士们还曾以文化理想为高标，进行过现实政治的批判工作。阎步克以蒙文通《儒家政治思想之发展》中对“素王改制”说、“汤武革命”说、井田说、辟雍说、封禅说、巡狩说、明堂说等所蕴深义的发掘为例，认为“西汉儒生的政治批判相对说更是整体性的，经常包含了对现实政治社会的全面否定。他们的文化理想，与承秦未改的专制官僚政治现实经常形成了更大的反差”③。不过，这种议论也只局限于西汉时期，吕思勉说：“中国文化，有一大转变，在乎两汉之间。自西汉以前，言治者多对社会政治，竭力攻击。东汉以后，此等议论，渐不复闻。”④

议政之外，博士还参与一些具体政治事务，主要表现为出使地方和试策人才。张汉东认为，出使地方，严格来说算不得博士的职掌，但自武帝建元间派博士公孙弘出使匈奴之后，这类差遣日渐增多，在习惯上也就成了博士的一项职责。据他统计，武帝时5例，元帝时3例，成帝时4例，共12例。至于出使方式，大致有二：一是专事出使，如公孙弘建元间出使匈奴、元光间出使西南夷以及许商成帝初行视黄河，都是专事出使；二是一般出使，一般出使往往

① 余英时：《中国古代知识阶层的兴起与发展》，《余英时文集》第四卷，广西师范大学出版社2004年版，第68页。

② 张汉东：《论秦汉博士制度》，载安作璋、熊铁基：《秦汉官制史稿》“附录”，齐鲁书社2007年版，第430—432页。

③ 阎步克：《士大夫政治演生史稿》，北京大学出版社1996年版，第330—331页。

④ 吕思勉：《秦汉史》，上海古籍出版社1983年版，第197页。

与其他官员分批分期分方向巡行天下，内容大体是“察风俗，举贤良，平冤狱”(《汉书·魏相传》)，即存问孤苦，赈贷流民，察视灾情，检举不法，推举良吏等①。博士的人才试策职能，始于汉武帝创立新的选官制度——“察举制”。当时地方察举到中央的各科人才，通常都要经过试策之后，方能任职，而试策的内容主要是经学，所以博士就担负起了这一任务。博士的这一职能一直延续到东汉，这在《后汉书》中有记载。班固《两都赋》中说：“总礼官之甲科，群百郡之廉孝”。李贤注曰：“礼官，奉常也，有博士掌试策，考其优劣，为甲乙之科，即《前书》曰‘太常以公孙弘为下第’是也。”②

博士任用途径不一，但多为布衣学者身份被征召。根据王国维的考证③，并参照相关记载，大致有如下几种：或由征召，如公孙臣、贾谊、疏广、王吉、贡禹、龚舍、韦贤、夏侯胜；或由荐举，如朱云、薛广德、彭宣、孔光、施雠、王式；或由贤良、文学、明经诸科察举而任，如公孙弘、平当、师丹；或由其他官职迁转，如晁错、夏侯建、翼奉、匡衡、翟方进、师丹、殷嘉、姚平、乘弘、欧阳地余④。就郭永吉的研究来看，前三种途径中，除薛广德以属吏被荐；王吉、龚舍、孔光、王式曾任官，免后复为博士；师丹曾两次任博士，第一次举孝廉为郎，元帝末为博士，被免后又举茂才、复补为博士外，其余的应该都是以布衣学者身份被征召⑤。

博士一职对于儒生在大汉朝廷的政治地位有很大的影响。当博士大量进入政权之后，必然会反过来向政权进一步提出本阶层文化价值上的要求，并据以改造政权。郭永吉认为：西汉初期，政治地位由功臣集团所把持；政治意识则

① 张汉东：《论秦汉博士制度》，载安作璋、熊铁基：《秦汉官制史稿》“附录”，齐鲁书社2007年版，第435页。

② （南朝宋）范晔：《后汉书》卷四十上《班彪列传》，中华书局1965年版，第1341、1345页。

③ 王国维：《汉魏博士考》，《王国维手定观堂集林》，浙江教育出版社2014年版，第87—109页。

④ 以上所列，王吉、韦贤、朱云、薛广德、夏侯建、师丹、殷嘉、姚平、乘弘等九人，不见于《汉魏博士考》，分见《汉书》卷七二《王吉传》、卷七三《韦贤传》、卷六七《朱云传》、卷七一《薛广德传》、卷七五《夏侯胜传》、卷八六《师丹传》、卷八八《儒林传》。

⑤ 郭永吉：《先秦至西汉博士论考——兼论博士与儒的关系》，《清华中文学报》2008年第2期。

以黄老思想为依据，儒家在这两者上均不得势，但最终却能取代二者于政治领域独领风骚，其中的缘由自然纷繁复杂，但儒生能够逐渐掌握博士之职甚至形成独霸局面，对于他们在政治上的发展，应有不小的助力①。

早在汉初，陆贾已经对“士”的角色有了新的认知。他看到士人已经处在一个前所未有的新时代，需要调整自己的角色，成为伦理人、社会人与政治人，成为体制的一部分，做好随时出仕的准备。他也要求士人修习经艺，行仁义道德，在仁义、经艺、伦理等所构成的伦理与社会秩序中扮演重要角色。这样一来，士人就成为国家深层稳定机制的组成要素，与其兴亡结合在一起，成为国家稳定不可或缺的一部分。于是，儒生逐渐在政治舞台上活跃起来。高祖时叔孙通被征召为博士之后，其弟子一百余人、所征鲁地儒生三十余人，都相继得到了任用。汉武帝“置五经博士”后，被征召进入朝廷的儒学之士更是越来越多，据《汉书·儒林传》记载：

昭帝时举贤良文学，增博士弟子员满百人，宣帝末增倍之。元帝好儒，能诵一经者皆复。数年，以用度不足，更为设员千人，郡国置《五经》百石卒史。成帝末，或言孔子布衣养徒三千人，今天子太学弟子少，于是增弟子员三千人。岁馀，复如故。平帝时王莽秉政，增元士之子得受业如弟子，勿以为员，岁课甲科四十人为郎中，乙科二十人为太子舍人，丙科四十人补文学掌故云。

除了上述由太常拣择的，还有“郡国县官有好文学，敬长上，肃政教，顺乡里，出入不悖，所闻，令相长丞上属所二千石。二千石谨察可者，常与计偕，诣太常得受业如弟子”（《汉书·儒林传》）。不论是弟子或如弟子，对出生背景都没有任何限制。若得中选，不但享有“复其身”也就是免除徭役与赋税的优遇，而且结业之后出路更是优渥，“能通一艺以上，补文学掌故缺；其高第可以为郎中，太常籍奏。即有秀才异等，辄以名闻”（《汉书·儒林传》）。儒生凭借明经而得以授官者，《汉书》传记类中也多有记载，如翟方进“家世微贱，至方进父翟公，好学，为郡文学。方进年十二三，失父孤学”，后来其母

① 郭永吉：《先秦至西汉博士论考——兼论博士与儒的关系》，《清华中文学报》2008年第2期。

织屦供其读书，“经博士受《春秋》。积十余年，经学明习，徒众日广，诸儒称之。以射策里科为郎。二三岁，举明经，迁议郎”（《汉书·翟方进传》）。又如诸葛丰“以明经为郡文学，名特立刚直。贡禹为御史大夫，除丰为属，举侍御史”（《汉书·诸葛丰传》）。另有孙宝“以明经为郡吏。御史大夫张忠辟宝为属”（《汉书·孙宝传》）。儒生进入到政府各部门各层级中去，为儒家在今后的仕途上开拓了一条便捷之路，对于儒学的盛行也有相当大的帮助。

熟读儒家经典的儒生们越来越多地进入国家权力机构。这一变化，对中国后来的政治格局和士人阶层的身份地位、前途理想以及人格构成都有着极为深刻而巨大的影响。余英时就在其巨著《朱熹的历史世界——宋代士大夫政治文化的研究》中，从历史情境中重构朱熹所属的政治氛围，并列举了诸多重大事件，反复论证这一时期士人在权力场域下进行思想创造与政治改革的过程。他将“君臣同治天下”视为宋代士人政治主体意识的显现，认为宋代士大夫试图透过各种哲学与政治行为的创造活动，进行实际的社会变革。后来的中国士人还传承先秦之风，自觉地承担着社会批评的责任。在他们进入仕途成为官僚体系中的一员时，往往通过上疏等途径向皇帝谏诤，针砭时弊，为民请命，并献计献策。在中国历史上所谓诤臣可以说是代有其人，有因直言谏诤而获罪受刑的司马迁，有以敢于谏诤、善于谏诤而为世人所称颂的魏征，有置生死于度外而准备死谏的海瑞，因犯颜直谏而遭贬黜甚至招致杀身之祸的士大夫更是不计其数。无论是参政还是议政，士人们都凸显了“以天下为己任”与“知其不可而为之”的儒家精神价值。

二、化民成俗

司马谈在“论六家要旨”中提道：

儒者博而寡要，劳而少功，是以其事难尽从。然其序君臣父子之礼，列夫妇长幼之别，不可易也……

夫儒者以六艺为法。六艺经传以千万数，累世不能通其学，当年不能究其

礼，故曰“博而寡要，劳而少功”。若夫列君臣父子之礼，序夫妇长幼之别，虽百家弗能易也。(《史记·太史公自序》)

从社会层面看，儒家其实就是传统中国人的基本教化之源，所以后人也将其称之为“儒教”。这里所谓的“教”，牟宗三认为它其实是中国人的日常生活轨道。他说：

在中国，儒教之为日常生活轨道，即礼乐（尤其是祭礼）与五伦等是。关于这一点，儒教是就吉、凶、嘉、军、宾之五礼以及伦常生活之五伦尽其作为日常生活轨道之责任的……

礼乐、伦常之为日常生活的轨道，既是“圣人立教”，又是“化民成俗”，或“为生民立命”，或又能表示“道揆法守”，故这日常生活轨道，在中国以前传统的看法，是很郑重而严肃的……因为此中有其永恒的真理、永恒的意义。这是一个道德的观念……有天理为根据……①

大意是说，在中国传统社会里，儒教是广土众民日常生活中必须依循的轨道，是从天理而生的、具有道德崇高性的礼乐、礼仪并涵摄五伦之规范。社会群体的调节运作，就是凭依这五礼和五伦。换句话说，在中国社会里，儒教具有日常生活的礼制的轨道功能，它一方面是庶民社会的教化，一方面也是庶民社会的宗教。因此，即便是秦朝统治者，也不能不重视儒家教化思想。顾炎武根据泰山、碣石门和会稽等地的刻石，指出秦始皇提倡三代礼教以矫正各地小传统中的风俗，“然则秦之任刑虽过，而其坊民正俗之意，固未始异于三王也”②。这充分说明儒家伦理教化思想深植于社会基本观念之中。

儒家从孔孟开始，就重视在民间传播儒家思想以教化民众，但政治上的冷落待遇乃至打击政策，使得早期儒家士人无法获得机会与空间来实现其教化“天下”的远大抱负。儒家士人真正获得施展教化的机会是在两汉时期，余英时《汉代循吏与文化传播》中已经对此有过精彩论述。不过，汉代循吏从事

① 牟宗三：《中国哲学的特质》，上海古籍出版社 1997 年版，第 94、95 页。

② 陈垣：《日知录校注》卷十三《两汉风俗》，安徽大学出版社 2007 年版，第 717 页。

儒家教化是一种政府官员行为，与后期那些通过科举考试或其他途径获得某种功名的地方士绅以及隐居乡野的一般士人在民间社会从事教化活动有很大的区别。事实上，从史料来看，当时的教化活动基本上都是由中央官僚体制内任职的官员们来完成的，或者说，汉代循吏固然是在传播文化、从事教化，但其活动空间却主要是在官僚体系内，而不是民间社会。王明认为，真正出现"一种无心仕宦、却热心乡里教化的地方士绅"是在东汉时期。他以孙堪、孔嵩、樊宏、王列、王扶、蔡衍、司马均等人为例，指出这些人"在地方上承担社会职责以地方社会秩序之维护为己任"，其教化活动在功能上与朝廷命官的所作所为有重合之处，但本质上却是民间社会群体自发组织的表现形式①。不过，在潘朝阳看来，儒家在庶民社会向众民讲授孔孟的道德伦理，起始于北宋民间书院、乡约乡治的德化教育，所以他认为，真正的儒家民间德教的实现，是在北宋以后才有②。抛开这种争论，我们也许可以说，儒家的民间德教传统是在宋明时期得以振兴和弘扬的，并成为中国庶民社会的基本教化传统。

从活动地域、受教对象以及目的来看，自宋至清，士人们的民间德教活动，大体上可以分为两种类型：一是立足于家族、宗族内部的教化活动，目的是为了教育本族子弟"做好人"、"走正道"，乃至努力通过科举考试，使家族的荣誉与地位得以延续乃至扩大。在传统社会，士人在家族社会除了担负社区庶民或族中亲属的生活接济，还要凭借个人道德与能力开展儒家的道德教化。据《宋史》卷四百二十七《道学一》记载：

（程）珦慈恕而刚断，平居与幼贱处，唯恐有伤其意，至于犯义理，则不假也。左右使令之人，无日不察其饥饱寒燠。前后五得任子，以均诸父之子孙。嫁遣孤女，必尽其力。所得奉禄，分赡亲戚之贫者。伯母寡居，奉养甚至。从女兄既适人而丧甚夫，珦迎以归，教养其子，均于子侄。时官小禄薄，克己为义，人以为难。

---

① 王明：《儒学的历史文化功能——士族：特殊形态的知识分子研究》，学林出版社1997年版，第104页。

② 潘朝阳：《论儒家的传统民间德教及其在现代社会的困难》，《国文学报》2014年第56期。

程珦是宋代大儒程颢、程颐的父亲，其所作所为就是传统儒者在民间社会以及家族乡党中的德教内容，一是善行，二是化育。他以自己的德行为中心，在与家人亲族的朝夕相处中，在平常的生活伦理中，将儒家的道德纲常传播推展到周围人的身心之上，从而达到潜移默化的教化功效。

传统儒家士人还通过制定家法、族规等方式，将自家以及本族子弟纳入宗族的教化体系当中，实现敦厚成俗的目的。《宋史》卷四百三十四《儒林四》载有陆九韶的事迹：

九韶字子美。其学渊粹，隐居山中，昼之言行，夜必书之。其家累世义居，一人最长者为家长，一家之事听命焉。岁迁子弟分任家事，凡田畴、租税、出内、庖爨、宾客之事，各有主者。九韶以训戒之辞为韵语，晨兴，家长率众子弟谒先祠毕，击鼓诵其辞，使列听之。子弟有过，家长会众子弟责而训之；不改，则挞之；终不改，度不可容，则言之官府，屏之远方焉。

陆九韶一直隐居乡野，有一日三省吾身的日记习惯，是一位以敬惕之心在世的君子儒。不过，就《宋史》一书的记载来看，其目的并不是要表扬他个人自修自省的工夫，而是着重彰显陆九韶负责陆氏百口之家集体生活的德治运作。这种聚族而居的大家庭犹如一个国家，必须在和谐和睦的情形下生存生活，而其日常管理运行的一应事务，都由陆九韶负责。他规约：每天清晨由族长率领大家族下每个小家庭中的家长、子弟，在宗祠祖宗牌位前上香祭拜行礼，接着合唱由他填词谱曲的劝德励志韵歌，然后检讨陆家子弟功过，善者领赏，恶者受罚，有过而屡教不改的子弟，则外送官府，以司法加以惩处，直至逐出陆氏家族。应当说，陆九韶在家族内部对于儒家德教的推行与发扬，正是《大学》中“齐家”一语的根本大义所在。这种真正的践成，使得陆氏家族产生了一代心学大师陆象山，也因此开启了有别于朱子理学的宋明心学体系，对后世中国乃至东亚的文化与思想都产生了深远影响。

除了制定家法、族规，传统儒家士人还常常通过兴办家塾、族学、义学等途径来教育家族子弟。不过，有别于魏晋南北朝时期文化底蕴深厚的世家大族通过家族教育以传习儒学经义，宋明时期的一般民间义学、族学、私塾，通常注重灌输儒家基本道德观念，培养学生合乎儒家仪礼要求的日常行为习惯[①]。潘朝阳曾以台湾为例，考察过明清时期地方士子依家族在地方兴学设教的诸多事例。就他的研究来看，台湾地区以家族之力进行的教育活动，其文教宗旨仍是在于中国传统文化中孔孟儒家的价值核心[②]。

二是面向民间社会的教化行动，采取民间百姓喜闻乐见、易于接受的方式宣传、践形儒家伦理，意在建构地方社会生活的道德秩序。据《宋史》卷四百二十七《道学一》所记程颢事迹：

(程颢) 为晋城令……民以事至县者，必告以孝悌忠信，入所以事其父兄，出所以事其长上。度乡村远近为伍保，使之力役相助，患难相恤，而奸伪无所容。凡孤茕残废者，责之亲戚乡党，使无失所。行旅出于其途者，疾病皆有所养。乡必有校，暇时亲至，召父老与之语。儿童所读书，亲为正句读，教者不善，则为易置。择子弟之秀者，聚而教之。乡民为社会，为立科条，旌别善恶，使有劝有耻。

由记载来看，作为地方官，程颢在实践中忠实地践履着“达则兼善天下”的政治理想与教化责任。他养育人民，通过在民间组织伍保，使民众力役相助，患难相恤，共同维护治安，使得奸佞虚伪之行不再发生；又照顾孤苦病痛无依无靠的穷困之人，关心那些流离失所者、无家可归者以及羁旅中生病无告者，使得他们都能获得安顿与治疗。他教化人民，通过设立乡校，推广儒学德教，并且亲自审定学童教科书，督考任教先生的德行与学养，随时加以淘汰更替；择选乡中可以造就的青少年入学接受教育，为地方养士培才；组织乡民社团，帮助他们设立章程规则，借以劝善惩恶，淳化乡风。可以说，程颢的所作所为，正是对儒家“富民”、“教民”精义的贯彻与落实。

宋代社会思想及其社会发育程度远超之前的任何朝代。除了范仲淹、朱熹对家族制度的改造，吕大钧创建的乡约制度，也影响至今。《吕氏乡约》是

① 刘静：《走向民间生活的明代儒家教化》，上海教育出版社 2014 年版，第 73 页。

② 潘朝阳：《地方儒士兴学设教的传统及其意义》，《鹅湖学志》1996 年第 17 期。

中国历史上第一部成文的村规民约，有“德业相劝”、“过失相规”、“礼俗相交”、“患难相恤”等四节。它是一个建立在自愿联合基础上，有着教化、救济与公共治理功能的村社自治共同体。乡约既是自由的，可以自愿出入；又是民主的，大家公选领袖；也是平等的，约众不分地位高下，以年齿为序充任“直月”。《吕氏乡约》的意义，在于没有官府的参与，乡民自愿加入乡约，乡约的事项、首领的选举、处罚的实施也完全由其成员议定，超越血缘，比宗族更开放。乡约将生活在同一片土地上的乡党组织起来，形成了“一乡化焉”的地方自治秩序，使得“关中风俗为之大变”①。

明代大儒王阳明不仅建构起以“致良知”、“知行合一”为特色的心学思想体系，把明代儒学发展到一个新阶段，而且从34岁开始就授徒讲学，随地讲授，直至去世，从事教育活动20多年。谪居龙场后，建龙冈书院，后又主讲贵阳书院。在滁州时，也聚徒讲学。在江西时，立学社，修濂溪书院，“四方学者辐辏，始寓射圃，至不能容，乃修濂溪书院居之”②。后又在浙江设稽山书院讲学，“四方来游者日进……夜无卧处，更相就席；歌声彻昏旦”。“先生每临讲座，前后左右环坐而听者常不下数百人”③，盛况空前。在地方为官期间，他不仅以“经师”的身份为学官诸生讲经，还以“教化之师”的身份立乡约，设十牌法，推社学教条等，对民间父老子弟宣扬儒家道德观念，注重当地民众的整体道德养育。另外，他还鼓舞奖励儒家士子到乡土社会中担负儒学德教的推广传播工作。受其影响，阳明后学中较有影响的泰州学派，“其讲学对象主在庶民，其场所多取民间社区聚落，其讲法以平易悦乐移风易俗为主”。吴震以颜山农的儒学儒教为例分析：“明代心学家尤其是泰州后学，一方面有经世主义之倾向，以讲学为手段，广泛涉入社会，积极推动教化运动；另一方面在个人修养问题上，又普遍注重在身心上落实道德之践履，主张在日常生活当中

① 赵吉惠：《关中三李与关学精神》，《西安交通大学学报》（社会科学版）2001年第3期。

② （明）王守仁：《王阳明全集》卷三十三《年谱一》，上海古籍出版社1992年版，第1255页。

③ （明）王守仁：《王阳明全集》卷三《语录三》，上海古籍出版社1992年版，第118页。

切实把握良知，以求实现自我的生命意义、道德价值。”①从这段叙述中可以看出，泰州学派重要代表颜山农的儒学取向不是精英、学院式的天理、心性之形上儒学，而是着重“经世主义”；以讲学为手段；深涉社会，在庶民层面推广儒家德教；强调儒家仁道良知不在玄远高论而是在日常生活中的切实实践等。因此，泰州学派具有鲜明的平民性格：一是泰州学派的学者们多数出身于平民，不少弟子如韩贞、夏廷美、颜山农等人本来识字就很少；二是他们深切关心下层民众的疾苦，体恤下层民众的要求和愿望，其学说在一定程度上代表了平民的利益，符合人民的需要；三是他们周游四方，到处讲学，其宣传教育对象也以平民为主。比如何心隐奔走四方讲学，南至福建，北至京师，东至长江下游，西至重庆；四是将儒学从文士之学变成愚夫愚妇与之能行的百姓日用之学。泰州学派的平民化，既使泰州学派的思想获得了众多支持和理解从而传承不绝，也促进了中国文化的下移，实现了“以文化人”的教化目的。

明清时期的士人还以通俗文艺为载体，在庶民社会广泛传播儒家伦理道德观念，使其成为化民成俗的一种重要手段。刘静专题讨论过小说、戏曲等通俗文艺形式对明代儒学教化产生的深远影响②。其实，除此之外，士人们还常常借助神话故事这一艺术形式，以超自然力来维护儒家伦理道德价值，实现教化民众的目的。有些神话故事收录于士人创作完成的作品中，如蒲松龄的《聊斋志异》、纪晓岚的《阅微草堂笔记》等，而更多的则是散见民间、以口口相传的方式传播着。如《宝山县志》中就有这类神话故事的记载：

在1524年十月初十，该地遭到猛烈的暴风雨袭击。有三个兄弟比邻而居，他们平时争斗不断。结果，那天三兄弟的房屋连同三人一起被暴风雨卷走，而周遭的其他房屋却都安然无恙。③

---

① 吴震：《泰州学派研究》，中国人民大学出版社2009年版，第269页。

② 刘静：《走向民间生活的明代儒家教化》，上海教育出版社2014年版，第131—174页。

③ 《宝山县志》第14卷，1879年。转引自杨庆堃：《中国社会中的宗教》，上海人民出版社2007年版，第259页。

这类神话包含的道德说教，往往集中在儒家的核心价值“孝、悌、忠、信”上。普通民众通过聆听或阅读具有神话色彩的民间故事或文学作品，在对超自然力的敬畏中，逐渐建立起来自儒家的道德行为标准。

儒学的“人文化成”和“教化天下”不是一套简单的知识与思想体系，而是一种实践智慧，需要一整套的制度与种种操作技术将其纳入庶民生活之中。从这一角度讲，宋、明、清时期广大士人推行的儒学教化是成功的。

第三节　内在的道德追求

儒家崇尚仁、智、勇兼具，乐道美俗、泽民美政的“谦谦君子”；墨家推崇兼相爱、交相利，爱无差等、不避亲疏的“博大完人”；道家则以形随俗而志清高、身处世而心逍遥的“至人”、“真人”、“神人”为理想人格。因此，先秦诸子有着强烈的道德修养自觉，其中又以儒家最为注重个人道德修养。《大学》中说：“古之欲明明德于天下者，先治其国；欲治其国者，先齐其家；欲齐其家者，先修其身；欲修其身者，先正其心……心正而后身修，身修而后家齐，家齐而后国治，国治而后天下平”。正是把格物致知、正心诚意的修身功夫，作为为人处世、安身立命的根基，从此走向治国平天下的宽广天地。这一基本人生态度为后世士人发扬光大，成为中华民族源远流长的“修身”传统。我们将从理论和实践两个层面，对中国传统士人在修身方面的道德追求略作探讨。

一、理论层面对修身的持续探索

先秦儒家的道德学说特别强调人的主体能动性，把道德自觉视为人与动物相区别的根本所在。西汉的扬雄也在《法言》中说：“人而不学，虽无忧，如禽何?”[①]在他看来，众人之所以异于“鸟兽”，贤人之所以异于众人，圣人之所以异于贤人，全在于“学”，在于礼义的教化。而在此之前，孟子所以发出如此感叹，也是要说明这一点。这是儒家之所以重修身的基本出发点。

儒家并不认为圣贤高不可攀，孟子、荀子早已明确指出“人皆可以为尧舜”(《孟子·告子下》)，“涂之人可以为禹”(《荀子·性恶》)，人人都有成为圣贤的可能；但另一方面，他们也明确认识到，世间并不存在不需修炼就可成就的圣贤之人。王符说：“虽有至圣，不生而知；虽有至材，不生而能”[②]，这大体反映了儒家的基本看法。

在中国传统文化中，人性论与修养论也是紧密联系的。董仲舒认为，人性来自于天。天有阴阳之气，施之于人，便有贪之性与仁之性。在他看来，人性是“可养而不可改”的。他把人性分为三类：一类是所谓“圣人之性”；一类是所谓“斗筲之性”；余下的是所谓的“中民之性”。他认为不教而善的“圣人之性”与虽教不善的“斗筲之性”都是少数，大多数人均属“中民之性”，他们的性中虽潜存为善的可能性，但只有经过统治者的教化和自身的修养，这种可能性方可变为现实性。他在《春秋繁露》中说：“圣人之性不可以名性，斗筲之性又不可以名性，名性者中民之性……性待渐于教训，而后能为善。”“名性不以上，不以下，以其中名之。”[③]按照董仲舒的形容，中民之性就像是鸟卵蚕茧一样。鸟卵本身并不就是雏鸟，它还需要20天的孵化过程；蚕茧本身也并不等于丝，它还需要湑汤抽取的过程。因此，“中民之性”是质朴的，它本身并不就是善的。为了更好地解释这个道理，董仲舒提出了著名的“禾米”说，他把人性比喻成禾苗，把善比喻成稻米。禾苗能够长出稻米，但并不能因此说禾苗就是稻米。同样，人性可以为善，但并不能因此说人性就是善。禾苗长出稻米，还需要接受外界的阳光、雨露的滋养与人的培育。同样，人性为善，也需要外在的王道教化。所以，董仲舒对人性的讨论最后落在教化上。董仲舒的这

① (汉)扬雄：《法言义疏》二《学行》，中华书局1987年版，第26页。

② (汉)王符：《潜夫论笺校正》卷一《赞学》，中华书局1985年版，第1页。

③ (汉)董仲舒：《春秋繁露》，河南大学出版社2009年版，第271、267页。

一人性理论，在当时社会具有重要意义。他的性三品的划分，对于善的界定，具有重要的社会教化作用。

后来，宋明理学家提出双重人性论，由“天地之性”、“气质之性”引出“人心道心”说、“天理人欲”说，更是教人重视修养。张载沿袭儒学“天人合一”的传统，把人的至善本性归之于“天地之性”，它是人、物共有的本性。但张载在肯定“天地之性”的前提下，也讲“气质之性”，把人在才性方面的差异，归之于气秉的差异。张载认为，“天地之性”是人的本性，“性于人无不善，系其善反不善反而已”，但人的“气质之性”是可以变化的，“形而后有气质之性，善反之则天地之性存焉。故气质之性，君子有弗性者焉”①。人们“为学”的目的，就在于“自求变化气质”，由“气质之性”回复到“天地之性”。

二程认为天理、性命、心物具有同一性。《二程遗书》卷十八说：“在天为命，在义为理，在人为性，主于身为心，其实一也。”②性即是道，性即是理，心性天然涵有道理，物以一理贯通。“一人之心即天地之心，一物之理即万物之理”③。二程通过对天命之谓性的肯定，认为人天生具有良知良能。程颢说：“良知良能，皆无所由，乃出于天，不系于人。”④程颐则说：“知者吾之所固有。”⑤良知良能降自天命，而天命无亲，所以万物皆有良知良能。不过，良知良能在接物的过程中，容易为物欲蒙蔽，所以必须存天理、除人欲，使人在物中识得本心天理。朱熹采用了张载“天地之性”与“气质之性”的名称，而以程颐的观点加以解释，认为天地之性即是理，气质之性则是理与气的结合。天地之性纯粹至善；气质之性，有清浊昏明的不同，因而有善有恶。朱熹也称天地之性为本然之性，朱门弟子称之为义理之性。明代以后，“义理之性”比较流行。应当说，儒家论人性，无论是主张人性善或人性恶，都认为人要去恶从

① （宋）张载：《正蒙·诚明》，《张载集》，中华书局 1978 年版，第 22、23 页。

② （宋）程颢、程颐：《二程遗书》卷十八，上海古籍出版社 2000 年版，第 254 页。

③ （宋）程颢、程颐：《二程遗书》卷二上，上海古籍出版社 2000 年版，第 63 页。

④ （宋）程颢、程颐：《二程遗书》卷二上，上海古籍出版社 2000 年版，第 70 页。

⑤ （宋）程颢、程颐：《二程遗书》卷二十五，上海古籍出版社 2000 年版，第 373 页。

善，最终都是勉励人们自觉修身。

立志乃是修身的起点。修身的目的是为了造就完善的人格，追求、实现更高的人生价值。儒家的理想人格是君子、圣贤，因此修身就是按君子、圣贤的标准塑造自己，实现自我完善。为此，就必须首先树立这一志向，确立这一终生奋斗目标。“夫学莫先于立志。志之不立，犹不种其根而徒事培壅灌溉，劳苦无成矣。世之所以因循苟且，随俗习非，而卒归于污下者，凡以志之弗立也。”①一旦确立方向、目标，便能产生一种不达目的决不罢休的不懈追求。这种内在驱动力不仅是德业，也是学业、事业得以成功的基本保证。因此，后代的儒家士人一再说：“人惟患无志，有志无有不成者”②，“志不立，天下无可成之事，虽百工技艺，未有不本于志者。今学者旷废隳惰，玩岁愒时，而百无所成，皆由于志之未立耳”③。在他们看来，“立志而圣，则圣矣；立志而贤，则贤矣”④，只要确立“以圣贤自期”的志向，就一定会成功，反之，自然不可能有长进。

如何进行道德修养呢？简单来讲，无外乎“内省”与“外求”两种方法。“内省”的修养方法注重发挥人的主观能动性，重视思维活动的作用。以宋儒为例，他们受《大学》影响，非常重视诚意在整个修养过程中的关键作用。朱熹曾说，“诚意乃恶与善之关”，“透得诚意之关则善，不然则恶”，甚至认为人们只有过了诚意关，“方是人，不是贼”⑤。就是说，修身乃是求善，只有真诚求善才能进于善。程朱将“主敬”看作是“真圣门之纲领，存养之要法”⑥，强调“涵养须用敬”⑦。程朱的“主敬”说源于周敦颐的“主静”说。周敦颐曾提出“主静”的修养工夫，希望人们能够依循这一道德准则和修养心性的工夫，成就理想人

① （明）王守仁：《王阳明全集》卷七《文录四》，上海古籍出版社 1992 年版，第 259 页。
② （宋）陆九渊：《陆九渊集》卷三十五《语录下》，中华书局 1980 年版，第 439 页。
③ （明）王守仁：《王阳明全集》卷二十六《续编一》，上海古籍出版社 1992 年版，第 974 页。
④ （明）王守仁：《王阳明全集》卷二十六《续编一》，上海古籍出版社 1992 年版，第 974 页。
⑤ （宋）黎靖德编：《朱子语类》卷十五《大学二・经下》，中华书局 1986 年版，第 299 页。
⑥ （宋）黎靖德编：《朱子语类》卷十二《学六・持守》，中华书局 1986 年版，第 210 页。
⑦ （宋）程颢、程颐：《二程遗书》卷十八，上海古籍出版社 2000 年版，第 237 页。

格的极致。“主静”说对宋代以后的儒者影响深远，程颢、程颐早期也循着周敦颐“主静”工夫修养自身，但是后期二程主观认定“静”的工夫容易沦为释老“虚静”之学，而与日常生活事物脱节，失去儒家入世应事的精神，于是提出“主敬”的工夫。南宋朱熹绍承伊川“涵养须用敬，进学在致知”的学问宗旨，把“主敬”作为涵养道德本体的主要工夫。朱熹“主敬”说集程门“主敬”思想之大成并予以融会贯通，揭示了更加圆熟通贯的“主敬”实践做法，如“主一无适”、“整齐严肃”、“小心畏谨、戒慎恐惧”、“常唤醒此心”、“敬以直内”、“收敛此心，莫令走作”等。程朱又认为，敬生于诚，是诚的表现，能诚自然能敬，所以他们常将诚敬并列并称。概括来讲，主敬的基本精神是强调修身的真诚自觉、严肃认真。

王阳明的“内省”修养方法要求“致良知”。“致良知”这个命题，虽然是王阳明晚年才提出来的，但他说：“吾平生讲学，只是‘致良知’三字”①。“致良知”说是其心学思想的核心。“良知”一词出自孟子“人之所不学而能者，其良能也；所不虑而知者，其良知也”（《孟子·尽心上》），指的是人先天禀赋的先验知识与道德观念，其具体内容即恻隐之心、羞恶之心、辞让之心、是非之心。王阳明则赋予“良知”以更丰富的内涵。在王阳明看来，“‘良知’既是宇宙的本体，天地万物的存在依据，又是人伦道德的本体；既是判断是非的标准，又是区分善恶的尺度；既是人必须遵从的道德原则，又是人的一切道德行为的内驱力、原动力，人的道德意志、道德情感、道德选择、道德判断、道德责任等都是由它而发的。所谓‘致良知’，也就是要人们体认、恢复和发扬、推行‘良知’。”②不过，一般人的“良知”总会被私意私欲蒙蔽，为物欲尘垢污染。因此，必须通过后天的致知工夫去其蔽，才能使良知充分显现并发挥知是知非、知善知恶的功用。所以，他说：

若良知之发，更无私意障碍，即所谓“充其恻隐之心，而仁不可胜用矣”。

---

① （明）王守仁：《王阳明全集》卷二十六《寄正宪男手墨二卷》，上海古籍出版社 1992 年版，第 990 页。

② 苗润田：《中国儒学史》（明清卷），广东教育出版社 1998 年版，第 76 页。

然在常人不能无私意障碍，所以须用致知格物之功胜私复理。即心之良知更无障碍，得以充塞流行，便是致其知。①

“致良知”之所以必要，就在于此。王阳明认为，要“致良知”必须“格物”，“致良知在格物”。由于他认为“心外无物”、“心外无学”，因此其“致知格物”并不是对客观事物的认识，而是“正心”、“格心”，也就是去掉人欲或私念，以恢复人的天赋良知。为此，王阳明提出了“静坐”、“省察克治”、“事上磨练”等为学功夫。

“外求”的修养方法重视后天经验学习，强调接触外界事物。安史之乱后，面对因政治形势与制度变迁而扩大的生民之患，柳宗元强调士人在人事上的积极性，认为士人正日益成为治乱关键，是“理之本也”②。但士人行为的分化却日益成为秩序不稳定的根源，统治阶级上层党争日趋白热化，削弱国家公共职能的实践；下层官员为生计而公器私用，盘剥百姓，从内部腐蚀统治的正当性；两税法扩大地域内胥吏、乡豪的权势，成为地方吏治的重大难题③。面对这一形势，士人积极任职成为纾解生民之患的关键。所以，柳宗元提出，修身乃是独善其身之事，如果不能通过“明与志”转化为现实行动的凭借，充其量只是个人德行无亏，成就了自我，却未必能急民所疾，为生民除弊兴利。所以，他要求士人必须通过对现实环境的充分认识，采取积极行动，淑世养民，化民成俗。

宋代大儒朱熹则重视读书。强调读书本身并非儒家修养的最终目标，可以说是宋明理学甚至整个儒家传统的基本共识。不过，朱熹尽管认为“读书乃学者第二事”④，并不以读书本身为目的，但他同时又认为，读书或儒家经典的诠释，正是通达圣人境界的一种身心修炼的工夫。朱熹将读书目的与所体认到的

① （明）王守仁：《王阳明全集》卷一《语录一》，上海古籍出版社1992年版，第6页。

② （唐）柳宗元：《柳宗元集》卷三十《与杨京兆凭书》，中华书局1979年版，第788页。

③ 王德权：《修身与理物——中唐士人自省之风的两个面向》，《台湾师大历史学报》2006年第35期。

④ （宋）黎靖德编：《朱子语类》卷十《学四·读书法上》，中华书局1986年版，第161页。

理，扣紧自家身心性命说话，读书是为了安顿生命，而安顿生命又绝对不能不读书，所以在他“涵养需用敬，进学在致知”的工夫总纲中，读书、主敬、静坐，所有的工夫都贯穿起来。既须“反求”，又得“博观”，才能够对治微细难缠的存在之恶——气禀之杂与人欲之私。这个高难度的读书过程既须专注于经典的文本，展开多层次的阅读，也须心灵与身体的参与，包括与静坐配合，不是一个可单独切割的工夫。朱子要求它必须是“切己”的“体会”、“体验”、“体察”；必须是如“葬身”般的全身全心投入——包括身体的姿势与各种样态；也必须能穿透、浸润乃至转化全副身心性命。对此，彭国翔论证说：在朱子看来，虽然儒家的经典不是认知的对象，而是我们要全身心领会的圣人之言的记载；读书本身也不是目的，而是要变化气质并最终成就圣贤人格。但同时，读书本身却又是变化气质并成就圣贤人格的必由之路，换句话说，朱子将读书本身作为身心修炼的工夫，将读书作为与圣人之心心心相印的实践法门。读书作为一种身心修炼的活动，既有迁善改过之功，又具有身心治疗的意义和效果。也正是由于这一点，读书在朱子那里不仅具有一套认识论意义上的诠释学意义，更具有一种价值实践的宗教学意涵。而且，对于不同儒家经典的具体诠释，甚至在品评人物、辨别儒释、讨论儒家传统中的重要观念甚至教导门人时，朱子自己也将读书作为一种身心修炼而贯彻其中。①

王阳明认为学习事业不能光透过读书活动和思考努力实现，所以重视“事上磨”。阳明学所标榜的心学的修身工夫既有别于任何个人心胸中进行的内向反省，也不局限于外向探究，认为必须直接落实于日常生活上，整个工夫才会收获成效。根据王阳明的学说，任何实际的求知活动都必须落实于个人的日常处境，在烦琐的日常事务中发挥所谓的“良知”。因此，学者务必要经由书籍的阅读再返回至自身，进而透过所读的经典来清晰明了“自家本体”。借助“下学上达”这种传统的观念区分，王阳明更深入地阐明可以命名为“日常化

① 彭国翔：《身心修炼——朱子读书法的宗教学意涵》，《儒家传统的诠释与思辨》，武汉大学出版社 2012 年版，第 86—138 页。

的哲学工夫”这种修身论立场：

夫目可得见，耳可得闻，口可得言，心可得思者，皆下学也……故凡可用功可告语者皆下学，上达只在下学里。凡圣人所说，虽极精微，俱是下学。学者只从下学里用功，自然上达去，不必别寻个上达的工夫。①

任何向上升的努力都必须根植在最平凡的日常脉络中，也就是必须承担“下学”的种种辛苦，因为只有当学者愿意诚实地探究并处理自己在日常生活中时时刻刻面临的那些烦杂琐碎事情时，他才有机会“在下学里”实际完成一个“上达”的学习成果，也就是朝向“致知”和“良知”迈进②。

二、实践层面对修身的积极践履

西汉时期，“罢黜百家、独尊儒术”政策的推行和“五经博士”制度的设立，使得儒学成为学子们最为普遍的修习科目，经术成为最为重要的入仕途径，儒生也就逐渐成为国家政治文化生活的主导力量。儒学的盛行不仅培养起士人充分的道德意识，对士人德行产生巨大影响，“德行之君子，乃云兴霞蔚，几于比屋可封。可谓中国历史上之伦理时代，诚可称述者矣”③，同时也给社会造就一个普遍适用的道德准则体系，“所谈者仁义，所传者圣法也。故人识君臣父子之纲，家知违邪归正之路”（《后汉书·儒林列传下》）。

这一时期，修身行德不仅合乎由自身良知和士阶层价值而来的责任律令，还有着政权的大力倡导和实际利益的切实推动。随着儒学社会化程度的加深，宣帝之后，以学问、德行为标准来选拔入仕士人的现象就已非常突出。经术通明并且德行优良，几乎等于一个人的政治前途，而“经为世儒宗，德为国黄耇”（《汉书·师丹传》），是士大夫在西汉后期所能得到的最高赞誉。孝廉、贤良方正、直言极谏、有行义、茂材、文学、质朴敦厚、逊让

① （明）王守仁：《王阳明全集》卷一《语录一》，上海古籍出版社1992年版，第12、13页。

② 宋灏：《由王阳明的“知行合一”论身体自我与意识哲学》，《中山人文学报》2015年第39期。

③ 邓子琴：《中国风俗史》，巴蜀书社1987年版，第14页。

有行等等，如此繁多的名目，无论常科还是特举，经明行修都成了对吏民选拔的基本准则，这实际上便是充分肯定了以道德、学问为核心内涵的士阶层文化。到了东汉时代，由于“新莽居摄，诵德献符者，遍于天下”，“光武有鉴于此，故尊崇节义，敦厉名实，所举用者，莫非经明行修之人，而风俗为之一变”①。这一时期的人才大都出于选举、征聘，《后汉书·左周黄列传》中说：“汉初诏举贤良、方正，州郡察孝廉、秀才，斯亦贡士之方也。中兴以后，复增敦朴、有道、贤能、直言、独行、高节、质直、清白、敦厚之属。”由此看来，“官吏拔擢中的德行色彩愈来愈增强，这是东汉明显不同于西汉的一个趋势。”②在这种双重影响下，对道德律令的认真体行使得一些士人在个人品行上表现出较为严毅的端直不苟和洁身自好。于迎春考察过东汉时期朱晖、乐恢、盖勋、李恂、李咸、杨秉、马援等诸多士大夫在道德实践中展现出的非同一般的道德人格③，胡秋原评价说，“后汉士风学风，较之前汉，有异者四：一、多隐逸独行之风；二、如从政，能果敢自任；三、如治学，有批评精神，治经，多博通之儒，非一经之士；四、儒学更普及，内容也更扩大，包括老学和法吏之学了。”④这些都有助于我们认识这一时期士人在道德修养上的群体表现。桓帝时，外戚梁冀杀贤臣李固、杜乔，将其尸体暴露城北，并且下令不许收尸。李固15岁左右的弟子郭亮，在请求收敛尸体不果的情况下，于尸前守丧不去。董班听到李固遇害后，日夜奔驰赶到洛阳，也在尸前守丧。杜乔部署杨匡得知其遇害后，不分昼夜赶至洛阳，扮成城门门卒守卫尸体，驱赶蝇虫。终得收葬李、杜二公尸骸后，郭亮、董班、杨匡分别扶其灵柩归乡，并隐居不仕。从李固、杜乔之死和郭亮、董班、杨匡的举动，我们看到东汉时代士人不惧权威、不怕死亡，“意志相尚、然诺不欺”的大无畏精神。受士人影响，东汉整个社会风尚为之大变，顾炎武评价说：“三代以

① 陈垣：《日知录校注》卷十三《两汉风俗》，安徽大学出版社2007年版，第718页。

② 于迎春：《秦汉士史》，北京大学出版社2000年版，第315页。

③ 于迎春：《秦汉士史》，北京大学出版社2000年版，第314—320页。

④ 胡秋原：《古代中国文化与中国知识分子》，中华书局2010年版，第303页。

下，风俗之美，无尚于东京者”[①]。

“魏晋南北朝时代儒教中衰，‘非汤、武而薄周、孔’的道家名士（如嵇康、阮籍等人）以及心存‘济俗’的佛教‘高僧’（如道安、慧远等人）反而更能体现‘士’的精神。”[②] 拿阮籍来讲，他是魏晋名士领袖，本有济世之志，曾登上广武远观楚汉战处，叹息说：“时无英雄，使竖子成名！”[③] 他不仅是当时颇有影响的玄学家，还有着深刻的政治思想，认为君子应当“佐圣扶命，翼教明法”，有一番作为。不过，“魏晋之际，天下多故，名士少有全者”[④]。在这种情况下，有些名士向当时的权势靠拢，有些名士在政治的压力下消沉起来，阮籍却采取了撕灭名教的消极反抗行动。他一方面要表示自己的政治态度和意见，一方面又要避免因此招来政治灾祸，便假借老庄的放达和老庄的政治社会学说以抨击当权虚伪的名教和政治。司马氏极力标榜“以孝治天下”，阮籍却当着司马昭的面直言“杀父乃可”，丧母之时，照样食肉。他不仅拿名教最看重的“孝道”开玩笑，而且敢于冲决男女之大防。“邻家少妇有美色，当垆酤酒。籍尝诣饮，醉，便卧其侧。”有一次，“籍嫂尝归宁，籍相见与别。或讥之，籍曰：‘礼岂为我辈设邪？’”[⑤] 这就是阮籍的反抗与叛逆，与他外在的“青白眼”恰好互为表里。阮籍还作《首阳山赋》，以伯夷、叔齐自喻，认为司马氏代魏和武王伐纣差不多，同样都只是“以暴易暴”而已。阮籍于浊世之中以旷达对抗着政治威权，坚守着士人“独善其身”的道德立场。

道安出身于儒学世家，7岁开始读书，五年后已通五经文义。12岁出家为僧，开始为弘扬佛教而不懈努力。他学问广博，佛学之外，精通儒玄，工于辞赋，善为文章，是朝野公认的一代学问大师。他对“般若学”研究最为得力，

---

① 陈垣：《日知录校注》卷十三《两汉风俗》，安徽大学出版社2007年版，第718页。

② 余英时：《士在中国文化史上的地位》，《余英时文集》卷四，广西师范大学出版社2004年版，第119页。

③ （唐）房玄龄等：《晋书》卷四十九《阮籍传》，中华书局1974年版，第1361页。

④ （唐）房玄龄等：《晋书》卷四十九《阮籍传》，中华书局1974年版，第1360页。

⑤ （唐）房玄龄等：《晋书》卷四十九《阮籍传》，中华书局1974年版，第1361页。

首次编纂汉译佛经目录，规定僧人以释为姓，培养了大批学德兼优的弟子。道安率领僧众弘法行道，精进不懈，许多百姓在他的身上和道场里得到精神上的慰藉和寄托，由此改服从化，信奉佛教。道安还结合实际情形制定了僧尼轨则，用以约束属下门徒和加强对佛法活动的管理。道安本人身体力行，严于律己，弟子们以老师为表率，谨慎奉法，遵守戒律，师徒之间相互尊敬，行止有礼，数百人的庞大僧团秩序井然。于是天下寺舍纷纷效法，道安也由此成为佛教史上第一位建立寺院规制的佛法僧人。道安虽为佛门中人，但并未完全置身于现实政治之外。早年接受儒家正统教育以及颠沛流离的避难生活，使他对胡族入主华夏抱有反感，当382年苻坚召集群臣议会，准备用兵南方，进攻东晋时，道安便乘机进谏，用儒家仁政思想说服苻坚放弃武力。道安还劝苻坚实行仁政，以“文德”感化新征服的百姓。①

道安自12岁出家后，在佛门度过了62个春秋。半个多世纪中，他宣传佛法，建立僧团，制订僧规，整理翻译佛经，划一僧尼姓氏，开创学派，培养门徒……种种突出贡献使他成为中国佛教史上杰出学者，其一言一行又堪为世人典范，因此，道安可谓是魏晋南北朝时期士人精神的最好诠释者。

到了明代，大儒王阳明上承孟子而发明《大学》“格物致知”之旨，最终以学问而致事功，堪称后世学者的典范。他幼习词章，青年时期接触宋学之后，便有志于圣贤学问，但对朱熹提出的“格物致知”的进学路径始终不得其门。“壮年时虽在京城与湛若水共倡修身安命的儒学，仍只算是位不随流俗浮沉的儒家学者而已。”② 直到正德元年（1506年）冬，南京给事中御史戴铣等20余人被逮捕，王阳明上疏论救触怒宠宦刘瑾，被杖四十，谪贬至贵州龙场做驿丞，在恶劣的环境中信念倍经考验，身体疲惫不堪，但动心忍性，其人性得以加强，缺陷得以克服，通过自我努力可臻完人的信念得到亲证。后来他奉命主持军务，自此屡建奇功。南赣山贼侵扰地方数十年，官兵屡剿无功，已成

① 以上内容参见（梁）释慧皎：《高僧传》卷五《晋长安五级寺释道安》，中华书局1992年版，第177—188页。

② 吴春山：《王阳明的事功及其学养》，《兰阳学报》2009年第8期。

明世治安毒瘤；宁王朱宸濠早谋不轨，勾结朝臣，培植党羽，起兵之时声势浩大；而思恩、田州的土著狼兵本为两广军部附属的地方绥靖部队，剽悍善战，一旦激变，也征剿不易。上述这些影响民生安宁与国家政局的变乱，阳明以儒士而掌军务，却能屡战屡胜。王阳明于正德十一年（1516年），45岁时，奉旨巡抚赣南闽西一带，从此，在江西、闽西、粤东、广西等地，累年荡平匪寇、宁王之乱，平定土瑶叛乱，全歼断藤峡叛军，直至嘉靖七年（1528年）逝于南安。《明史》评价说："终明之世，文臣用兵制胜，未有如守仁者也。"[①]王阳明历经青年时期求知的一再挫折与中年时期现实生活的患难磨炼，才体悟《大学》"格物致知"的真意，进而建立了体用一贯、知行合一的良知学说。后来他屡建军功，充分印证了其修身之学符合儒家的内圣外王之道[②]。

王阳明具有仁者之心，做事动机纯正。他在谪居龙场三年之后，调升江西卢陵知县时，"为政不事威刑，惟以开导人心为本"[③]。后来奉命巡抚南赣，虽然以征剿山贼为务，但也只在铲除首凶顽恶。王阳明曾对门人说：

某自征赣以来，朝廷使我日以杀人为事，心岂割忍，但事势至此。譬之既病之人，且须治其外邪，方可扶回元气。病后施药，犹胜立视其死故耳。[④]

剿除寇贼如同割除国之肿瘤，为了除暴安良，心虽不忍也只得以杀止杀。此后征讨宸濠，也是因为朱宸濠"多杀无辜，横夺民产，招纳亡命，私造兵器，潜谋不轨"[⑤]，一旦登上大位，天下生民必将广受荼毒。后来平定诸蛮，动机仍在除凶保民。所以一旦平定乱事，他便设县治、举乡约安靖地方，并在各地推展儒教，兴建学校和书院，教化子弟。

王阳明注重事上磨炼，临事应变能够做到不动心。王阳明曾说："人须在

---

① （清）张廷玉等：《明史》卷一百九十五《王守仁列传》，中华书局1974年版，第5170页。

② 吴春山：《王阳明的事功及其学养》，《兰阳学报》2009年第8期。

③ （明）王守仁：《王阳明全集》卷三十三《年谱一》，上海古籍出版社1992年版，第1230页。

④ （明）王守仁：《王阳明全集》卷三十九《世德纪附录》，《征宸濠反间遗事》，上海古籍出版社1992年版，第1474页。

⑤ （明）王守仁：《王阳明全集》卷三十四《年谱二》，上海古籍出版社1992年版，第1259页。

事上磨，方立得住；方能静亦定、动亦定。”①这种“事上磨炼”的范围包罗万象，小至个人日常的言行举止、读书任职，大到穷达祸福的境遇。经过这种事上磨炼，他不论静坐时的涵养或临事时的应变，都能保持内在宁静中和的心境。在面对敌寇时，自然能够从容应变而克敌制胜。钱德洪曾追记师门的对话说：

或问：“用兵有术否？”夫子曰：“用兵何术，但学问纯笃，养得此心不动，乃术尔。凡人智能相去不甚远，胜负之决不待卜诸临阵，只在此心动与不动之间。”②

心是人的灵明主宰，主宰定时，应事接物自然能够做到镇定从容，应变得宜。孟子四十不动心，王阳明在45岁时也达到了这一修养境界。据王阳明《年谱一》记载：

王思舆语季本曰：“阳明此行，必立事功。”本曰：“何以知之？”曰：“吾触之不动矣！”③

这是正德十一年（1516年）王阳明奉命征讨南赣汀漳贼寇时，他的朋友王思舆以旁观者立场观察到的王阳明修养境界。王阳明征讨宸濠时，据他自己所说，也做到了“一无所动”④。在最后的关键战役中，他曾亲上鄱阳湖督战。当时义兵前军正因攻势受挫而有所退却，身旁将领惊慌失措，对阳明三申四告的口令听若未闻，王阳明却能泰定自若。他坐镇后方策应战局时，同样不随战报胜负而忽喜忽忧。这些事例充分显现出阳明心学工夫的造诣。因此，《明史》说他：“当危疑之际，神明愈定，智虑无疑，虽由天资高，其亦有得于中者欤！”⑤

“士”的传统在中国延续了两千多年，士人的道德文化力量在各个历史时期得到了充分的释放与表现，并且政治越是混乱，道德越是绚烂。鲁迅就对中

① （明）王守仁：《王阳明全集》卷一《语录一》，上海古籍出版社1992年版，第12页。
② （明）王守仁：《王阳明全集》卷三十九《世德纪附录》，上海古籍出版社1992年版，第14页。
③ （明）王守仁：《王阳明全集》卷三十三《年谱一》，上海古籍出版社1992年版，第1238页。
④ （清）黄宗羲：《明儒学案》，《泰州学案一》，明文书局1991年版，第710页。
⑤ （清）张廷玉等：《明史》卷一百九十五《王守仁列传》，中华书局1974年版，第5170页。

国古代士人以道德为武器撼动国家社会的人格精神赞叹不已，他说：

我们从古以来，就有埋头苦干的人，有拼命硬干的人，有为民请命的人，有舍身求法的人，……虽是等于为帝王将相作家谱的所谓“正史”，也往往掩不住他们的光耀，这就是中国的脊梁。(《中国人失掉自信力了吗》)

主要参考文献

论著部分

一、原著

（汉）班固：《汉书》，中华书局 1962 年版。
（清）毕沅：《墨子》，上海古籍出版社 2014 年版。
陈鼓应：《老子今注今译》，商务印书馆 2003 年版。
陈垣：《日知录校注》，安徽大学出版社 2007 年版。
（宋）程颢、程颐：《二程遗书》，上海古籍出版社 2000 年版。
程俊英：《诗经译注》，上海古籍出版社 2004 年版。
（唐）成玄英：《庄子注疏》，中华书局 2011 年版。
（汉）董仲舒：《春秋繁露》，河南大学出版社 2009 年版。
（南朝宋）范晔：《后汉书》，中华书局 1965 年版。
（唐）房玄龄等：《晋书》，中华书局 1974 年版。
高明：《帛书老子校注》，中华书局 1996 年版。
关树东编著：《战国策》，吉林人民出版社 1996 年版。
（清）郭庆藩：《庄子集释》，中华书局 1961 年版。
（汉）韩婴：《韩诗外传》，中华书局 1980 年版。
黄怀信等：《逸周书汇校集注》，上海古籍出版社 2007 年版。
黄寿祺、张善文：《周易译注》，上海古籍出版社 2007 年版。
（清）黄宗羲：《明儒学案》，明文书局 1991 年版。
（清）焦循：《孟子正义》，中华书局 1987 年版。
荆门市博物馆：《郭店楚墓竹简》，文物出版社 1998 年版。
（唐）孔颖达：《礼记正义》，上海古籍出版社 2016 年版。
李波：《荀子注评》，上海古籍出版社 2016 年版。

（宋）黎靖德：《朱子语类》，中华书局 1986 年版。
李零：《郭店楚简校读记》，北京大学出版社 2002 年版。
李民、王健：《尚书译注》，上海古籍出版社 2004 年版。
李学勤主编：《仪礼注疏》，北京大学出版社 1999 年版。
李泽厚：《论语今读》，生活·读书·新知三联书店 2004 年版。
（汉）刘安：《淮南子》，上海古籍出版社 2016 年版。
（清）刘宝楠：《论语正义》，中华书局 1990 年版。
刘尚慈：《春秋公羊传译注》，中华书局 2010 年版。
（明）刘绩：《管子》，上海古籍出版社 2015 年版。
（唐）柳宗元：《柳宗元集》，中华书局 1979 年版。
楼宇烈：《老子道德经注》，中华书局 2011 年版。
（宋）陆九渊：《陆九渊集》，中华书局 1980 年版。
鲁仁编：《中国古代工具书丛编》第一册，天津古籍出版社 1999 年版。
鲁迅：《鲁迅全集》第六卷，人民文学出版社 1973 年版。
庞朴：《竹帛五行篇校注及研究》，万卷楼图书公司 2000 年版。
彭铎：《潜夫论笺校正》，中华书局 1985 年版。
屈万里：《诗经诠释》，联经出版社 1983 年版。
（战国）商鞅：《商君书》，上海人民出版社 1974 年版。
（梁）沈约等：《宋书》，中华书局 1974 年版。
（梁）释慧皎：《高僧传》，中华书局 1992 年版。
（汉）司马迁：《史记》，中华书局 1999 年版。
（清）苏舆：《春秋繁露义证》，中华书局 2015 年版。
（五代）孙光宪：《北梦琐言》，上海古籍出版社 2012 年版。
（春秋）孙武：《孙子兵法》，中华书局 2006 年版。
（清）孙希旦：《礼记集解》，中华书局 1989 年版。
（清）孙星衍：《尚书今古文注疏》，中华书局 1986 年版。
（元）脱脱等：《宋史》，中华书局 1977 年版。
（汉）王充：《论衡》，大东书局 1931 年版。
（清）王夫之：《周易外传》，广文书局 1865 年版。
汪受宽、金良年：《孝经 大学 中庸译注》，上海古籍出版社 2012 年版。
（明）王守仁：《王阳明全集》，上海古籍出版社 1992 年版。
（清）王聘珍：《大戴礼记解诂》，中华书局 1983 年版。
（清）王先慎：《韩非子集解》，中华书局 1998 年版。
（清）王先谦：《诗三家义集疏》，中华书局 1987 年版。
（清）王先谦：《荀子集解》，新正书局 1982 年版。

（北齐）魏收：《魏书》，中华书局1974年版。
向宗鲁：《说苑校证》，中华书局1987年版。
（清）徐灏：《说文解字注笺》，上海古籍出版社2002年版。
（汉）许慎：《说文解字》，九州出版社2001年版。
（汉）许慎：《说文解字》，上海古籍出版社2007年版。
（宋）薛居正等：《旧五代史》，中华书局1976年版。
杨伯峻：《春秋左传注》，中华书局1990年版。
杨伯峻：《论语译注》，中华书局2009年版。
杨伯峻：《孟子译注》，中华书局2008年版。
杨天宇：《周礼译注》，上海古籍出版社2004年版。
（汉）扬雄：《法言义疏》，中华书局1987年版。
（宋）曾巩：《曾巩集》，中华书局1984年版。
曾枣庄、刘琳主编：《全宋文》，上海辞书出版社2006年版。
张双棣等：《吕氏春秋译注》，北京大学出版社2000年版。
（清）张廷玉等：《明史》，中华书局1974年版。
（宋）张载：《张载集》，中华书局1978年版。
（宋）郑樵：《礼经奥旨》，碧琳琅馆丛书。
（宋）朱熹：《四书章句集注》，中华书局1983年版。
（宋）朱熹：《朱子语类》，中华书局1986年版。
（战国）左丘明：《国语》，上海古籍出版社2015年版。

二、研究性著作

安作璋、熊铁基：《秦汉官制史稿》，齐鲁书社2007年版。
蔡仁厚：《孔孟荀哲学》，台湾学生书局1984年版。
陈来：《古代宗教与伦理》（增订版），北京大学出版社2017年版。
陈来：《古代思想文化的世界》，北京大学出版社2017年版。
邓子琴：《中国风俗史》，巴蜀书社1987年版。
杜维明：《诠释〈论语〉“克己复礼为仁”章方法的反思》，“中央研究院”中国文哲研究所2015年版。
方东美：《中国哲学精神及其发展》，中华书局2012年版。
冯天瑜等：《中华文化史》，上海人民出版社2010年版。
冯友兰：《中国哲学史新编》，人民出版社1998年版。
冯友兰：《三松堂全集》，河南人民出版社2000年版。
冯友兰：《中国哲学史》，华东师范大学出版社2000年版。
葛兆光：《七世纪前中国的文化、思想与信仰世界》，复旦大学出版社2001年版。

顾颉刚:《史林杂识初编》，中华书局 1963 年版。

郭沫若:《十批判书》，东方出版社 1996 年版。

郭沫若:《荀子二十讲》，华夏出版社 2009 年版。

贺麟:《文化与人生》，商务印书馆 1988 年版。

胡秋原:《古代中国文化及中国知识分子》，中华书局 2010 年版。

胡适:《胡适论学近著》（下册），商务印书馆 1935 年版。

胡适:《中国哲学史大纲》，东方出版社 1996 年版。

胡适:《中国古代哲学史》，中国华侨出版社 2013 年版。

金春峰:《先秦思想史论》，东方出版社 2015 年版。

李杜:《中西哲学中的天道与上帝》，联经出版事业公司 1978 年版。

林存光:《孔子新论》，人民出版社 2012 年版。

刘静:《走向民间生活的明代儒家教化》，上海教育出版社 2014 年版。

刘泽华:《中国传统政治思想反思》，生活・读书・新知三联书店 1987 年版。

刘泽华:《先秦士人与社会》，天津人民出版社 2004 年版。

刘振东:《中国儒学史》，广东教育出版社 1998 年版。

吕思勉:《秦汉史》，上海古籍出版社 1983 年版。

苗润田:《中国儒学史》（明清卷），广东教育出版社 1998 年版。

牟宗三:《中国哲学的特质》，上海古籍出版社 1997 年版。

牟宗三:《才性与玄理》，广西师范大学出版社 2006 年版。

彭国翔:《儒家传统的诠释与思辨》，武汉大学出版社 2012 年版。

钱穆:《国史新论》，生活・读书・新知三联书店 2001 年版。

钱穆:《先秦诸子系年》，商务印书馆 2005 年版。

屈万里:《书佣论学集》，联经出版社 2019 年版。

孙熙国:《先秦哲学的意蕴——中国哲学早期重要概念研究》，华夏出版社 2006 年版。

唐君毅:《中国哲学原论》，台湾学生书局 1984 年版。

童书业:《童书业著作集》卷一，中华书局 2008 年版。

万本根、陈德述主编:《中华孝道文化》，巴蜀书社 2001 年版。

王博:《中国儒学史》（先秦卷），北京大学出版社 2011 年版。

（清）王夫之:《读四书大全说》，金陵曾刻本。

（清）王夫之:《读通鉴论》，中华书局 1975 年版。

王国维:《王国维手定观堂集林》，浙江教育出版社 2014 年版。

王力:《王力文集》卷八，山东教育出版社 1990 年版。

王明:《儒学的历史文化功能——士族: 特殊形态的知识分子研究》，学林出版社 1997 年版。

王永平:《中古士人流迁与南北文化传播》，江苏人民出版社 2019 年版。

邬昆如：《庄子与古希腊哲学中的道》，台湾中华书局 1972 年版。

吴于廑：《士与古代封建制度之解体》，武汉大学出版社 2012 年版。

吴震：《泰州学派研究》，中国人民大学出版社 2009 年版。

萧公权：《中国政治思想史》，辽宁教育出版社 1998 年版。

徐复观：《周秦汉政治社会结构之研究》，新亚研究所 1972 年版。

徐复观：《两汉思想史》，华东师范大学出版社 2001 年版。

徐复观：《中国艺术精神》，湖北人民出版社 2009 年版。

徐复观：《中国人性论史》（先秦卷），九州出版社 2014 年版。

徐复观：《中国思想史论集》，九州出版社 2014 年版。

许倬云：《中国古代社会史论——春秋战国时期的社会流动》，广西师范大学出版社 2006 年版。

阎步克：《士大夫政治演生史稿》，北京大学出版社 1996 年版。

严耕望：《严耕望史学论文集》，上海古籍出版社 2009 年版。

杨华：《先秦礼乐文化》，湖北教育出版社 1997 年版。

杨宽：《战国史》，上海人民出版社 2019 年版。

杨儒宾：《儒家身体观》，“中央研究院”中国文哲研究所 2004 年版。

杨树达：《积微居小学述林》，中华书局 1983 年版。

杨向奎：《中国古代社会与古代思想研究》，上海人民出版社 1962 年版。

杨向奎：《宗周社会与礼乐文明》，人民出版社 1992 年版。

叶海烟：《庄子的生命哲学》，东大图书公司 1990 年版。

于民雄：《先秦时代　儒家与道家》，贵州大学出版社 2010 年版。

于迎春：《秦汉士史》，北京大学出版社 2000 年版。

余英时：《士与中国文化》，上海人民出版社 1985 年版。

余英时：《儒学的回顾与展望》，生活·读书·新知三联书店 2004 年版。

余英时：《余英时文集》卷三，广西师范大学出版社 2004 年版。

余英时：《余英时文集》卷四，广西师范大学出版社 2004 年版。

余英时：《论天人之际》，中华书局 2014 年版。

张岱年、方克立：《中国文化概论》，北京师范大学出版社 2004 年版。

张岱年、程宜山：《中国文化精神》，北京大学出版社 2015 年版。

张奇伟：《亚圣精蕴　孟子哲学真谛》，人民出版社 1997 年版。

章太炎：《国故论衡》，上海古籍出版社 2019 年版。

（清）章学诚：《文史通义》，上海书店 1988 年版。

（清）章学诚：《章氏遗书》，嘉业堂本。

郑开：《德礼之间：前诸子时代的思想史》，生活·读书·新知三联书店 2009 年版。

周光庆：《中国读书人的理想人格》，湖北教育出版社 1999 年版。

周与沉：《身体：思想与修行——以中国经典为中心的跨文化观照》，中国社会科学出版社2005年版。

周予同：《经学史论著选集》，上海人民出版社1983年版。

朱凤瀚：《商周家族形态研究》，天津古籍出版社1990年版。

邹昌林：《中国礼文化》，社会科学文献出版社2000年版。

[日] 佐藤将之：《参于天地之治——荀子礼治政治思想的起源与构造》，台湾大学出版中心2016年版。

三、翻译性著作

[美] 包弼德：《斯文：唐宋思想的转型》，刘宁译，江苏人民出版社2001年版。

[美] 狄百瑞：《儒家的困境》，黄水婴译，北京大学出版社2009年版。

[美] 杜维明：《人性与自我修养》，胡军、于民雄译，中国和平出版社1988年版。

[美] 郝大维、安乐哲：《孔子哲学思微》，蒋弋为、李志林译，江苏人民出版社2018年版。

[美] 何炳棣：《明清社会史论》，徐泓译注，联经出版事业股份有限公司2013年版。

[美] 赫伯特·芬格莱特：《孔子：即凡而圣》，彭国翔、张华译，江苏人民出版社2010年版。

[德] 卡尔·雅斯贝斯：《历史的起源与目标》，魏楚雄、俞新天译，华夏出版社1989年版。

[美] 列文森：《儒教中国及其现代命运》，郑大华、任菁译，中国社会科学出版社2000年版。

[德] 罗哲海：《轴心时代的儒家伦理》，陈咏明、瞿德瑜译，大象出版社2009年版。

[美] 杨庆堃：《中国社会中的宗教》，范丽珠译，上海人民出版社2007年版。

论文部分

陈拱：《孔子在文化上的承先启后》，《东海中文学报》1994年第11期。

陈来：《中华文明的价值观与世界观》，《中华文化论坛》2013年第3期。

陈来：《“仁者人也”新解》，《道德与文明》2017年第1期。

陈丽桂：《先秦儒道的气论与黄老之学》，《哲学与文化》2006年第8期。

陈明：《孔孟仁说异同论》，《文史哲》2010年第3期。

陈明恩：《原始生命的理性化——试谈孟子对于气的理解》，《鹅湖学志》1999年第23期。

陈少明：《君子与政治》，《中山大学学报》2005年第4期。

丁孝明：《孔子君子之道的思想与历史意涵》，《正修通识教育学报》2006年第3期。

杜维明：《儒家传统的现代转化》，《浙江大学学报》2004年第2期。

杜正胜：《古代世变与儒者的进退》，《长庚人文社会学报》2011年第1期。

冯晨:《孔子的“天命”与“仁”》,《道德与文明》2016 年第 4 期。

郭斯萍:《仁者何以不忧——试论儒家伦理与心身健康》,《南京师大学报》(社会科学版)2018 年第 3 期。

郭永吉:《先秦至西汉博士论考——兼论博士与儒的关系》,《清华中文学报》2008 年第 2 期。

韩德民:《前期儒家的生命哲学》,《社会科学战线》1995 年第 4 期。

韩美群:《儒家“仁者爱人”思想的人本基础及其现代意蕴》,《江西社会科学》2011 年第 10 期。

何炳棣:《“克己复礼”真诠——当代新儒家杜维明治学方法的初步检讨》,《二十一世纪》1991 年第 8 期。

胡云薇:《延续与断裂:唐宋之间北方的士人研究》,博士学位论文,台湾大学文学院历史学系,2014 年。

黄信二:《论实践“礼”之“内在张力的历史考察”与其解决之道》,《哲学与文化》2020 年第 8 期。

景怀斌:《孔子“仁”的终极观及其功用的心理机制》,《中国社会科学》2012 年第 4 期。

景怀斌:《儒家式应对思想及其对心理健康的影响》,《心理学报》2006 年第 1 期。

孔祥安:《原始儒家孝伦理的汉代异化及其影响》,《理论学刊》2011 年第 9 期。

匡钊:《论孟子的精神修炼》,《深圳大学学报》2016 年第 5 期。

黎红雷:《“和谐观”中西合论》,《中国哲学史》1999 年第 4 期。

李零:《中国古代居民组织的两大类型及其不同来源》,《文史》第 28 辑。

李素英:《先秦儒家孝道思想的意蕴解读》,《理论学刊》2014 年第 1 期。

李义天:《仁者不忧——美德伦理视野中的儒学问题》,《吉首大学学报》2012 年第 6 期。

李正治:《孔子“以仁贯礼”型的礼乐思索》,《鹅湖月刊》1996 年第 253 期。

李正治:《孟子“礼根于心”型的礼乐思索》,《鹅湖月刊》1997 年第 260 期。

林聪舜:《建立帝国的深层稳定机制——陆贾“逆取顺守”观念新探》,《先秦两汉学术》2004 年第 1 期。

林佳蓉:《如坐春风中——论程明道所体证之“孔颜乐处”》,《国文学报》2004 年第 36 期。

林家瑜:《先秦儒家的“君子”——“位”与“德”的重心转移》,《东方人文学志》2010 年第 2 期。

林明照:《先秦道家礼乐思想研究》,博士学位论文,台湾大学哲学研究所,2005 年。

林义正:《论孔子“君子”概念》,《文史哲学报》1984 年第 33 卷。

刘玉平:《先秦儒家的孝道及其现代意义》,《齐鲁学刊》2001 年第 4 期。

刘宗贤:《孟、荀对孔子仁—礼学说的发展及得失》,《东岳论丛》2009 年第 1 期。

吕本修:《先秦儒家修身思想述要》,《理论学刊》2016 年第 6 期。

马振铎:《孔子君子人格和中庸之道中仁、知并重思想》,《文史哲》1991 年第 3 期。

牟宗三:《墨子与墨学》,《鹅湖月刊》1969年第59期。

潘朝阳:《地方儒士兴学设教的传统及其意义》,《鹅湖学志》1996年第17期。

潘朝阳:《论儒家的传统民间德教及其在现代社会的困难》,《国文学报》2014年第56期。

潘小慧:《中西"智德"思想比较研究:以先秦孔、孟、荀儒家与多玛斯哲学为据》,《哲学与文化》2003年第8期。

潘小慧:《〈荀子〉中的"智德"思想》,《哲学与文化》2003年第8期。

潘小慧:《儒家哲学中的"勇德"思想》,《哲学与文化》2007年第1期。

裴传永:《〈论语〉"色难"新解》,《孔子研究》2000年第4期。

彭国翔:《"尽心"与"养气":孟子身心修炼的功夫论》,《学术月刊》2014年第4期。

彭国翔:《君子的意义与儒家的困境》,《读书》2019年第6期。

饶宗颐:《〈儒藏〉与新经学》,《光明日报》2009年8月31日第12版。

宋灏:《由王阳明的"知行合一"论身体自我与意识哲学》,《中山人文学报》2015年第39期。

孙希国:《"道"的哲学抽象历程》,《文史哲》1992年第6期。

汤一介:《论中国传统哲学中的真善美问题》,《中国社会科学》1984年第4期。

汤一介:《儒学与"和谐社会"建设》,《中国社会科学》2010年第6期。

陶圣希:《孔子论道》,《食货月刊》1980年第10期。

涂艳秋:《战国中期儒家"仁义礼智"内涵的转变》,《兴大中文学报》2009年第25期。

王德权:《修身与理物——中唐士人自省之风的两个面向》,《台湾师大历史学报》2006年第35期。

王国雨:《君子的转身:论中华君子人格的早期嬗变》,《浙江社会科学》2021年第5期。

王楷:《从"知者利仁"到"仁者安仁"——荀子道德论证的两层结构》,《哲学与文化》2008年第10期。

王新建:《"道"、"礼"之辩——庄子礼学研究》,《哲学研究》2005年第6期。

王玉彬:《"道的突破"与"仁的觉醒"——老子、孔子之哲学突破的理论进路》,《哲学与文化》2017年第2期。

吴春山:《王阳明的事功及其学养》,《兰阳学报》2009年第8期。

吴甿:《儒家与中国文化之基本性格》,《鹅湖月刊》2016年第496期。

吴荣曾:《对春秋战国家长制奴隶制残余的考察》,《北京大学学报》1987年第2期。

肖群忠:《独善其身,惟吾德馨——儒者的安身立命之道》,《哲学与文化》2010年第7期。

肖群忠:《孝道的生命崇拜与儒家的养生之道》,《西北师大学报》2011年第1期。

徐克谦:《论儒家哲学之"道"的实践属性与历史属性》,《学术论坛》2006年第11期。

阎步克:《秦政、汉政与文吏、儒生》,《历史研究》1986年第8期。

杨国荣:《何为道——老子的视域》,《孔子研究》2021年第2期。

杨少涵:《"道不远人"的思想实验与证成方案》,《哲学研究》2018年第4期。

赵振羽:《论孔子“里仁”思想》,《孔子研究》2016 年第 1 期。

张立伟:《孔子论隐逸三要素》,《江汉论坛》1991 年第 9 期。

张淼:《论儒家孝道思想的生命意识》,《学术论坛》2006 年第 2 期。

张政烺:《试释周初青铜器铭文中的易卦》,《考古学报》1980 年第 4 期。

赵彩花:《试论孔子“儒家之隐”的文化义蕴》,《湖南师范大学社会科学学报》2004 年第 2 期。

赵吉惠:《关中三李与关学精神》,《西安交通大学学报》(社会科学版)2001 年第 3 期。

郑晓江:《“乐天知命”与“安之若命”——儒家生死智慧之现代诠释》,《杭州师范大学学报》2008 年第 3 期。

周德清:《居仁循礼至乐——对先秦儒家之“道”的一种尝试性讨论》,《上海财经大学学报》2005 年第 3 期。

周延良:《“孝”义考原》,《孔子研究》2011 年第 2 期。

朱心怡:《孔子“人道”思想的建立》,《汉学研究集刊》2007 年第 5 期。

责任编辑：余　平
封面设计：汪　阳

图书在版编目（CIP）数据

先秦士人精神形塑研究 / 李素英 著 . — 北京：人民出版社，2022.11
ISBN 978－7－01－025298－8

I. ①先…　II. ①李…　III. ①知识分子－研究－中国－先秦时代　IV. ① D691.71

中国版本图书馆 CIP 数据核字（2022）第 222594 号

先秦士人精神形塑研究

XIANQIN SHIREN JINGSHEN XINGSU YANJIU

李素英　著

人民出版社 出版发行
（100706　北京市东城区隆福寺街 99 号）

北京九州迅驰传媒文化有限公司印刷　新华书店经销

2022 年 11 月第 1 版　2022 年 11 月北京第 1 次印刷
开本：710 毫米 ×1000 毫米 1/16　印张：16.5
字数：240 千字

ISBN 978－7－01－025298－8　定价：58.00 元

邮购地址 100706　北京市东城区隆福寺街 99 号
人民东方图书销售中心　电话（010）65250042　65289539